현실과 믿음 사이

현실과 믿음 사이

지은이 | 헬무트 틸리케
옮긴이 | 윤종석
초판 발행 | 2015. 10. 19.
2판1쇄 | 2024. 11. 14
등록번호 | 제1988-000080호
등록된 곳 | 서울특별시 용산구 서빙고로65길 38
발행처 | 사단법인 두란노서원
영업부 | 02)2078-3333 FAX | 080-749-3705
출판부 | 02)2078-3330

책값은 뒤표지에 있습니다.
ISBN 978-89-531-4979-3 03230

독자의 의견을 기다립니다.
tpress@duranno.com www.duranno.com

두란노서원은 바울 사도가 3차 전도 여행 때 에베소에서 성령 받은 제자들을 따로 세워 하나님의 말씀으로 양육
하던 장소입니다. 사도행전 19장 8-20절의 정신에 따라 첫째 목회자를 돕는 사역과 평신도를 훈련시키는 사역,
둘째 세계선교™와 문서선교단행본·잡지 사역, 셋째 예수문화 및 경배와 찬양 사역, 그리고 가정·상담 사역 등을 감
당하고 있습니다. 1980년 12월 22일에 창립된 두란노서원은 주님 오실 때까지 이 사역들을 계속할 것입니다.

헬 무 트 틸 리 케 의 산 상 수 훈

현실과 믿음 사이

헬무트 틸리케 지음| 윤종석 옮김

두란노

Contents

Part 2 현실과 믿음 사이에서

Part 3 좁은 문으로, 좁은길로

우주에서 하나님을 제하면 모든 것이 소멸된다.
지성의 모든 고결한 희열과 모든 사랑은 사라지고
정신적 자살 욕구만 남는다.
그런 세상에 계속 살아남으려 할 존재는 마귀와 짐승뿐이다.

- 장 폴 리히터, *Dream of a world without God*

분명히 나는 하나님이 내게 원하시는 일을 하지 못했다.
반대로 내 쪽에서 그분께 원하는 것만 꿈꾸었을 뿐이다.

- 레옹 블루아, *Last Journals*

나의 설교의 지평을
넓혀준 분

헬무트 틸리케는 저에게 설교의 지평을 넓혀준 분입니다. 저는 그의 얼마 안되는 한글번역서를 붙잡고 밑줄에 밑줄을 반복해 긋고 읽으면서 말씀묵상과 설교의 깊이를 체험했습니다. 그리고 그의 오래된 영어번역본들을 수집하면서 저도 모르게 틸리케의 팬이 되어버렸습니다. 또한 제가 설교해야 하는 본문을 가지고 틸리케가 설교한 적이 있는지도 꼭 살피게 되었습니다. 설교를 카피하려는 것이 아니고 그분 설교의 깊이를 통해 먼저 은혜받고자 함이었습니다. 자유주의 신학의 본산이라고 여겨지는 독일신학의 풍토에서 십자가 복음의 영광과 능력이 무엇인지 설교를 통해 이토록 명확하게 증거하는 설교자는 없을 것이라고 확신합니다.

틸리케의 설교는 예수님께서 지금 이 상황 속에 살아 계심을 체험하게 해주는 힘이 있습니다. 설교를 글로 정리했기 때문에 감정적인 호소가 전달되기 쉽지 않음에도 불구하고 가슴이 뜨거워지게 하며 무릎을 꿇게 하는 힘이 있습니다. 그것은 설교자 자신이 예수님의 임재 가운데 있을 뿐 아니라 그분이 설교자를 통해 말씀하시며 말씀이 살아 있기 때문일 것입니다. 논리정연한 설교는 머리는 뜨겁게 하지만 마음은 차갑게 만들기도 합니다. 그러나 그의 설교는 머리는 차갑게, 마음은 뜨겁게 하는 논리적인 설교입니다. 그의 설교를 듣고 있으면 마틴 로이드 존스(Martyn Lloyd Jones) 목사님이 설교를 "불붙은 논리"(fire on logic)라고 정의한 것이 생각납니다. 아주 오래전 그 어느 때 보다 힘들었던 독일의 상황에서 선포된 설교들이기에 지금의 현실과 다르고, 표현방식이 낯설지 모르지만 잠잠히 묵상해 가면 한국 교회의 설교자들에게서는 발견할 수 없는 깊고 맑은 예수님의 영성을 체험할 수 있습니다.

이번에 출간되는 틸리케의 산상수훈 설교집은 피상적인 설교와 묵상에 속상해했던 많은 성도들에게 해갈의 기쁨을 전해 주리라 확신하며 삶 속에서 말씀의 권위를 회복하는 기회가 되리라고 믿습니다. 때로 평범하지 않은 표현들이지만 차분히 시간을 내어 묵상해 가면 놀라운 진리의 능력을 체험할 수 있기에 이 책을 추천합니다.

이재훈_ 온누리교회 담임목사

스펄전 이후
가장 탁월한 설교자

헬무트 틸리케(Helmut Thielicke)는 20세기 최고의 신학자라 불리는 바르트, 몰트만, 틸리히와 어깨를 견줄 만한 신학자이다. 그는 나치 시절 속에서도 독일사회에 하나님의 말씀을 선포한 신학자이자 설교자였다.

향년 78세로 주님의 부르심을 받았을 때, 그의 죽음에 대하여 서독의 언론은 20세기의 마지막 청교도적 설교가요 개신교 신학의 한 거장의 죽음을 애도했고, 한국의 동아일보는 짧게 '나치에 용감하게 저항했던 한 독일 신학자의 죽음'을 보도했다.

2008년 1월 8일 독일 라디오 방송은 헬무트 틸리케 탄생 100 주년을 맞이하여 다음같이 탁월한 설교자이자 신학자를 추억했다. "독일의 개신교 교회에서 그의 빈자리는 결코 다시 메워지지 못했다. 수많은 대중을 예배로 이끌었던 신학적으로, 수사학적으로 탁월했던 신학자이자 설교가의 빈자리 말이다."

신학을 삶으로 말하다

그는 나치 시절과 2차 세계대전 시절에 연합군이 점령한 전후 독일사회에서 하나님의 말씀을 선포했다. 하나님에 대한 깊은 영적 체험을 가진 그는 라벤스부르그, 슈투트가르트, 튀빙겐에서 행한 설교를 통해서 많은 사람들을 교회로 인도했고, 그의 설교집은 12개의 언어로 번역되었다.

특히 영어로 번역된 설교집은 미국 교회로부터 많은 반향을 불러일으켰다. 그의 설교집은 학문적 논쟁을 불러일으키는 저서가 아니기 때문에 미국에서 폭넓은 지지를 받았다. 근본주의자, 침례교, 장로교, 루터파, 심지어 자유주의자들까지 그의 설교집에 깊은 감동을 받았다.

독일 루터교회 주교 모하프트(Lutz Mohaupt)는 그를 "가장 영향력 있는 설교자이자 신학자"라고 불렀다. 이는 그의 설교가 교회 울타리를 넘어 사회의 전 영역으로 확대되었고, 예수 그리스도의 복음이 '지금 여기'에 어떤 의미를 갖는지를 질문했으며, 이에 대한 신학적 답을 주려고 노력했기 때문이었다.

말년에 그는 함부르크에서 신학부를 창립하고 교회 강단에서는 영혼을 깨우치는 하나님의 말씀을 선포하였는데, 함부르크의 대표적인 성 미카엘 교회당에서 설교할 때는 수천 명의 사람들이 모여들었다.

그가 미국으로 여행했을 때 자신이 미국에서 신학자가 아닌 설교자로만 알려져서 의아심을 품었다고 한다. 그 이유는 미국에 그의 윤리학이나 교의학 같은 학문적 저서가 설교집보다 늦게 소개되었기 때문이다.

탁월한 신학자로, 설교자로 빚어지다

틸리케는 1908년 12월 8일에 독일 중서부 도시 부퍼탈의 바르멘(Barmen)에서 태어났다.

바르멘은 독일에서 드물게 칼빈주의적 청교도 신앙의 전통을 충실하게 보존한 도시였고 그의 부모 역시 엄격한 칼빈주의 영향

아래 살았다. 바르멘은 나치 시절 바르트를 중심한 독일 고백교회 (루터교, 개혁파, 연합교회로 결성)가 1934년 5월 29일 나치에 반대한 그리스도가 유일한 하나님의 계시라는 '바르멘 신학 선언문'(Barmer Theologische Erklärung)을 발표한 곳으로 알려진 교회사적으로 유명한 도시다. 헬무트는 바르멘의 게마르케교회의 칼빈주의적 청교도적 신앙 분위기 속에서 자라났다.

또한 그에게는 조금 특별한 신앙 경험이 있었다. 그는 대학시절 호흡장애를 야기하는 갑상선종으로 오랫동안 고통을 받았고, 수술 후에도 후유증으로 숨통을 마비시키는 강직성 근육 경련으로 뼈를 깎는 육체적 고통으로 괴로워했다.

그러던 중 1933년 성금요일에 마지막 희망으로 안전성과 실효성이 검증되지 않은 AT-9라는 약을 먹게 되었다. 그는 한 방울만 먹어야 했으나 말할 수 없는 절망 가운데 예수님의 십자가를 바라보면서 한 병을 통째로 마셔 버리는 모험을 감행했다. 이 사실을 뒤늦게 안 대학병원은 위급한 상황으로 비상을 걸어서 그를 지켜보았다. 그는 이내 깊은 잠에 빠졌고 그가 다시 깨어났을 때 기적적인 치유를 경험한 체험적 신학도가 되었다.

이러한 체험을 통하여 그는 참된 믿음을 소유하게 되었고, 그의 신학은 추상적 강단신학에서 실존적 믿음과 말씀과 성령의 신학으로 바꾸어졌다.

그는 1차 세계대전, 나치 체제, 아우슈비츠, 2차 세계대전, 종전 후 베를린장벽과 1960년 말 학생운동이라는 20세기 세계사의 한복판을 살았다.

그는 지하조직운동에 투신해 나치 체제에 저항하였고, 1939년 여름 하이델베르그대학의 광장에서 '제국학생연맹'(Reichstudenten-führung)의 대표자가 총통과 조국을 위한 신성한 전투를 선전하는 것을 보고 다음날 강의 시간에 지금 조국을 광기로 몰아가는 것은 나치 체제와 독일이 아닌 신앙과 이성이 통용되는 '보이지 않는 독일'(germania invisiblilis)임을 역설했다.

이 시국 강의로 나치 체제를 비판했다는 이유로 설교금지를 당하고 1940년 하이델베르크대학교 교수직에서 해임되었다. 그리고 비밀경찰인 게슈타포로부터 글쓰기, 말하기, 여행이 금지되는 가택연금이 가해졌다.

나치에 비판적이었던 슈바베란트의 데오필 부름(Theopil Wurm) 주교는 틸리케를 불러 격려하며 스위스와 국경을 맞대고 있는 남부 산악지대에 위치한 라벤스부르그(Ravensburg)의 담당목사로 임명하였다.

틸리케는 한적한 마을의 목사관에서 심방하고 설교하면서 강단 학자에서 목회의 설교자로 다듬어질 수 있었다. 본 대학병원에서 기적적인 소생을 경험한 틸리케는 라벤스부르그 목사관에서 말씀의 능력을 체험하는 설교자로 태어났다. 그곳에서 목회활동이 없었다면 말씀과 성령 신학자로서의 틸리케는 존재할 수 없었다고 말할 수 있다.

그는 "설교란 이성의 현대화가 아닌 성령의 현재화"라고 말한다. 이는 그의 깊은 설교적 삶 속에서 체득한 문장이다. 그의 제자 크베스트(H. J. Quest) 교수는 그를 "찰스 스펄전 이후 유럽에서 보게 되는 가장 뛰어난 설교자"로 평가한다.

광기로 가득 찬 시대에 하나님의 메시지를 듣다

틸리케는 사역지를 옮겨, 나치가 몰락하는 1945년까지 슈투트가르트의 슈티프트교회(Stiftkirche)에서 설교사역을 하면서 전쟁이 주는 죽음과 공포와 절망 속의 수많은 청중들을 하나님의 말씀으로 위로했다. 1943년 2차 세계대전 중 연합군의 공중 폭격으로 7백년 된 슈티프트교회가 한 줌의 재가 되는 묵시록적 상황 속에서 무너진 교회당 자리에 강단을 만들고 설교하고 떡과 포도주를 나누었다.

또한 그는 슈티프트교회의 '목요강연'을 통하여 전쟁과 폭력과 광기로 가득 찬 시대에 소망과 샬롬의 메시지를 전했다. 이러한 혹독한 시기에 그는 히틀러 암살을 목표로 하는 비밀지하조직인 프라이부르그 동맹(Freiburger Kreis)에 가입하였다. 유명한 신학자 본회퍼도 이 비밀조직의 연락책이었다.

나치가 패망했을 때 그는 게슈타포의 감시에서 풀려났고 여행 제한에서 풀려났다. 독일 튀빙겐대학교 신학부 학장이 틸리케를 직접 찾아와서 그는 1945년 8월 1일에 신학부 교수로 청빙되었다.

그는 1947년 '성금요일 설교'를 통해서 점령군 미군정의 가학적인 보복의 위험성이 있는 무작위적인 '탈 나치 정책'을 비판했고, 바르트의 사회주의 동조태도에 반하여 소련의 헝가리 침공을 앞장서 비난했다.

전후 독일의 동네 카페에 모이는 직장에서 은퇴한 노인들 가운데 상당수는 바르트나 몰트만이나 틸리히에 대해서는 전혀 듣지 못했지만, "젊은 시절 텔레비전, 라디오, 신문을 통해서 나오는 틸리케의 이야기를 들었다"라고 말했다. 그 이유는 그가 교회의 문을 넘어서 시대의 문제와 아픔에 대하여 열린 마음으로 동참했기 때문이다. 1951년에는 튀빙겐대학교 총장으로 취임하고 전국대학교총장협의회 의장으로 선출되었다.

75세에 "멋진 별 위에 손님에게"(Zu Gast auf einem schönen Stern)라는 자서전을 탈고했다. 그는 지구란 일출을 선사하고 일몰 후에는 내일 다시 태양이 뜨는 경이적이고 영광스러운 자연이며 인간은

이 자연 속의 손님이라고 말했다. 1986년 3월 5일 향년 78세로 주
님의 부르심을 받았다.

나의 결론은 틸리케이다

탁월한 신학자, 복음주의 설교가, 교회지도자, 사회지도자로
20세기 가장 치열했던 시대 속에서 살았던 헬무트 틸리케가 한국
에 많이 소개되지 않은 점이 아쉬웠다. 독일의 현대 신학자 중에서
가장 성경적이고 복음적이었던 그의 설교가 많은 이들의 심령에
깊은 울림을 줄 것을 확신한다.

그의 많은 설교문 중 산상수훈 설교가 번역되어 출간하게 된
것을 기쁘게 생각한다. 번역도 매끄럽게 되었고, 목회자, 신학자,
평신도들에게 큰 영적 감화를 주는 저서다. 이 책을 통하여 목회자
들과 신학자와 평신도들이 예수님께서 선포하신 산상 설교의 진
수를 깊이 만끽(滿喫)하기를 기대하면서 강력히 추천한다.

김영한_ 기독교학술원장/ 숭실대 명예교수

왜
산상수훈인가

과거와 미래에 갇히다

현대인의 진짜 문제는 두 가지 종류로 나타난다. 과거에 대한 두려움과 미래에 대한 두려움이다. 과거에 대한 두려움은 실존주의자들이 반복한 주제였다.

내 뒤에 있는 그 모든 것들로부터 어떻게 벗어난단 말인가? 내가 했던 결정들, 그 중에는 옳은 것도 있고 틀린 것도 있고, 어느 경우든 바꿀 수 없고, 이제 내 인생을 결정하는 것들이다. 내 뒤에 있는 죄책감, 이제는 무마될 수 없는 그 죄책감으로부터 어떻게 벗어난단 말인가?

시간은 미래로 가는 일방통행로와 같아서, 과거 내 삶의 상황으로 돌아가서 고치는 것을 결코 허용하지 않는다. 나는 내 과거에 갇힌 죄수이며, 과거는 결코 되돌릴 수 없다. 과거는 나를 결정된 존재로 만들 뿐이다.

그렇다면 어떻게 나 자신을 과거의 얽힌 그물에서 벗어나게 할 것인가? 어떻게 내 삶의 고삐를 다시 내 손에 쥐고, 내 뜻대로 이끌며, 그 억제되지 않는 힘에서 무력하게 끌려 다니지 않을 것인가? 이 질문을 주제로 하여 얼마나 많은 우리 시대의 드라마들이 있으며, 우리는 삶과 삶의 염려라는 주제만 나오면 얼마나 귀를 쫑긋 기울이는가!

나와 미래의 관계도 깨졌다. 인간이 빛나는 유토피아를 그리며 첨단기술과 사회정의가 인류를 낙원의 회복으로 이끌 것이라고 여기던 때는 지나갔다. "미래가 이미 시작되었다."

그러나 그 문간에서 기쁨의 종소리는 울리지 않으며, 사이렌들의 비명소리만 들릴 뿐이다. 우리가 평화로운 항구에 들어가려고 항해하고 있지 않은 것은 상당히 분명하다. 오히려 그 반대로 우리는 치명적 모험에 걸려들었고, 그 귀추가 어떻게 될지 아무도 모른다. 지금 이 순간 우리는 "아름다운 오늘이여, 좀 더 머물라(미래는 조금 더 나중에!)"라고 하는 것이 아니라, "내일 세계의 종말이 온다 하더라도, 오늘은 오늘이다"라는 모토로 살아간다.

세상과 다른 답이 준비되어 있다

우리는 마비된 인생에서 해방시키고, 과거와 미래에 대하여 새로운 태도를 갖게 해줄 그 어떤 것을 갈망한다. 산상수훈은 우리를 삶에 직면하게 해줄 진정한 도움에 대한 갈망이 충족되도록 돕는다. 좀 더 정확하게 말하자면, 산상수훈의 선포자에 의해서다.

언뜻 보기에는 산상수훈이 끝없는 지시와 명령을 제공하고, 그 요구들은 '통렬할 정도로 파격적인' 것으로 보이기도 한다. 산상수훈에는 미봉책이나 타협은 없어 보인다. 그러나 '통렬할 정도의 파격성'이라는 용어로 그 핵심 요지를 다 표현하지 못한다. 칸트나 모든 시대에 존재했던 열혈파들도 마찬가지였기 때문이다. 도덕가 칸트와 그가 말하는 단호한 책무를 아는 사람이라면 그의 파격성을 능가할 것이 세상에 없음을 알 것이다. 그는 날카로운 추적의 모든 기술로 인간의 내적 은신처를 찾아내고 파헤친다. 그곳에서 인간은 행복과 명성에 대한 욕구와 폭발하는 갈망을 추구하려 한다.

또한 모든 시대마다 있었던 열혈파들은 어떤가? 그 존경받는 사람들은 "단 한 가지를 추구하는 순수함"(키에르케고르)을 가졌다. 그들은 광적 집착 속에서, 그 누구와 비교할 수 없는 헌신으로 모든 것을 한 가지 목표에 복종시켰다. 그들은 그 한 가지를 옳다고 생각했고, 어떤 손해를 보더라도 상관이 없었으며 그 무엇도 그들을 방해하지 못하게 했다.

현대인들은 대부분 행동가다. 우리는 의지에 따라 살고, "나를 죽이지 않는 것이라면, 나를 치료할 것이다"라는 원리를 받아들인다. 그러나 우리는 그러한 동기부여가 악순환의 회전목마를 더 빨리 돌게 할 뿐이라고 어슴푸레 의심을 품는다. 그 악순환은 의지력에 대한 호소에 대해, 체념하는 반응을 보이게 하고, 모든 파격주의를 일말의 의심스러운 눈초리로 보게 한다. 왜냐하면 '결국, 열렬한 의지의 위대한 사람들, 즉 심각하게 단순화시키는 사람들(the terribles simplificateurs)이야말로 우리를 이 난국에 몰아넣은 것이 아닌가?'라고 생각하기 때문이다.

따라서 우리는 산상수훈을 통한 예수님의 지시들에서 통렬한 파격성에 대한 고찰보다는 산상수훈을 말씀하시며, 그 파격적 발언을 하실 때 분명한 목적을 가지신 그분에 대하여 고민해 봐야 한다. 그렇다면 우리가 추구해야 할 궁극적인 것은 무엇인가?

그것이 무엇이든 간에(여기서 우리는 그것이 무엇인지 배우려 시도할 것이다) 인식되어야 할 것이 있다. 우리에게 먼저 무언가를 주지 않으섰다면, 우리가 해야 할 일을 주지 않으셨다는 의미와 같다. 이것은 칸트나 다른 엄격주의자들로부터 들어온 것과는 판이하게 다르다. 산상수훈에서는 우리에게 순전히 힘과 가공할 의지력으로 과거에서 벗어나 새 삶을 시작하라고 강요하지 않는다. 그것은 삶을 다시 쳇바퀴에 올려놓을 뿐이며, 게다가 인간이 그렇게 할 수 있다는 생각 자체가 착각일 뿐이다.

> 미래로 도약하는 자는
> 멸망으로 떨어진다.
> 도약으로 성공을 거두든 실패를 거두든,
> 도약하는 자는
> 멸망으로 떨어진다.
> -에리히 캐스트너(Erich Kastner)

그러나 산상수훈의 배경은 완전히 다르다. 산상수훈의 선포자가 우리에게 말한다. 당신이 지적으로 새 길을 시작하고 삶을 새로 출발하기 전에, 먼저 깨달아야 한다. 당신 뒤에 있는 모든 것이 똑바르게 되었고, 다른 누군가가 당신의 짐을 졌으며, 이제 정말로 새 삶을 시작할 수 있다는 점이다. 철학자 아누이(Anouilh)의 표현을 사용하자면, 이제 당신은 "짐이 없는 여행자"다.

처음부터 명확히 해야 할 것이 있다. 우리에게 제시하는 파격적이고, 똑바르고, 진실한 길의 입구는 매우 좁은 문이고, 그것이 우리를 새로운 미래로 이끌어줄 것으로 보이지 않는다. 쉽게 말해서 그 요구들의 파격성은, 전처럼 열심과 결단의 강도를 높이도록 채찍질해서 인류와 개인 삶의 새로운 상황을 강제로 이루려는 것이 아니다. 산상수훈이 제시하는 것은 칸트나, 다른 열혈주의자들이 꿈꿨던 종류의 꿈이 아니다. 그것과는 정반대다. 의지의 파격적 사용으로 새로운 세계 상황과 새로운 미래를 우리가 이룰 수 있다는 착각을 조장하는 것이 아니라, 산상수훈은 우리에게 이렇게 말한다. "미래가 너에게 주어졌다. 약속이 가득하다. 네 인생과 역사의 배가 항구를 향해 나아가고 있다. 거기서 너를 기다리고 있고 너의 안전이 보장된다. 너는 여전히 위험한 파도를 넘나들고, 허리케인이 포효하고 마음에 공포를 일으킨다. 그러나 무슨 일이 일어나서 너의 모든 길과 방황을 이 목표에 도달하게 할 것이고, 너를 위해 준비된 미래가 은혜로 너의 위에 임하게 할 것이다."

미래는 이미 시작되었다. 그러나 산상수훈에서는 그 말이 얼마나 다르게 들리는지 모른다. 두려움이 놀랍게 안심으로 변화된다! 여기서 의미하는 미래는 무엇인가? 다시 말하거니와, 그것이 우리가 이 책에서 발견하려고 하는 것이다.

이 미래가 이미 시작되어서 우리가 그 안에서 살 수 있는 것이라면, 우리는 이제 현재의 순간과 옛날의 단조로운 근무일과 주일의 지루한 일상에 흡수되지 않는다. 미래의 이름으로 우리는 파격적이고 절대적으로 똑바를 수 있다. 그래서 힘의 대각선이나 지그재그 코스에 밀려다닐 필요가 없다. 다시 말해서, 미래가 우선 온다. 그리고 나서 무조건적인 요구, 직선, 올바른 경로가 온다. 그 반대 순서가 아니다.

산상수훈을 통해 시작되는 새로운 삶

이 메시지를 들을 가치가 있는가? 이 메시지는 "당신이 새 삶을 시작해야 한다!"라고 말하지 않는다. 마치 우리가 그런 것을 어떻게든 할 수 있다는 듯, 마치 우리가 그런 것에 귀라도 기울이려 할 것처럼 말이다! 이렇게 말한다. "삶의 영역 속에 어떤 일이 일어났다." 그래서 당신은 그것이 당신에게 신호를 보내도록 허락해야 한다. 그리고 나면 그 신호가 주어졌으므로, 당신은 새롭게 시작할 수 있다. 삶이 다시 시작될 수 있다. 물론 이 새 삶에 대한 매우 구체적인 지시들도 있다. 그러나 우선 어떤 것들은 우리가 그저 받아들이도록 주어졌다. 새롭게 시작할 수 있으려면, "짐이 없는 여행자"가 되려면, (그것 자체도 엄청나게 새롭다) 그것이 가능하려면, 기적이 필요하다. 사실 이 책의 목적은 기적에 대해 얘기하고 어떻게 그 기적의 힘으로 살 수 있는지 질문하려는 것이다.

이 책의 기원과 내용에 대해서는 이렇게 말할 수 있다. 이것은 전후 최악의 시대이던 1946-1948년에 슈투트가르트의 성 마가 교회에서 했던 산상수훈 설교의 설교집의 제4판이다. 장별로 완전히 개정되었다. 제1판 출간 당시의 사건들과 상황들에 대한 언급은 이제는 이해할 수 없고 흥밋거리가 아니므로 삭제되었다. 그러나 나는 여기저기에 그 시대의 빛깔을 조금 남겨두었다. 그 시대는 여러 모로 인간의 허무, 유혹, 절망, 궁핍을 심오하게 보여주는 전형적인 때였다. 인간의 관점에서 말하자면, 그것은 평상시보다 인간의 취약점이 더 노출되고 하나님의 말씀 앞에서 인간의 취약점이 덜 방어되던 한계 상황이었다. 우리도 하나님의 말씀을 듣기가 어려워질 때마다 우리 삶의 그러한 장으로 이따금씩 돌아가야 한다.

Helmut Thielicke

예수께서 무리를 보시고 산에 올라가 앉으시니
제자들이 나아온지라 입을 열어 가르쳐 이르시되
심령이 가난한 자는 복이 있나니 천국이 그들의 것임이요
애통하는 자는 복이 있나니 그들이 위로를 받을 것임이요
온유한 자는 복이 있나니 그들이 땅을 기업으로 받을 것임이요
의에 주리고 목마른 자는 복이 있나니 그들이 배부를 것임이요
긍휼히 여기는 자는 복이 있나니 그들이 긍휼히 여김을 받을 것임이요
마음이 청결한 자는 복이 있나니 그들이 하나님을 볼 것임이요
화평하게 하는 자는 복이 있나니 그들이 하나님의 아들이라 일컬음을 받을 것임이요
마태복음 5:1-9

PART 1

너희에게
복이 있나니

"예수께서 그들과 함께 내려오사 평지에 서시니 그 제자의 많은 무리와 예수의 말씀도 듣고 병 고침을 받으려고 유대 사방과 예루살렘과 두로와 시돈의 해안으로부터 온 많은 백성도 있더라. 더러운 귀신 에게 고난 받는 자들도 고침을 받은지라. 온 무리 가 예수를 만지려고 힘쓰니 이는 능력이 예수께로 부터 나와서 모든 사람을 낫게 함이러라. 예수께서 눈을 들어 제자들을 보시고 이르시되 "너희 가난한 자는 복이 있나니 하나님의 나라가 너희 것임이요 지금 주린 자는 복이 있나니 너희가 배부름을 얻을 것임이요 지금 우는 자는 복이 있나니 너희가 웃을 것임이요.… 그러나 화 있을진저 너희 부요한 자 여…""
— 누가복음 6:17-26(마 5:1-9 참조)

너희에게 복이 있나니

하나님만 남은
빈손 인생

갈릴리의 작은 산에 찾아오신 예수님에 대해 소문을 들은 사람들이 하나둘 모이기 시작했다. 자리에 앉아 주변에 모인 큰 무리를 보신 예수님은 자신을 향한 군중의 눈빛을 읽으셨다. 그들의 눈 속에는 무엇이 쓰여 있었을까? 아마 예수님을 향한 희망과 두려움, 불안과 은밀한 기대감이 섞여 있었을 것이다.

그들은 대부분 비참한 사람들, 죄책감에 눌린 사람들, 외로운 사람들, 불치병에 걸린 사람들, 염려에 찌든 사람들, 불안에 시달리는 사람들이었다. 예수님을 바라보는 그들의 알 듯 모를 듯한 눈빛을 오직 구주 자신만이 헤아리실 수 있었다.

대개 비참한 인생을 사는 사람들은 그렇게 한자리에 모이지 않는다. 보통 고생과 슬픔은 사람을 당당하게 만드는 것이 아니라, 슬그머니 도망쳐 숨어 버리고 주눅들게 만드는 것이기 때문이다. 그런데 갑자기 모든 병원과 정신병원의 환자들이 밖으로 나와 한곳에 있다고 상상해 보라. 절룩거리는 사람들, 사지를 절단한 사람들, 흰 천에 덮인 시신들, 그 절망의 광경을 우리는 볼 수 있을까? 날카로운 불협화음처럼 중얼중얼 지껄이는 정신질환자들의 목소리, 피해 망상과 귀신들림에 시달리는 사람들의 비명 소리를 차마 들을 수 있을까?

예수님의 주변에 이 모든 불행으로 고달픈 인생들이 모였다. 신기하게도 예수님은 비참한 사람들을 끌어모으시는 분이다. 예수님은 숨어 있는 죄인들과 비참한 인생들을 자신에게로 자석처럼 끌어당기시는 분이다. 그들은 분명 다른 인간에게서는 볼 수 없는 뭔가를 예수님께 느끼기 때문에 그분께로 달려간다.

우선 그들이 보는 예수님은 그들 가운데 계시는 분이다. 그리고 그분은 불행의 시험을 통과하셨다. 그분은 세상의 상류층 인사처럼 행동하지 않으신다.

상류층 인사들은 세상의 불행이 보이지 않는 곳에 자기들만의 거주 구역을 만든다. 그들은 아무 감정 없이 구호기관에 다달이 돈을 보낼지언정, 자신들이 직접 빈곤의 현장을 찾지는 않는다. 그들은 가진 것을 잃을까 봐 두려워서 바깥 세상에 자신의 마음을 열지 않는다. 예를 들어, 자신의 발밑의 페르시아산 양탄자가 불타 버려 더 이상 그 쾌적함을 맛보지 못할까 봐 두려워 떤다. 또 현란한 샹들리에가 빛을 잃어 어둠 속을 응시하게 될까 봐 두려워한다.

그래서 예수님의 주변에 모인 비참한 인생을 사는 사람들은 자신들의 터전인 빈민가에 찾아 와 주신 그분이 놀랍고 고맙다. 고생에 찌든 무리가 곁을 지나갈 때 외면하지 않으시고 눈을 마주쳐 주신 그분이 그저 고마운 것이다.

그들은 예수님께 뭔가 다른 것을 보았다. 그분이 오시면 신기하게도 어둠의 세력이 물러났다. 물론 예수님도 광야에서 사탄의 공격 앞에 마음이 떨리셨다. 스스로 인간의 모습과 마음을 입으셨기에 유혹과 두려움 등의 모든 인간적 요소가 예외일 수는 없었다. 하지만 음흉한 사탄도 아무런 성과 없이 패배자로 그 현장을 떠나야만 했다.

십자가에서도 같은 일이 벌어졌다. 육체적 고통과 유기(遺棄)

의 두려움이 예수님을 움켜쥐고 할퀴었지만 그분의 영은 죽음의 포위를 뚫고 나와 하나님 아버지의 손을 잡았다. 그래서 비참한 인생의 무리는 예수님께 다가가려 힘썼고 갈망의 눈으로 그분의 손을 응시했다. 그 손은 능히 수많은 선을 행하고 복을 베풀며 치유에 지칠 줄 모르는 손이었기 때문이다.

비참한 너희에게 복이 있나니?

그런데 이번에는 그분의 손이 쉬고 있었다. 예수님께서 그저 자리에 앉아 입을 열어 말씀을 시작하셨기 때문이다. 그들의 마음은 실망이 되기도 했다. 일반적으로 많은 사람들은 실용적 기독교나 행동하는 종교를 선호한다. 그들은 차라리 예수님이 자신들의 주린 배를 채워 주고, 상처를 싸매 주고, 집요한 두려움을 머릿속에서 몰아내 주기를 바랐다. 그런데 예수님이 말씀을 시작하셨다!

그 모든 불행이 즉각적인 행동을 부르짖고 있는데 왜 예수님은 굳이 말씀하기를 택하셨을까? 무리는 '이분도 결국 이론과 교리를 이야기하는구나'라고 생각했다. 이론과 교리는 사람을 배부르게 하거나 병을 고쳐줄 수 없고, 시린 뼈를 녹여 주거나 죽은 아들을 살려낼 수도 없으며 두렵고 텅 빈 미래를 채워 줄 수도 없는 데 말이다.

하지만 예수님이 하시려는 말씀은 어쩌면 이들의 삶을 이전보다 더 병들고 힘들게 만들 수도 있다. 기독교의 독단적 교리가 지금까지 세상에 수많은 불행을 부르지 않았던가? 끊임없이 사람들을 분열시키지 않았던가? 수많은 공동체를 갈라놓고, 전쟁을 유발하고, 양심을 괴롭히고, 마음의 평화를 앗아가지 않았던가? 그래서 이 무리는 예수님이 도대체 무슨 말씀을 하시려는 것인지 고민했다.

종교적 이론은 어차피 모두가 이미 알고 있지 않는가? 그분 앞에 모인 비참한 인생의 불행과 고생이 심판의 결과이며 온 세상이 타락했다는 흔한 논조가 아닐까? 설교자들의 진부한 이야기라면 모두가 이미 알고 있다.

예수님도 세례 요한처럼 회개하기를 명하실지 모른다. 도끼가 나무뿌리에 놓였고 최후의 심판이 임박했다고 지겹도록 단조롭게 되풀이하는 것만 같다.

예수님의 주변에 모인 사람들은 그분의 입에서 무슨 말이 나올지 자기들 딴에 짐작하고 있었다. 인간을 향한 하나님의 선전포고와 죄의 고발에 대한 이야기, 하나님의 심기에 거슬리는 은밀한 생각들이 고통스럽게 낱낱이 폭로될 것이다. 그 내용 자체는 사람을 몹시 우울하고 피곤하게 한다. 그러나 그것에 반박할 수도 없다. 예수님의 모든 말씀이 옳기 때문이다. 이런 말은 고통과 우울만 더해 줄 뿐 아무런 성과도 없다. 아무리 옳은 말도 부정적인 내용은 누구에게도 도움이 되지 않을 뿐이다.

그런데 막상 예수님께서 입을 여시자 전혀 뜻밖의 일이 벌어진다. 그것은 그곳에 모인 사람들을 경악하게 만들었다. 주변에 모인 사람들, 고생과 불행과 죄책감에 시달리는 이에게 예수님은 "너희는 복이 있나니, 너희는 복이 있나니"라고 말씀하신 것이다. 예수님의 말씀이 끝나고도 그들은 오래도록 그것에 매혹되어 헤어나지 못했다.

마귀의 교활함에 넘어가는 이들을 향한 슬픔

산상수훈은 은혜에 관한 설교이며 이를 들은 무리가 다 놀라고 두려워했다. 하나님이 자신의 크신 선(善)을 드러내 보이시면 언제나 이러한 반응이 뒤따른다. 그분의 선은 너무 위대하여 인간의 수준을 훌쩍 능가하고 모든 관념에 어긋나기 때문에 처음에는 이해하기 어렵다. 극도의 무력함 속에 어안이 벙벙할 뿐이다. 첫 크리스마스 날의 목자들도 처음에는 어둠을 뚫고 땅을 비추는 찬란한 빛 앞에 기뻐 날뛰지 못했다. 빛의 찬란함이 두려워 납작 엎드린 채 그저 숨기에 바빴다.

예수님께서 회개를 전하실 때는 눈물로 거의 목이 메셨다. 그분은 평화에 관한 일을 모르던 예루살렘을 보면서 눈물을 흘리셨다. 성경의 어조는 대개 감상적이지 않고 아주 강경한 편인데 이 대목에서는 예수님의 눈물에 대하여 말한다. 예수님께서 우신 것은 자신의 백성이 속절없이 나락으로 치닫고 있었기 때문만이 아니다. 그분의 눈물은 유혹자인 마귀의 위력과 위협적 비밀을 아셨기 때문이다. 마귀는 심지어 정직하고 훌륭하여 도덕적으로 흠이 없는 사람들까지도 목을 조르며 놓아 주지 않는다. 그래서 그들도 처음에는 전혀 알아차리지 못한 채 그 극도의 교활함에 넘어가 무서운 벼랑 끝으로 내몰린다.

독일의 어두운 세력에 맞서야 했던 끔찍한 12년, 그 세월의 섬뜩한 비밀이 그와 같다. 그 시기에 마귀는 모든 술수와 위장의 대가임을 입증했다. 지난 세월 동안 마귀는 이 민족의 저속한 본능에 호소한 게 아니라 인간의 희생정신과 헌신에 도전했다. 청소년의 이상주의와 애국심을 자극하여 그들을 장악했고, 이 민족 최고의 민족성을 상대로 사악한 수작을 부렸다.

예수님은 마귀의 위력을 누구보다 잘 아셨고 그에게 놀아나는 사람들을 보며 슬퍼하셨다. 그렇기 때문에 우리는 그분의 심판을 마음 깊은 곳에서 기꺼이 받아들일 수 있다.

사실 이것은 놀라운 일이다. 골고다의 십자가보다 더 가혹한 심판은 있을 수 없기 때문이다. 그날 예수님을 에워싼 무리 중에는 마귀의 심복들과 가학증의 지경에까지 이른 군중만이 아니라 착하고 도덕적인 모범 인간들도 있었다. 그런데 그들 모두가 한목소리로 자신들의 과대망상증과 허영심과 악한 양심을 소름 끼치게 쏟아냈다. 우리도 다 십자가 주위의 그 성난 폭도의 무리 속에 끼어 있다. "죄는 내가 지었으나 죽음의 고통은 당신이 당하라."

그런데 우리는 골고다에서 오는 이 심판을 받아들인다. 정작 그들을 고발하셔야 할 분이 그들을 위해 죽으셨다는 사실을 알기 때문이다. 예수님은 사망을 자초한 그들을 위해 자신의 목숨을 내주셨다. 우리를 괴롭히고 파멸시킬 세력에 맞서 수모를 당하셨다. 이를 위해 그분은 친히 혈과 육을 입으셨다.

팔복은 우리에게 내미시는 하나님의 손이다

산상수훈은 우리 모두에게 가혹한 심판을 선고하며 심중의 가장 깊은 비밀과 충동까지도 가차 없이 들추어낸다. 하지만 이 심판을 말씀하시는 예수님은 심판의 한가운데서 우리에게 "너희가 복이 있나니"라고 외치시는 분이다. "화 있을진저"라고 꾸짖으실 뿐만 아니라 우리를 아버지의 집으로 초대하신다. 심판을 말씀하시는 예수님은 죄 많은 인간을 향해 주먹을 휘두르며 쫓아내는 분이 아니라 두 팔을 벌려 복을 주는 분이시다. 복을 주시는 그분에게서 우리 대신 입으신 상처의 흔적을 본다.

여기서 두 번째 요지가 나온다. 하나님의 심판은 인간들이 으레 심판하고 정죄하는 방식과 극명한 차이를 보인다는 점이다. 일찍이 심판과 형벌로 치유된 사람은 아무도 없다. 부정적인 내용은 늘 우리를 병들게 할 뿐이다. 심판과 응보의 한가운데서 '너는 당해도 싸다. 자업자득이니 뿌리칠 수 없다'라는 말밖에 할 수 없다면 그게 무슨 소용인가? 또한 심판에 대한 이런 깨달음은 또 무슨 의미가 있는가? 분명 아무런 소용도 없다. 우리를 더 깊은 절망과 무력감에 빠뜨릴 뿐이다.

인간의 심판으로 인해 오히려 폭력으로 모든 것을 끝장내 버리고 싶은 무섭고 악한 욕망이 도지는 사람들도 생겨났다. 심판 외의 다른 것이 병행되지 않는다면 심판 자체는 전혀 무익하다. 그래서 하나님은 결코 우리를 재판하기만 하지 않으신다. 심판의 한가운데서나 개인과 직장과 가정의 재앙 중에서 늘 우리를 찾으시는 분이다. 우리를 하나님의 집으로 데려가려 애쓰시는 구주이시며 회복의 하나님이시다. 하나님은 언제나 비참한 삶을 사는 우리에게 긍정적으로 대하시는 분이다. 심지어 최악의 심판과 참사를 우리에게 허용하셔야만 할 때도 그렇다.

팔복을 바로 그렇게 이해해야 한다. 팔복은 고생과 염려에 싸여 있는 우리에게 내미시는 하나님의 손이다. 그 손을 통해 우리를 향한 하나님의 계획이 있음을 분명히 알 수 있다. 그분이 우리를 인도하시려는 목표점은 얼마나 아름다운지 기쁨의 눈물이 날 정도다. 하나님은 반드시 모든 일에 책임을 물으시고 가장 쓰라린 상처도 지적하시지만, 결코 우리의 과거에서 멈추지 않으신다. 그분의 관심은 언제나 우리의 미래에 있다. 우리를 구원할 길을 닦으시고 우리를 그분의 목표점으로 이끄신다.

이렇듯 우리는 심판의 긍정적 측면을 바로 인식하고 기뻐할 수 있다. 어렵고 힘들 때마다 거기에 손을 내밀 수 있다. 하지만 그렇게 하는 법을 배우려면 두 가지 오해를 경계해야 한다.

첫 번째 오해에 대해 살펴보자.

누구나 아는 괴테의 유명한 말이 있다. "미움 없이 세상과 연을 끊는 자는 복이 있나니… ."

우리는 힘들고 막막한 고통에 시달리던 절망의 시절을 지나왔다. 그때 우리는 꿈의 날개를 타고 아달베르트 슈티프터(Adlalbert Stifter, 오스트리아 소설가로 대표작 《늦여름》)의 표현대로 아직 온유한 법이 다스리는 어딘가로 도피하고 싶었다. 나이든 사람들은 상황이 달랐던 젊은 날을 회상할 수 있고, 젊은이들은 상황이 달라질 미래를 꿈꿀 수 있다. 하지만 그것이 참된 복이고 참된 행복인가? 오히려 우리를 의존적인 부적응자로 만드는 진통제에 불과하지 않은가? 그런 도피는 우리를 냉혹한 현실 속에 더 무력하게 내팽개칠 뿐이다.

예수님은 팔복을 전하며 전혀 다른 말씀을 하신다. 말씀의 대상도 비참한 사람들이었다. 왜 그분은 수많은 인간들 중에 하필 그들을 복이 있다고 하시는 걸까? 이는 한낱 잔인한 아이러니일까? 만약 어제 암 진단을 받은 사람에게 "당신은 복이 있다"라고 말해 주면 그는 뭐라고 답할까? 남편의 배신으로 존엄성을 빼앗긴 여자에게 이와 같은 말을 한다면 어떨까? 방탕한 자식을 바라보는 어머니는 이 말이 어떻게 들릴까? 대도시의 셋방에서 한없이 외롭게 살아가는 청년에게 복을 말한다면 어떻게 반응할까? 이런 사람들을 "복이 있다"라고 하는 것은 순전히 조롱이 아닐까?

사방이 꽉 막힌 삶에 천국이 선포되다

두 번째 오해는, 예수님의 팔복을 대할 때는 화자이신 그분을 절대로 빼놓아서는 안 된다. 감히 팔복을 일반적 인생철학의 경구 혹은 금언으로 평가하거나 자체 내의 진실성을 기준으로 측정해서는 안 된다. 예수님은 그 모든 발화에서 은밀히 자신을 가리켜 보이신다.

지금 그분은 권능의 오른편에 높이 들려 영원한 영광 중에 우리를 내려다보신다. 그런 그분이 오늘의 우리에게 주시는 말씀으로 팔복을 듣는다면 그 말씀은 이런 것이다.

"비참하고 두려운 너희를 복이 있다 하는 첫 번째 이유는 단순히 내가 너희 가운데 있기 때문이다. 너희가 삶의 고달픔 때문에 불평하느냐?

보라, 나도 진정한 사명을 알고 고난으로 순종을 배웠다. 너희가 마셔야 할 쓴잔 때문에 불평하느냐?

보라, 나도 인류 역사상 가장 괴기스러운 잔을 마셔야만 했을 때 '내 원대로 마옵시고 아버지의 원대로 되기를 원하나이다'라고 아뢰는 법을 배웠다.

그렇게 나는 아버지의 뜻을 무조건 받아들여 평안을 얻었다. 네 모든 고난 속에서 하나님의 얼굴이 사라지고 그분의 임재가 전혀 느껴지지 않아 무섭도록 외롭다고 불평하느냐?

보라, 나도 하나님께 버림받은 그 느낌을 맛보았다. 그것이 유기에 대한 나의 처절한 절규로 터져 나왔고, 태양마저 그 극한의 고독을 감당하지 못해 빛을 잃었다. 찢기고 상한 내 몸은 뼈에 쓸리는 못들 때문에 쓰러져 눕지도 못한 채 축 늘어져 있었다. 하지만 그때 아버지의 손이 내 몸을 밑에서 받치시고 내 영을 고통에서 건져 주셨다.

나의 형제들아, 그래도 모르겠느냐? 팔복 중 첫 번째 복은 내가 너희 가운데 있다는 것과 너희가 나의 슬픔을 당하고 있기에 나 또한 너희를 나의 성취와 복으로 인도한다는 것이다."

두 번째 복은 이것이다. 예수님께서 우리에게 단지 몇 마디 금언만으로 실용적 지혜를 주시려 한다고 생각해서는 안 된다.

그분은 단순히 고생과 가난에 따르는 복을 말씀하시려는 것도 아니고, 고난을 통해 더 성숙해진다는 말로 우리를 위로하시려는 것도 아니다. 오히려 정반대일 수도 있음을 예수님은 누구보다 잘 아셨다. 인간은 고생에 짓눌려 완전히 무너질 수도 있다. 극심한 고통으로 기도보다 저주가 나올 수도 있고, 고난이 억울하다며 결국 하나님을 비난하면서 독한 불평을 쏟아낼 수도 있다.

그러나 예수님은 우리에게 교사가 아닌 구주로 오신다. 우리 가운데 친히 임재하시는 분이시다. 이것은 그저 말에 그치지 않고 우리에게 무엇인가 놀라운 일이 벌어진다는 의미다. 이제 우리에게는 예수님의 고난으로 신성해지고 보혈로 인을 친 서명이 있다. 이 서명은 우리에게 천국이 열렸다고 선포한다. 사방이 꽉 막혀 있고 우리 삶에 다시는 발전이나 미래나 즐거움이나 웃음이 없다 해도 천국을 약속한다. 이 서명은 하나님을 사랑하는 자들에게는 모든 것이 합력하여 선을 이룬다고 말한다.

그래서 이제 빈손이 오히려 복이 있다. 인간은 모든 희망과 위로를 잃은 지 오래이기 때문에 빈손일 수 밖에 없다. 이제 빈손으로 나온 죄인들이 위로를 받게 된다. 미래에 대한 마지막 한 줄기의 환상마저도 사라진 그들에게 처음으로 하나님이 일하실 기회가 왔다. 빈털터리로 오는 사람들이 하나님이 자신의 전부이심을 배울 수 있음을 확신한다. 하나님의 손을 잡을 때 그들은 엄청난 인생의 확신을 얻고 불확실한 하루를 기꺼이 맞이할 수 있다.

우리에게는 그리스도의 고난으로 서명하고 인을 친 문서가 있다. 그래서 이제 정처 없이 삶을 방황하는 사람들이 뜻밖의 기쁨에 에워싸인다. 하나님이 늘 곁에 계시며 신기할 정도로 때맞추어 도와주심을 배우기 때문이다.

그들이 배우듯이 그분은 사람을 보내 우리를 다시 일으키시고, 말씀을 주셔서 붙들게 하시고, 집과 식탁에 돈과 빵을 공급하시고, 가장 슬플 때 어린아이처럼 웃게 하신다. 과감히 예수님의 손을 잡고 사는 사람은 하나님의 영광을 보게 될 것이다. 이 기적과 열린 천국에 의지하여 사는 사람은 인생의 가장 음침한 골짜기에서도 위로하시는 하나님의 별이 빛나는 것을 보게 된다. 그들은 이제 어린아이처럼 즐거운 기대에 부풀어 새 아침을 기다리게 될 것이다. 또 아버지께서도 뜻밖의 선물을 가지고 그를 기다리신다.

하나님은 언제나 긍정적이시며 모든 것을 새롭게 하시는 분이시다. 아버지 집의 불 밝힌 창은 우리의 모든 복이 사라진 먼 나라에서 가장 환하게 빛난다.

당신은 복이 있다. 그 무엇도 당신에게서 안락한 집이나 더 좋은 미래의 꿈을 앗아갈 수 없어서가 아니다.

당신이 복이 있는 이유는 아버지께서 천국 문을 활짝 열고 당신에게 손을 내미시기 때문이다. 아버지의 이름으로 오시는 그분이 우리 가운데 계셔서 "너희는 복이 있나니"라고 선포하실 뿐 아니라 그 말씀을 성취하시기 때문이다.

"의를 위하여 박해를 받은 자는 복이 있나니 천국
이 그들의 것임이라. 나로 말미암아 너희를 욕하고
박해하고 거짓으로 너희를 거슬러 모든 악한 말을
할 때에는 너희에게 복이 있나니 기뻐하고 즐거워
하라. 하늘에서 너희의 상이 큼이라. 너희 전에 있
던 선지자들도 이같이 박해하였느니라."
— 마태복음 5:10-12

2

의를 위하여 박해를 받는 자는 복이 있나니

고난이
막을 수 없는 기쁨

인간에게 행복의 욕구보다 더 강한 충동은 없다. 이것이 얼마나 강한지 하나의 행복한 목표를 달성하는 순간 인간은 즉시 새로운 모양과 종류의 다른 행복을 찾기 바쁘다. 파우스트(Faust)는 자신의 욕심을 성취하여 만족을 얻기가 무섭게 또다시 이렇게 욕심을 냈다.

이렇게 나는 갈망에서 기쁨으로 휘청거리고
기쁨 속에서도 못 견디게 갈망에 이끌린다

어떤 사람에게는 행복이 돈과 성공이고, 누군가에게는 만족스러운 성취감이고, 또 다른 사람에게는 단란한 가정의 위안과 평화일 수 있다. 종류야 어찌됐든 인간은 누구나 행복을 추구한다.

이것이 인간의 가장 깊은 갈망이다 보니 누구든지 권력이나 남들의 사랑과 추앙을 탐하는 사람은 행복을 기치로 내세우려 한다. 자신이 행복을 약속하지 못하고 안겨 주지 못하면 머잖아 버림받으리라는 것을 그들은 잘 알고 있다.

사람들은 한낱 관념이나 선한 의도 따위에 만족하지 않는다. 그런 것들이 가장 강한 충동인 행복을 향한 은밀한 갈망을 채워 주지 못하기 때문이다. 그래서 늘 정치가들은 최소한 미래의 행복이라도 약속한다. 권모술수에 밝은 비정하고 타산적인 정치꾼들만이 아니라 가장 이상적인 정치인들도 마찬가지다.

박해 속에서도 즐거워하는 그 신비

세상을 보면 금방 알 수 있다. 세상은 치우침 없이 이 해묵은 길을 내달리며 인습적 의미의 행복을 추구한다. 그러니 예수님이

우리에게 적용하시는 삶의 원리가 세상의 눈에는 완전히 새롭고
도 전혀 달라 보일 수밖에 없다.

예수님이 제자들에게 하신 이 말씀과 털끝만큼이라도 비슷한
사례를 단 하나라도 아는 사람이 있는가? 과거나 현재에 그런 말
을 들어 본 적이 있는가? 감히 이렇게 말하는 사람을 당신은 본 적
이 있는가? "내가 너희에게 줄 것은 아무것도 없고 다만 세상의 증
오와 귀신들의 비명 소리일 뿐이다. 나는 너희를 내각에 앉히는 게
아니라 대중에게 조롱받게 하겠다. 이리 가운데 양을 보냄 같이 너
희를 보낼 것이다."

그 말끝에 이런 말조차 덧붙이지 않는 사람을 본 적이 있는가?
"하지만 끝까지 싸우면 너희는 수고의 열매를 거둘 것이다. 마침내
세상이 너희에게 박수와 칭송을 보내며 '너희가 이겼다. 모든 난관
을 딛고 너희가 이겼다'라고 소리칠 것이다."

그러나 예수님께서는 말씀하신다. "너희는 절대로 박해와 환
난을 면할 수 없다. 이런 삶은 내가 다시 올 때까지 계속될 것이다.
물론 형통의 때도 있을 것이다. 온갖 것들이 최신 유행이 되었는데
왜 기독교라고 인기를 끌지 못하겠느냐? 사람들이 너희에게 호산
나를 외칠지도 모른다. 하지만 조금만 지나면 '바라바를 내주고 그
를 십자가에 못 박으라'는 함성이 이어질 것이다.

인자는 머리 둘 곳이 없으며 너희도 마찬가지다. 이 땅에서는

우리에게 영원한 도성이 없다. 그렇다고 너희가 매번 쫓겨난다는 뜻은 아니다. 어떤 사람들은 너희가 식당에서 감사 기도를 하거나 일요일 아침에 교회에 갈 때 너희에게 은근히 경멸의 눈초리를 보낼 것이고, 어떤 사람들은 본격적인 정치 제도를 통해 너희의 신앙을 박해할 것이다. 종말의 때까지 시대마다 반드시 그런 사람들이 나타나 너희가 나그네임을 확인시켜 줄 것이다."

얼마나 섬뜩한 전망인가! 정말 심각하게 이런 의문을 불러일으킨다. 예수님은 이런 호소로 어떻게 제자들을 모으실 수 있었던가? 심지어 그 다음에 이어지는 말씀은 순전히 조롱으로 들리지 않는가? 장차 몸과 영의 고문을 실제로 당할 제자들에게 "기뻐하고 즐거워하라"고 말씀하시니 말이다. 이게 조롱이 아니라면 여기 우리가 모르는 큰 신비가 있음에 틀림없다.

우리도 교회가 박해받던 시절 어둠 속에서도 즐거워하는 그 신비를 경험하지 않았던가? 칠흑 같던 흑암의 시절에 우리를 위로해 준 것은 무엇인가? 장차 박해자들이 추격을 재개할 때, 그때도 우리를 위로해 줄 것은 무엇인가? "희망을 버리면 안 된다", "거짓은 결국 들통 난다", "독재 권력은 오래가지 못한다"와 같은 공허하고 진부한 말이었던가? 우리는 고작 최후 심판의 날 박해자들에게 닥칠 운명이나 생각하며 기분을 달랬던가? 아니다. 우리를 일으켜 세우고 다시 즐거워하게 한 것은 전혀 다른 무엇이다.

하나님의 말씀이 우리에게 다음과 같은 확신을 주었다. 그 모든 일을 통해 예수님은 거룩한 고난을 당하셨고, 우리는 그분의 십자가를 같이 짐으로서 그분과 교제하는 영광을 누렸을 뿐이다. 그 영광은 어떤 영적 훈련이나 경건한 예배로도 얻을 수 없는 것이다.

예수 그리스도와 함께 고난을 당한 우리는 이루 말할 수 없는 수많은 복을 누리지 않았던가? 그 복은 우리가 감히 꿈꾼 적도 없고 이론으로는 분별할 수도 없는 것이다.

십자가를 지는 삶 속에 충만한 복이 숨어 있다는 사실, 그 사실에 세상은 늘 당혹하지 않았던가? 그래서 세상은 네로의 경기장이나 단두대의 그리스도인들을 구경하며 할 말을 잊었다. 고난 가운데의 신자들은 그저 이를 악물고 참는 것에 그치지 않고 하늘을 향해 찬송을 불렀다. 그저 가만히 누워서 고난을 당한 게 아니라 구속(救贖)이 다가옴에 머리를 들었다. 이는 고통의 저편에서 자신을 맞으러 나오시는 이가 누구인지 정확히 알았기에 가능했다.

그렇다면 그들은 이 신비한 행복을 어찌 알았을까? 그것이 단지 고통의 가학적 쾌락이나 죽음의 병적인 동경이었다고 믿을 사람은 아무도 없을 것이다. 어디까지나 그들도 우리와 똑같은 인간이었다. 그들도 우리처럼 생명과 햇빛을 사랑했고, 사랑하는 이들을 남기고 가야 했으며, 새봄이나 진한 신록의 여름을 내다보며 가슴이 환희에 부풀었다. 그렇다면 도대체 이 고난 속에서 누리는 복의 비결은 무엇인가?

그것은 이미 앞서 언급했듯이 누구든지 예수님을 위해 고난을 당하는 사람은 주님의 고난에 동참한다는 것이다. 사실 이것은 하나님 나라의 원리로 보아도 좋다. 누구든지 예수님의 옷자락을 만지고 구주를 위해 조금만 수모를 당해도 그분은 고난을 당한 이에게 자신을 전부 다 내어 주신다. 혈루증을 앓던 여인에게도 그리하셨다. 옷자락을 만지기만 한 그녀에게 예수님은 자신의 영광을 전부 보여 주셨다.

우리는 모두 예수님을 "알려고" 하며, 헬라인들이 "우리가 예수를 뵙고자 하나이다"라고 말한 이유도 익히 안다. 그래서 자꾸 기적을 꿈꾸고, 깊고 감동적인 회심 체험을 바라며, 성령의 감화를 오감으로 느끼려 한다. 다시 말해 거룩한 감정을 동경하는 것이다.

하지만 그것이 우리에게 주어진다 해도 이 모두는 물거품처럼 사라진다. 그러나 예수 그리스도의 수모의 끝자락만이라도 만지는 사람, 구주의 형제인 버림받은 이들과 친구가 되는 사람, 조롱을 즐겁게 견디며 담대히 신앙을 지키는 사람, 두렵고 떨리지만 주님을 위해 당당히 웃으며 목숨을 거는 사람은 그분의 전부를 받되 고통의 순간만이 아닌 행복의 순간에도 받는다. 드디어 그는 자신이 십자가 밑에 서 있을 뿐 아니라 또한 무덤 속에 누워 있으며, 무덤을 막고 있던 돌이 굴러 갔음을 깨닫는다. 이제 그가 상대하는 분이 승리자요 생명의 왕이시기 때문이다.

그러나 위로는 여기에 그치지 않다. 예수님을 따르는 사람들이 고난을 당해야만 함을 그분이 장담하셨다는 사실이다. 이 모두가 그분의 말씀 속에 미리 진술되어 있기에 우리는 고난이 결코 계획에 어긋난 게 아님을 확신할 수 있다.

아무리 오싹한 두려움이 우리를 에워싸도 아무것도 주님의 계획을 꺾을 수 없다. 오히려 고난은 그분의 계획에 정확히 맞아든다. 우리가 경험을 통해 누누이 배우듯이 최악의 일은 고난 자체가 아니라 무의미다.

열두 제자의 경우에도 주님의 수난과 관련하여 최악의 일은 자신들 앞에 닥쳐온 박해와 고통이 아니라 주님이 당하셔야 할 모든 고문과 채찍질이 갑자기 무의미하고 부질없어 보였다는 점이다. 메시아의 삶이 파산으로 끝난다면 이 실패한 운동을 위해 피한 방울이라도 흘리는 게 무슨 의미가 있겠는가? 그래서 그들은 골고다에서 달아났다. 고난이 무서워서가 아니라 무의미한 고난인 듯싶어 맥이 빠졌던 것이다.

이제 본문의 위로가 좀 더 분명해진다. 고난은 하나님의 계획을 방해하지 못하며 주님의 약속과도 모순되지 않는다. 오히려 그분은 고난까지도 모두 계산하셨다. 고난이야말로 하나님 나라의 가장 심오한 실재다. 고난을 통해서만 우리는 영광 속에 들어갈 수 있다. 그뿐 아니라 고난 속에서만 하나님의 영광을 인식하게 된다. 인간이 깊은 고통 속에서 하나님께 부르짖을 때 그분은 기뻐하시며 그 고통 속으로 독생자를 보내신다.

하지만 제자들이 고난을 당해야만 한다는 예언에는 더 깊은 의미가 있다. 예수님께서 예고하신 고난은 단지 예상이나 예측을 뛰어넘는 그 이상이다. 이 부분에서도 예수님은 인간들과 전혀 다른 모습을 보이신다.

의사는 나에게 "살날이 몇 달밖에 남지 않았습니다"라고 꽤 침착하게 말할 수 있다. 자신의 운명과는 무관하기 때문이다. 하지만 예수님의 말씀에서는 뭔가 다른 게 느껴진다.

그분이 난리와 난리 소문을 언급하실 때, 장차 이리 떼가 와서 양을 해칠 것을 예언하실 때, 성도들마저도 사랑이 식어질 위험을 우리에게 경고하실 때, 야간 폭격부터 생존자의 외로움까지 세상의 모든 화를 우리 눈앞에 불러내실 때는 세상이 종말의 날까지 당해야 할 모든 고난이 그분의 시야에 하나로 겹쳐진다. 공간이 압축되면서 망원경 아래로 초점이 잡힌다. 이어 그분은 이 끔찍한 광경과 참혹한 운명을 자신의 영으로 직접 당하신다.

주님이 우리에게 주시는 위로는 바로 이것이다. 우리에게 벌이지는 일치고 이미 구주의 눈을 거쳐 그분의 심령을 상하게 하지 않은 일은 하나도 없다. 이미 오래 전에 그분이 다 보시고 지금도 그분의 심중에 영원히 남아 있다. 알겠는가? 지금 우리 앞에 닥쳐오는 모든 일, 고통과 슬픔이 다 그렇다는 뜻이다.

하나님을 고백할 때, 기적이 일어난다

산상수훈에서 이어지는 "하늘에서 너희의 상이 큼이라"는 말씀의 의미를 살펴보자. 이 말씀 앞에서 약간 망설여지거나 격한 반감이 들 수도 있다. 알다시피 무엇이든 그 자체를 위해서 해야지 상을 바라고 해서는 안 되지 않는가? 하지만 사실 보상을 생각하지 않고는 어떤 소신도 끝까지 지킬 수 없다.

위에서 시종일관 언급한 윤리적인 소신도 마찬가지다. 윤리적인 사람도 그 자체를 위해서 한 일에 만족과 행복이 따라옴을 안다. 그래서 "덕의 보상은 덕 자체다"라고 하지 않던가. 이렇듯 아무리 말을 마음대로 바꾸어도 보상의 개념은 사라지지 않는다. 그 이유는 간단하다. 본문에서 '상'이라는 단어는 재물이나 이상(理想)이나 돈이나 명예 따위의 외적 또는 내적 보수를 뜻하지 않는다. 상이라는 개념은 어떤 행위의 가치를 표현하는 척도이자 하나님이 그것을 얼마나 기뻐하시는지를 보여 주는 척도이기 때문이다.

여기 예수님께서 분명히 밝히시듯이 사람들은 당신의 기독교적 행위, 희생, 기도, 믿음, 증언에 따라올 모든 종류의 보상에 시비를 걸 것이다. 당신이 실제로 이 땅의 보상을 받아도 그들은 그것을 다 앗아가려 할 것이다.

믿음을 지켜도 당신의 위신은 높아지지 않을 것이고, 성도의 처지도 남보다 결코 나을 게 없다. 그뿐 아니라 당신의 내적 보상마저 자취를 감추기가 한두 번이 아닐 것이다.

당신은 용감하고 솔직한 증언의 행위에 당연히 평안과 기쁨이 뒤따르리라 예상하겠지만, 그런 믿음의 보상마저 없을 때가 비일비재할 것이다. 이 '상'조차도 확실히 믿을 수 없다. 조만간 모든 그리스도인은 즐겁고 자명한 확신이 손가락 사이로 줄줄 새나가는 시점에 이른다. 환난의 홍수가 턱밑까지 차오르고 세상에 불의가 워낙 성행하여 성도들마저 이런 의문에 시달릴 수 있지 않은가? 하나님이 어떻게 이런 일이 벌어지도록 그냥 두실 수 있는가?

성도들도 많은 경우에 자신의 사랑이 식어짐을 느낄 수 있지 않은가? 그럴 수밖에 없지 않은가? 신앙을 지키려다 박해받는 중에도 그런 유혹은 끊임없이 되찾아온다. 그런데 우리는 진정한 순교자라면 그냥 당연히 내적 평안의 상을 누린다고 생각하는 경향이 있다. 덜 감정적으로 말해서 자신의 선행에 대한 보람이라 표현해도 좋다.

굳이 강제수용소에 갇혀 보지 않아도 이것을 경험할 수 있다.

차가운 냉소로 비웃는 사람을 만나보기만 해도 안다. 보란 듯이 멸시하는 사람들의 반복되는 어깻짓만 보아도 우리는 "왜 악인이 형통하는가?"라는 신자들의 해묵은 유혹에 빠질 수 있다. 자신을 철저히 과신하는 불경하기 짝이 없는 사람 앞에서 우리의 증언은 반론조차 불러일으키지 못한 채 한낱 탁상공론으로 치부된다.

이때 대개 우리는 감정만 아니라 믿음까지 공격받기 쉬우며, 그리스도인의 삶 자체가 충분한 보상이라는 믿음이 흔들릴 수 있다. 불경한 세력에 막혀 감옥에 갇힌 모든 이들과 심지어 순교자들에게도 세례 요한을 괴롭혔던 그 의문을 떨칠 수 없는 순간이 오지 않던가? "오실 그이가 당신이오니이까, 우리가 다른 이를 기다리오리이까"(마 11:3).

그 순간에는 십자가에 대해 잘 알고 있는 우리도 다음 두 가지가 동시에 사실이고 계속 공존한다는 게 도저히 믿어지지 않는다. 첫째, 자신을 과신하며 세상을 지배하는 불경하고 냉담한 세력이고 둘째, 하늘과 땅의 모든 권세를 받은 왕이신 그분이다.

그러나 예수님을 위해 고난을 당한 모든 이들에게 선행에 대한 보상은 또 다른 면에서도 불확실하고 기만적이다.

그들을 늘 괴롭히는 생각이 있다. 자신이 주님을 제대로 고백하지 않았을지도 모른다는 생각, 그분을 욕되게 했을지도 모른다는 생각, 이보다 더 잘했을 수도 있다는 생각, 고난을 부른 이번 경우만 하더라도 차라리 침묵하는 게 나았을지도 모른다는 생각, 다르게 행동하는 게 영적 의미에서 더 신중하고 지혜로웠을지도 모른다는 생각들이 꼬리에 꼬리를 물고 일어난다. 이는 최선의 삶조차도 부질없고, 중인과 신자로서 하는 행동에도 인간적인 면이 너무 많다는 불길한 예감이 들게 한다.

우리의 행위 속에 교만, 거짓된 감정, 비참한 역할에 생색내려는 욕심, 심지어 순교자의 면류관을 얻으려는 허영심 따위가 숨어 있을 수 있다는 것이다. 이런 불길한 예감이 순교자들을 괴롭히지 않은 적이 없다. 당연히 그럴 수밖에 없다. 육신의 위선적 갈망이 하나님의 심판에 정죄당하고 소멸되어야 하기는 그들도 마찬가지이며 그들일수록 더 그렇기 때문이다.

보상에 대한 이런 불안과 너무나 인간적인 회의를 우리는 회피해서는 안 된다. 그만한 조치가 이미 마련되어 있다. 아니, 이미 하나님이 마련해 놓으셨다. 그러나 어쨌든 우리는 보상이 선행 자체 내에 들어 있어야 한다는 생각이 든다. 그렇다면 이제 자체 내에 들어 있다는 표현에 주목해 보자.

여기서 우리가 아주 주의 깊게 들어야 할 말씀이 있다. 예수님은 그분을 위해 고난당하는 사람들의 상이 하늘에서 크다고 하셨지 행위 자체 내에 있다고 하지 않으셨다.

그렇다면 하늘은 무엇을 뜻하는가? 행위 자체가 곧 보상이라는 뜻이 아니다. 내세에 갚음을 받는다는 뜻도 아니다. 여기서 하늘이란 하나님의 통치가 절대적으로 완전히 유효한 영역이나 세계를 의미한다.

예수님은 우리에게 "뜻이 하늘에서 이루어진 것 같이 땅에서도 이루어지이다"(마 6:10)라고 기도하도록 가르치셨다. 이는 비록 이 세상에 하나님을 대적하는 것이 가득하여 그분의 뜻이 이루어지기는커녕 오히려 지독하게 방해받고 있으나, 그 와중에도 그분의 뜻이 하늘에서처럼 완전하고 충만하게 타협 없이 이루어지는 상황이 가능하다는 뜻이다.

따라서 주님을 고백하여 하늘에서 상을 받는다는 말은 지금 여기서 하나님의 통치에 동참한다는 뜻이다. 땅에서 그분의 이름을 고백하는 것은 우리가 하나님과 세상의 분리의 벽을 허무는 데 엄청나게 일조한다는 뜻이다. 그러면 하나님의 능력이 세상에 침투해 들어올 수 있다. 우리의 증언과 고백은 죄에서 인간을 해방시키는 위력이 있다.

하늘의 일에 쓰임 받는 특권

우리의 상이 바로 이것이다. 고백의 행위 자체를 통해 우리가 강한 사람이 아님을 배울 수 있다는 것이다. 자신의 힘과 용기를 의지해서는 누구도 루터처럼 벌떡 일어나 "나는 여기 서 있으며 그럴 수밖에 없습니다"라고 열변을 토할 수 없다.

또한 고백은 우리가 주님의 낙락장송이 되어 불경과 회의와 조롱의 폭풍이 가지에 휘몰아칠 때 땅속 깊이 뿌리를 박는다는 뜻도 아니다. 사실 우리는 얼마나 상한 갈대이며 꺼져가는 심지이며 의심 많은 도마와 같은가! 비록 소수의 사람들이 우리를 하나님의 전사요 고백자라 부른다 할지라도 스스로 속아서는 안 된다.

고백이란 우리가 거목처럼 자력으로 폭풍을 다스린다는 뜻이 아니다. 고백자가 된다는 것은 살아 계신 하나님의 능력을 증언한다는 뜻이다. 우리의 출발점은 하나님의 능력이 주권적으로 선인과 악인, 성도와 박해자에게 고루 미친다는 사실이다. 그분의 통치에서 벗어날 수 있는 것은 아무것도 없다.

과감히 말씀을 따르면 기적이 일어난다. 나를 통해 천국의 자리가 확보되고, 우리 삶 속에 하나님의 통치가 임할 길이 열리게 된다. 단순한 고백이 능력을 받으면 더 큰 능력을 증폭시킨다. 한마디로 통치와 실행일랑 하나님께 맡기고 나는 그분의 도구가 되는 것으로 만족할 수 있다. 그때 나는 성실하게 믿음으로 행하기만 하면 된다. 곧 우리의 시민권은 하늘에 있으며 지금 우리가 모든 이름 위에 뛰어나신 분의 이름으로 행한다는 믿음이다. 요컨대 바로 이것이 내가 꿈에도 생각하지 못했던 상이다. 그분을 고백할 때 하늘의 시민이 되어 천국의 능력을 발휘한다. 이제 나는 전쟁터에서 앞장서 싸울 필요가 없다. 그분은 나의 고백을 통해 싸움터에 들어와 힘 있는 장수가 되어 나를 대신해 싸우시기 때문이다.

얼마나 위대하고 큰 상인가! 하나님을 고백할 때 나는 그분 앞에 서서 그분을 변호하는 게 아니다. 오히려 반대로 하나님이 나의 변호인이 되신다. 나는 담대히 그분께 모든 것을 맡기기만 하면 된다. 다시 말해 고백이란 내 인생의 통치권을 하나님의 손에 넘겨드린다는 뜻이다.

매순간 하늘의 시민이 되는 것이 나에게 주어진 상이다. 그러면 하늘의 권능이 세상에 침투해 들어온다. 연약하고 초라한 내가 하늘이 침투해 들어오는 교두보 역할을 할 수 있다. 혼신을 다하여 하늘의 일에 쓰임 받는 것이 얼마나 큰 특권인가? 이를 위해서라면 고난과 죽음과 남들의 멸시도 감당할 수 있다.

우리는 나치 시절, 공포와 박해 시대에 이것을 수없이 많이 경험하지 않았던가? 하나님께 전권을 내어드리는 사람에게 얼마나 놀랍고 즐거운 보상이 오는지 배우지 않았던가?

인간적으로 보면 극도의 절망뿐이던 시절이었다. 그 최악의 박해 시대에 나에게 그런 일이 얼마나 많았는지 모른다. 물론 하나님 나라에서 결코 지극히 작은 자가 아닌 다른 많은 사람들도 여러 방식으로 용케 그 일을 해냈다.

내 경우는 그저 위험을 무릅쓰고 과감하게 주님을 공공연히
고백했을 뿐이었다. 사역의 현장과 교회에서 자신을 보호하기 위
해 애쓰지 않았을 뿐이다. 물론 위험하지 않은 상황이었을 수도 있
다. 그래도 그러고 나면 넘치는 기쁨으로 이렇게 말할 수 있었다.
"나는 해냈다. 통과했다! 이제 결과는 나의 몫이 아니다. 모든 것
은 하나님의 책임이다. 나는 하나님을 싸움터로 불러냈다. 인간의
주도권과 신중한 계산을 버리고 하나님이 강권적으로 행하시도록
길을 열어 드렸다. 나의 하나님은 자신의 명예가 달린 일에 결코
실패하지 않으실 분이다."

자아를 죽이고 하늘의 복을 맛볼 수 있다니 만족하고도 남을
상이 아닌가? 우리는 하나님이 친히 일어나 능력으로 역사하심을
안다. 두 세력이 충돌하며 극렬한 전쟁을 벌이는 이 땅의 한복판에
서 나는 하늘의 말할 수 없는 평화와 안전 속으로 옮겨졌다. 이미
세상에는 하나님의 권능이 침투해 들어와 하나님 나라의 깃발을
펄럭이고 있다.

전쟁의 한복판에서 맛보는 하늘의 복

이제 우리 삶의 한복판에서 하늘의 진정한 임재를 경험할 수
있다. 누가복음에서 예수님은 놀란 청중에게 그 임재를 이렇게 설

명하셨다. "하나님의 나라는 너희 안에 있느니라"(눅 17:21).

그 나라는 그분이 계시는 곳이면 어디에나 이미 있다. 내가 마귀와 죄와 죽음을 대적하며 행진할 때마다 주님은 나와 함께 전쟁터를 걸으신다. 하지만 아무리 기쁘고 전도유망해도 그 모두는 응급 처치에 지나지 않는다. 이 땅에 하늘이 임재하는 복은 장차 하나님이 이루실 일의 희미한 그림자와 맛보기에 불과하기 때문이다. 그때가 되면 그분이 우리의 전부가 되실 것이며, 흐릿하던 거울은 간데없고 그분의 얼굴이 해처럼 빛날 것이다. 믿음의 수명이 다하여 우리는 그분을 대면하여 뵙는 복을 누릴 것이다.

예수님의 이 약속이 더없이 위대한 것은 하늘이 단지 목표점이 아니기 때문이다. 하늘은 이미 우리의 길을 비추고 있다. 하늘은 약속만이 아니라 복된 임재다. 적어도 그것을 진심으로 의지하는 사람들에게는 그렇다. 그런데 가장 진심으로 하늘에 의지하는 방식은 두말할 것도 없이 나의 주님을 고백하며 내게 벌어질 수 있는 일의 모든 책임을 과감히 그분께 맡기는 것이다.

이 본문에는 여러 가지 위험이 언급되어 있다. 매일의 접전 속에서 우리는 믿음을 지켜야 한다. 우리에게 닥칠 큰 고난의 사건에는 "강제수용소와 친척과 재물과 명예와 생명"이 개입될 수도 있다. 그럼에도 불구하고 본문이 왜 물밀 듯 밀려오는 희열로 가득하며, 왜 "복이 있나니"와 "기뻐하고 즐거워하라"는 두 찬란한 기둥

사이로 계속 비상하는지 알겠는가?

우리는 열린 하늘 아래를 걷는다. 그렇다면 그 길이 음침한 골짜기와 아찔한 협곡을 지나간들 어떠랴. 우리를 지키시는 분이 누구인지 이미 잘 알고 있기에 아무 상관이 없다. 인간에 대한 두려움, 무서운 심연, 삶의 나락 따위가 더 이상 우리를 삼킬 수 없음도 안다. 우리 아래 영원하신 팔이 있어 우리는 끝이 보이지 않는 골짜기에 떨어져도 그 품으로 떨어질 것이다.

때를 얻든지 못 얻든지 진리를 전하라

물론 이 모두가 때에 어긋나고 시대에 뒤처진 게 아니냐고 물을 수 있다. 당신은 이렇게 답할 수 있다. "근래에 예수 그리스도의 교회는 위에 말한 힘든 유혹들을 견뎌내지 않았는가? 그래서 이제 훌륭한 평판을, 적어도 괜찮다는 평판을 누리고 있지 않은가?"

친구여, 잠깐 기다리라! 이것이 혹시 최악의 폭풍 전야의 고요가 아닐는지 누가 알겠는가? 옛날 유럽을 휘감았던 망령들을 우리는 익히 알고 있지 않은가? 오늘도 교회는 불온하고 불편한 씨앗을 뿌려야 한다. 오직 때를 얻든지 못 얻든지 교회 안팎의 사람들에게 진리를 전할 영원한 의무가 있기 때문이다. 그러다 보면 바로 내일 교회는 폭풍을 거둘 수도 있다. 그러면 교회는 다시 온전히 하나님께 의지할 것이다. 그분은 바람과 파도를 다스리시며 모든 피와 눈물 위로 그분의 열린 하늘을 펼치신다.

지금은 온 사방에 날뛰는 큰 사건들이 없지만, 우리는 이 막간의 소강상태 동안 교회가 나약하게 안주하지 않도록 기도해야 한다. 방심의 목소리가 위험할 정도로 커지고 있고, 어떤 때는 독선적인 저음까지 깔려 있다. 오류에 빠졌던 이 민족에 대한 고민이 더 이상 없는 것이다. 여기저기서 기뻐하고 즐거워하는 징후들이 보이지만, 그런 종류의 즐거움이라면 하나님이 기뻐하실 수 없고 본문의 약속에도 전혀 해당되지 않는다.

경계를 늦추지 말고 허리를 동이자! 폭풍은 반드시 오는데 용기로는 폭풍을 견뎌낼 수 없고 기쁨으로만 이길 수 있다.

한 가지 분명한 사실이 있다. 우리가 상대하는 무저갱은 아직 영원히 닫혀서 잠가진 게 아니다. 장차 짐승이 거기서 총력으로 다시 올라와 반드시 우리를 덮칠 것이다. 다시 말하지만 우리는 닫힌 무저갱을 상대하는 게 아니다. 하지만 우리는 열린 하늘에 의지할 수 있다. 성도들이 빛 가운데 부르는 이 환희의 합창 소리가 우리를 맞이하러 나올 것이다. "내 충성된 자녀야, 너는 복이 있도다!"

"너희는 세상의 소금이니 소금이 만일 그 맛을 잃으면 무엇으로 짜게 하리요. 후에는 아무 쓸데없어 다만 밖에 버려져 사람에게 밟힐 뿐이니라. 너희는 세상의 빛이라. 산 위에 있는 동네가 숨겨지지 못할 것이요 사람이 등불을 켜서 말 아래에 두지 아니하고 등경 위에 두나니 이러므로 집 안 모든 사람에게 비치느니라. 이같이 너희 빛이 사람 앞에 비치게 하여 그들로 너희 착한 행실을 보고 하늘에 계신 너희 아버지께 영광을 돌리게 하라."

— 마태복음 5:13-16

3

너희는 세상의 소금이니

소금통에서
나오라

예수님께서 하시는 이 엄청난 말씀을 우리는 얼마나 이해하고 있을까? 그분은 청중을 향해 말씀하신다. "여기 내 앞에 서 있는 너희 제자들, 보잘것없고 하찮은 인간들, 비참하고 한심한 작은 무리들 그런 너희가 이 땅의 소금이고 세상의 빛이다."

예수님은 "너희가 세상의 소금이 되어야 한다"라고 하시지 않았다. "너희는 빛과 소금이니 이는 단순히 하늘에 계신 너희 아버지께서 너희를 빛과 소금으로 부르셨기 때문이다"라고 하셨다. 두 문장이 무엇이 다른지 알겠는가?

다시 말해 그 의미는 "온 땅이 너희를 통해 밝아질 것이며 맛을 낼 것이다. 너희가 있어야 세상이 움직인다. 국가, 산업, 정치, 문화 등 모든 게 너희의 영향권 안에 있다"이다. 이 정도면 순전히 허튼소리가 아닌지 의문이 들 만하지 않은가? 예수님의 이 말씀 속에는 세상을 향한 원대한 열정이 담겨 있다.

미련한 십자가의 도, 세상의 기초를 흔들다

그 열정을 이해하려면 먼저 그리스도인의 자신감에 대해 말해야 한다. 물론 자랑하는 자는 자신의 연약함을 자랑해야 하는 게 맞다. 알다시피 우리는 연약하고 무력하며 오직 하나님만이 약자들 안에서 강하시다. 그분이 그들 안에서 어찌나 강하신지 온 세상이 하나님을 보고 떨며 진동한다. 원양어선의 요란한 엔진 소리에 배 전체가 흔들리는 것처럼 말이다.

이런 진동은 신약성경 도처에 나타나 있다. 우리 마음의 시야에 저절로 떠오르는 위대한 장면들에서 세상의 떨림과 진동을 고스란히 느낄 수 있다.

무명의 갈릴리 사람 예수 그리스도는 세계 최강대국의 대변자

68

인 빌라도 앞에 당당하게 서셨다. 비록 빌라도는 손을 씻는 한심한 몸짓으로 예수님을 내쳤지만 말이다. 나사렛 촌부의 사건에 필요 이상의 수고를 들인 빌라도의 혼잣말이 귀에 들릴 듯하다. "제발 다음 사건으로 넘어가자."

사실 이것은 대제국이 신경 쓰기에는 너무 하찮은 일이었다. 그러나 그 후로도 예수님의 제자가 되어 그분의 운명에 동참하겠다는 사람들이 줄줄이 꼬리를 이었다. 그들은 왕과 관리와 최고법원 앞에 서기를 두려워하지 않았다. 세상의 권력자들은 늘 합법적 정당성을 확보하려 한다. 그래서 정의와 법을 자기편으로 만들어 이 시시한 무리를 제거하려 한다. 그리스도인들은 이름도 없었고 주님의 가시적인 지원도 없었지만 과감히 권위 있게 발언했다. 마치 하늘과 땅의 모든 권세가 '가상의 주님'께 정말 주어진 것처럼 말이다.

권력자들은 그런 시시한 무리가 입장할 때 왕좌나 의석에서 기립하지 않는다. 기립할 이유가 전혀 없기 때문이다. 코끼리가 생쥐를 보고 달아나야 하는가? 신도들 몇 명이 허언을 늘어놓는다 해서 우주를 지배하고 국가의 조직을 수호하는 자들이 당황해야 하는가? 마찬가지로 빌라도도 그저 다음 사건으로 쉽게 넘어갔을 뿐이다.

하지만 예루살렘 총독 집무실의 그 하잘것없는 장면에서 로마 제국 전체로 큰 떨림이 퍼져 나갔다. 이 떨림과 진동은 온 땅을 틀어쥐고 세상의 기초를 흔들었다.

돌연 예수 그리스도의 질문이 소금통에서 쏟아져 나왔다. 그 뒤로 본디오 빌라도와 헤롯과 로마 황제들과 무수한 철학자들과 시인들이 미친 듯이 그것을 다시 주워 담으려 애쓰는 모습은 우스울 정도다. 그러나 이미 소금은 세상에 흩뿌려져 아무리 닦아내려 해도 결코 닦아낼 수 없다.

그리스도께서 소수의 그리스도인들과 함께 시작하신 그 첫 맹습은 마지막 대격돌의 첫 전조에 지나지 않는다. 마지막 날에는 모든 것이 폐허가 되어 우주적 무덤에 묻히고, 하나님이 파멸의 무더기가 널린 평원에 친히 강림하실 것이다. 진정 우리는 이 말씀에 담긴 엄청난 주장을 그리스도인의 자신감이라는 원대한 열정을 깨달아야 한다.

모든 것은 사라지나 하나님의 뜻을 행하는 사람만 남는다

신약성경에 이와 비슷한 장면들이 더 나온다. 고린도전서 1-2장에는 미련한 십자가의 도가 헬라인의 지혜에 치명타를 날린다. 그 현란한 지혜를 익히 알고 있던 바울 같은 사람도 결국 그것을 한낱 배설물로 여겼다(빌 3:8).

심령이 가난한 사람들이 권력에 취해 병든 사람들보다 높아진다. 왕의 자녀는 예속을 초월하는 긍지가 있으며, 무한히 은혜로운 자유의 선물을 통해 굴종에서 해방된다.

로마서 8장에서 자연은 온갖 법칙의 위력과 무한히 다채로운 형태를 뽐내지만, 그런 자연도 괴로워 신음하며 하나님 자녀의 자유를 갈망한다. 이 자유는 소수의 가난하고 멸시받는 사람들의 몫이다. 그뿐 아니라 장차 해도 빛을 잃고 달도 피처럼 변할 것이다. 바다도 더 있지 않고 우주가 신음하며 폐허로 변할 것이다. 얼마나 엄청난 힘이고 위력인가! 하지만 사랑이 식지 않은 그리스도의 제자는 구원받을 것이며, 세상의 몰락이라는 재앙조차 그들을 그 소용돌이 속으로 빨아들이지 못한다. 그들은 아버지의 평안 속에 안전할 것이다.

오직 한 분만이 세상의 몰락을 이미 벌어진 과거사처럼 보신다. 그분은 세상의 왕이시기 때문이다. 그분의 이름으로 그리스도인들은 이 땅에서 이미 승리자로 살아간다. 그들은 가난하게 죽지만 사실은 무한대로 부유하다. 그들은 가장 위대하신 왕께 속한 사람들이다. 물론 그들의 위대함은 전가된 것이지만 그것도 엄연한 위대함이다. 세상과 그 정욕은 지나가되 하나님의 뜻을 행하는 사람은 영원히 거한다.

똑똑히 들었는가? 오직 그런 사람만 남는다. 다른 것은 모두 사라진다. 역사도 끝나고 자연도 무너져 막이 내린다. 그러나 하나님의 뜻을 행하는 사람은 세계 역사와 자연보다 크고 지성의 모든 극점과 전체 우주보다도 크다. 그 모두를 합한 것보다 크다. 알겠는가? 비록 세상이 알아주지 않는 시시한 존재일지라도 그 사람은 기뻐하시는 아버지와 함께 영원히 거한다.

꿀을 원하는 세상에 뿌려지는 소금

이제 예수님이 왜 이런 엄청난 발언을 하셨는지 어느 정도 이해했으리라 믿는다. 그분은 우리가 세상의 빛과 소금이며, 그저 작고 초라한 그리스도인의 무리가 다름 아닌 세상을 지탱하는 힘이라 하셨다. 그렇다면 그 말씀은 무슨 뜻인가?

조르주 베르나노스는 《어느 시골 신부의 일기》(*Journal D'UN Cure De Campagne*)에서 의미심장한 말을 했다. "예수님은 '너희는 세상의 꿀이니'라고 하지 않으시고 '너희는 세상의 소금이니'라고 말씀하셨다."

유약하고 무르고 나긋나긋한 많은 그리스도인들을 보면 세상의 꿀단지가 되는 게 그들의 야망이라는 생각이 든다.

그들은 사랑의 하나님이라는 마냥 솔깃한 개념으로 쓰라린 인생에 달콤한 설탕을 뿌린다. 유치하기 짝이 없는 낭만주의로 무서운 죄를 유화시킨다. 천국만 남기고 지옥도 개작하여 없애 버렸다. 유혹과 마귀에 관한 한 그들은 현실을 외면한 채 굳어진 미소로 일관하며, 이미 세상을 다 이긴 척한다.

하나님 나라는 역사의 맹렬한 고뇌와 고통, 적그리스도의 무도한 도발, 순교자들의 신음 소리와 함께 임하건만 그들은 그 나라를 무해한 화원으로 둔갑시켰다. 자연히 그들의 신앙은 그 화원의 꽃에서 모으는 달콤한 꿀이 되었다. 하지만 세상은 이런 그리스도인에게 질색하고 넌더리를 내며 등을 돌린다. 세상 사람들은 삶이 그보다 고달프다는 것을 알며, 사탕발림을 하느니 차라리 쓰라림을 감당하는 게 더 바람직함을 안다.

물론 예수님은 "너희는 세상의 꿀이니"라고 하지 않으시고 "너희는 세상의 소금이니"라고 하셨다. 소금의 맛은 아리게 톡 쏜다. 하나님의 심판과 은혜에 대한 순수한 메시지도 늘 인간의 마음을 쏘았다. 오죽하면 사람들이 거기에 반항하다 못해 되쏘기까지 했을까?

늘 자연 종교의 꿀 신(神)과 잘 지내는 쪽이 더 쉬웠다. 교회와 교회의 설교에 소금이 있으면 그것을 못마땅해 하는 반응이 나올 수밖에 없다. 소금은 우리 인간의 환부와 아픈 데를 쏘고 찌르기 때문이다. 우리는 고통 없는 치유를 원할 뿐더러 아픈 데를 떠올리고 싶은 마음도 없다. 그래서 세상은 금송아지만 아니라 꿀 신을 달라고 아우성친다. 자신의 가장 깊은 상처를 잊고 싶기 때문이다.

그러므로 메시지에 대해 비판적 반응이 없다면 진정한 소금이 결여된 것이다. 이는 세상과 교회가 너무 사이좋게 지낸다는 미심쩍은 신호일 수도 있다. 사람들이 설교자를 너무 칭송한다면 그것 역시 좋은 신호가 아니다. 설교자가 강단에서 소금을 뿌리지 않는다는 의미일 수 있기 때문이다. 사람들은 그의 설교에 쏘여 보지 못했을 것이다. 집으로 돌아갈 때도 자신이 꽤 건강하고 건전한 줄로 알고, 선하신 주께서 '살갗을 성하게' 해주셔서 아픈 데가 없는 줄로 안다. 사람들이 설교에 열광하며 너무 한목소리로 동의한다면 대개 그 설교는 심각한 결핍증을 앓고 있다는 뜻이다.

아울러 소금은 방부의 효과가 있다. 부패를 막는 힘이 있다. 서구 세계는 이 소금이 없어서 썩고 부패한 세상이 되었다. 물론 우리는 진보를 이루었다. 뛰어난 기술도 개발했고 이생의 낙도 찾아냈다. 우리는 햇볕에 그을린 젊은 육체를 보며 생의 환희를 노래한다. 하지만 그 육체 안에 기생충과 종양이 있을 수 있다. 게다가 우리는 장밋빛 인생의 이상(理想)만 떠받들다 얼마나 딱한 지경에 이르렀는가? 하나님 없는 세상은 끔찍한 나락에 떨어질 수 있건만 세상은 제 즐거움에 취해 있다. 우리도 다 직접 경험해 보았다. 두말하면 잔소리일 정도로 절절하게 맛보았다.

일체의 무신론자와 불가지론자와 반신론자를 포함하여 우리 모두는 생각보다 훨씬 더 기독교의 유산으로 살아가고 있다. 그 소금이 우리의 건강을 지켜 왔으나 세상이라는 유기체는 점차 그것을 소진했다. 그래서 예수 그리스도의 참 제자들이 필요하다. 그들이 소금을 가지고 세상 속에 들어가 면역력을 길러 주어야 한다. 변질과 부패의 독에 맞서고, '서구의 쇠퇴'라 불리는 모든 불운한 과정에 맞서야 한다.

너희는 세상 속의 한 줌 소금이니

소금과 빛에는 공통적인 중요한 속성이 있다. 쓸모 있게 되려면 둘 다 자신을 내주어야 한다. 다른 무언가와 섞여 스스로 희생되어야 한다.

빛은 어둠 속으로 들어가고 소금은 음식 속에 녹아 없어진다. 소금을 조금만 뿌려도 그 많은 반죽의 전체가 변한다. 순전히 양으로 볼 때 세계 인구 전체에서 진실한 그리스도인의 비율은 다량의 음식물에 넣은 소금 몇 알갱이에 견줄 만하다. 그래서 그리스도인들은 낙심할 수 있다. 너무 소수이며 가정과 일터와 지인들 사이에서 고립된 것처럼 느낄 수도 있다. 하나님 나라를 고작 소수의 보잘것없는 남녀들이 대변하고 있다고 생각하면 맥이 빠지고 두려워질 수밖에 없다.

하지만 그때 우리는 예수님의 이 말씀에서 위로를 얻는다. 그분은 "너희는 세상의 거대한 무리이니"라든가 "나의 그리스도인들인 너희는 일반 대중과 똑같아져 세상 시민이 되어야 하나니"라고 말씀하지 않으셨다. 그분은 우리를 향해 "너희는 대중 속의 한 줌 소금이니"라고 하셨다. 본질상 그것은 소량이다.

그러므로 광막한 이교의 환경 속에서 고독한 그리스도인이며 적은 소수라 해서 한탄할 것 없다. 우리는 불경한 무리 전체를 맛을 내게 하도록 부름 받았다. 이것이 고독한 그리스도인들에게 주어진 약속이다.

실제로 소금 한 알갱이의 위력이 막강한 효과를 낼 때가 얼마나 많은가? 한명의 그리스도인이 험담이나 음담패설을 듣고도 웃지 않을 때 좌중의 김빠진 분위기는 그 소금 덕분에 맛을 되찾는다. 음모와 적의에 물든 공동체에서 한 사람이 용서를 실천하면 갑자기 그 상황 속에 치유의 요인이 개입된다.

한 명의 그리스도인이 힘든 상황에서도 기꺼이 신앙을 공표하면 모임이나 그룹의 전체 분위기에 일순간 시원한 바닷바람처럼 짠맛이 돌 수 있다. 그 결과 마음이 진실한 사람들이 닫았던 귀를 열 수도 있다.

많은 사람들이 두려움에 떨며 장차 세상에 닥칠지도 모를 참사를 생각하거나 절망적인 미래에 체념해 있을 때, 한 사람이 세상의 모든 합리와 불합리를 초월하는 하나님의 평강을 뿜어낼 수 있다. 단지 그 자리를 지킴으로 하나님의 평강을 사람들에게 유통하면, 그 소금이 부패한 염려와 무력한 두려움 속에 작용한다.

다시 말하지만 고독한 그리스도인은 위대한 약속을 받았다. 고독한 그리스도인은 한 알갱이의 소금이다. 이 약속은 음식물 전체에게 주어진 게 아니다. 전체가 할 일은 본연의 맛을 내는 것 뿐이다. 그런데 그리스도인은 약속을 받았을 뿐 아니라 또한 한 알갱이의 소금으로서 그 약속을 지켜야 한다. 자신의 책임인 것이다.

소금통에서 나와야만 성장할 수 있다

이를 공유하고 책임을 다하려면 당연히 소금통에서 나와야 한다. 소금통은 안정감을 느끼고 좋다. 그곳에는 선한 사람들이 있어 편하고 서로를 이해한다. 그래서 그리스도인들을 전체 음식물 속으로 내보내기가 무척 어렵다. 그들은 세상을 타락의 길로 가게 내버려두면서 어차피 구원을 잃은 세상이라고 자위한다. 그들은 자신이 세상 사람들에게 물들거나 정치 때문에 더럽혀지거나 내면생활에 해를 입을까 봐 두려워한다.

하지만 물론 사실은 정반대다. 짠맛을 잃는 쪽은 음식물 속으로 들어가는 사람이 아니라 소금통에 남아 있는 사람이다.

왜 우리는 예수님의 약속과 명령을 진지하게 대하지 않는 것일까? 많은 사람들이 말한다. "나는 더 강해지고 내면생활을 다져야 한다. 그래야 준비된 상태로 사람들에게 내가 그리스도인임을 공공연히 고백할 수 있기 때문이다. 지금은 차라리 소금통 안에 있 겠다."

어리석은 자여, 소금통에서 나와야만 성장할 수 있음을 왜 모 르는가? 성령께서 당신에게 할 말을 일러주신다는 말씀을 들어 보 지 못했는가? 당신은 세상으로 나가야 한다. 그렇지 않고는 이 진 리를 깨달을 수 없다. 당신의 내면생활은 주께서 맡겨 주신 일을 수행할 때 자라는 것이지 소금통 안에서는 결코 자랄 수 없다. 그 것을 기억하라.

대부분의 그리스도인들은 미련하다. 불경한 자를 일컬어 미련 하다라고 하는 의미와 똑같다. 다시 말해서 불순종은 늘 미련한 짓 이다. 그런데 대다수 사람들은 자신의 불순종이 신중한 지혜의 산 물인 줄로 착각한다.

나는 교회가 히틀러 때문에 고생하던 시기에 그런 예를 보았 다. 예컨대 어떤 사람은 힘들고 위험한 결정을 내려야 할 시점에, 무조건 하나님의 약속만 믿고 순종할 용기가 없었다. 그때마다 그 는 가장 그럴듯한 논리와 가장 정교하고 약삭빠른 이유로 불순종 을 택했다. 이는 장기적으로는 미련한 타협이었다.

이 경우도 마찬가지다. 그리스도인은 소금통에서 자신이 가장 잘 보존될 줄로 생각하고 그 안을 고수한다. 딴에는 지혜롭게 머리를 쓴 것이지만 오히려 그 행위 때문에 짠맛을 잃는다. 소금이 소금 구실을 하려면 반드시 자신을 내주어야만 한다.

그런가 하면 등불을 켜서 말 아래에 두는 그리스도인들도 있다. 그들이 그렇게 하는 이유는, 악한 세상에서 학교나 공장이나 사무실의 친구들 사이에 부는 바람 때문에 그저 자기 신앙의 등불이 꺼질까 봐 두려워서다.

얼마나 어리석은 자인가! 오히려 그는 과감히 예수님의 약속을 진지하게 대하여 어디든지 그분이 거하시는 삶 속으로 기쁘게 도약해야 한다. 그때 등불은 바람에 꺼지기는커녕 오히려 되살아난다. 약속을 주신 하나님이 깜빡이는 촛불을 결코 꺼지게 두지 않으시기 때문이다. 그러나 촛불을 말 아래에 두면 그 불빛은 아무에게도 도움이 되지 않는다. 그뿐 아니라 산소가 떨어지면 지저분한 촛농과 심지만 남는다.

마지막 날 하나님 나라가 임하면 그분은 먼저 모든 소금통을 부수고 모든 말을 뒤집으실 것이다. 하나님의 심판은 하나님의 집에서부터 시작되기 때문이다. 그날 많은 그리스도인들이 아주 비참한 실상을 드러내지 않을까 걱정된다. 맛을 잃은 소금과 악취 나는 심지만 모여 있지 않을까 두렵다. 무엇보다 서글픈 것은 가장 종교적이었던 사람들, 하나님의 말씀을 함께 들으며 그분의 약속에 대해 더 많이 알았던 사람들이 이 쓰레기 더미의 가장 큰 부분을 이루리라는 것이다.

예수님의 희생으로 사는 인생

여기 짜디짠 진리가 있다. 이 진리는 일부 경건한 사람들의 상처를 쏘고 찌를 것이다. 그래도 나는 당신과 나 자신에게 그것을 말하지 않을 수 없다.

소금과 빛이 살아 역사하려면 자신을 보존하려 해서는 안 된다. 자신을 내주고 희생해야만 한다. 성실한 소금이요 충성된 빛이신 예수 그리스도는 영광스러운 하늘에서 빛나기로 하거나 하나님 나라의 쾌적한 기후 속에 자신을 지켜 보존하기로 하지 않으셨다.

오히려 그분은 어두운 세상 속에 빛으로 오셔서, 불행하게 비틀거리고 휘청거리는 인류의 한복판으로 들어가셨다. 세상에 유예기간이 주어져 우리 모두가 아직 살아 있음은 순전히 예수님이 하늘의 소금통에 남지 않고 하늘의 말 아래에 숨지 않으셨기 때문이다. 심판의 날까지 이런 짧은 유예기간과 소강상태가 그분의 은혜로 더 지속될 것이다. 그분은 죄로 물든 세상 속에 내려와 베들레헴에서부터 갈보리까지, 모든 곳에 자신을 내주셨다.

이처럼 소금과 빛은 자신을 내주고 희생한다는 공통점이 있다. 이는 모든 자기중심적 신앙과는 반대다. 소금의 희생은 은밀하게 이루어져 어떻게 작용하는지 보이지 않는다. 이는 한 그리스도인이 자신의 주변 환경과 가족과 동료에게 주제넘지 않게 조용히 영향을 미치는 모습을 연상시킨다. 그가 영향력을 구사하는 방법은 그냥 자신의 모습 그대로 기도와 사랑으로 그 자리에 있는 것이다. 아울러 소금은 "혹 말씀을 순종하지 않는 자라도 말로 말미암지 않고 그 아내의 행실로 말미암아 구원을 받게 하려 함"(벧전 3:1)이라는 신약의 말씀도 연상시킨다.

반면에 빛은 눈에 보이며 그 작용도 가시적으로 드러난다. 이는 공공연히 복음을 증언하며 정치, 산업, 문화 등 공생활의 제반 분야 속으로 남녀 신자들을 보내는 교회의 사명을 연상시킨다.

하나님은 이 세상을 위해 독생자를 주셨다. 그러므로 그리스도인은 세상의 소금과 빛으로 살아가야 한다. 분명히 세상은 우리가 희생하며 섬길 가치가 있다. 왜 그런가? 순전히 예수 그리스도 한 분이 세상을 위해 자신의 피를 쏟으셨기 때문이다. 순전히 그분이 세상을 위해 먼저 자신을 희생하셨기 때문이다.

당신은 하나님이 맡겨 주신 이 땅의 작은 모퉁이에서 한 알갱이의 소금으로 살아가야 한다. 당신은 자신이 발붙이고 호흡하는 세상의 한 구석에서 작은 빛으로 존재해야 한다.

"내가 율법이나 선지자를 폐하러 온 줄로 생각하지 말라. 폐하러 온 것이 아니요 완전하게 하려 함이라. 진실로 너희에게 이르노니 천지가 없어지기 전에는 율법의 일점일획도 결코 없어지지 아니하고 다 이루리라. 그러므로 누구든지 이 계명 중의 지극히 작은 것 하나라도 버리고 또 그같이 사람을 가르치는 자는 천국에서 지극히 작다 일컬음을 받을 것이요 누구든지 이를 행하며 가르치는 자는 천국에서 크다 일컬음을 받으리라. 내가 너희에게 이르노니 너희 의가 서기관과 바리새인보다 더 낫지 못하면 결코 천국에 들어가지 못하리라⋯."

— 마태복음 5:17-32

4

서기관과 바리새인보다 더 낫지 못하면

은혜를
당연시하는 죄

이런 말을 들어본 적이 있을 것이다. "약자들, 겁쟁이들, 패배자들이나 신을 믿는 것이다. 나는 나의 운명을 내 힘으로 개척해 나간다."

하지만 그런 주장에도 불구하고 환기되는 사실이 있다. 가장 강한 사람들도 신앙 앞에서 무너지고 전복되지 않았던가? 바울은 다메섹 도상에서 바닥에 나동그라져 벌벌 떨지 않았던가? 루터도 버팀목과 환상을 공급받기는커녕 엄위하신 하나님의 불꽃같은 시선 앞에 거의 불살라져 잿더미가 될 뻔했고, 그 무서운 파멸에서 다시 일어날 때는 새사람이 되지 않았던가?

하나님께로 가려면 누구나 가장 무서운 위험지대를 통과해야만 한다. 누구나 심판자이신 그분의 시선을 마주해야 한다. 누구나 이 질문에 직면해야 한다. 이는 그리스도 없이는 전혀 감당할 수 없는 질문이다. "하나님의 율법에 비추어 볼 때 나는 어떤 모습인가? 만약 잠시라도 나 자신을 하나님의 눈으로 본다면 과연 내 모습은 어떠할까?"

새사람이 되려면 먼저 죽어야 한다

누구든지 새사람이 되려면 먼저 죽어야 한다. 마태복음 5장 17-32절에서는 우리를 하나님의 소멸하는 불꽃 속에 두시는 분이 바로 예수님이시다. 우리에게 평안을 주시고 친히 우리의 화평이 되시는 그 예수님 말이다. 그런 예수님이 우리를 벼랑 끝에 세우셨다.

혹시 그리스도 안에는 인생의 풍파가 없었으면 하는 사람이 있는가? '친절하신 구주'께서 지독한 죄인까지도 무조건 받아 주시니 그 무엇도 우리를 해칠 수 없을 것 같은가? 그런 사람은 우선 오늘의 본문부터 제대로 이해해야 한다. 본문에 따르면 예수 그리스도는 하나님의 엄격한 뜻으로부터 일점일획도 제하지 않으신다. 그분은 위협적인 율법을 폐하러 오신 게 아니라 완전하게 하러 오셨다. 율법의 극심한 위협을 오히려 명백히 부각시키신다.

은혜란 값싼 게 아니라 엄청난 대가가 수반된다. 목숨보다 더 값비싼 게 무엇이겠는가? 예수님께서 우리에게 요구하시는 것도 다를 바 없다. 평안을 원한다면 먼저 철저히 죽어야 한다. 타협 없이 완전히 죽어야 한다. 죽음이 없이는 평안도 없다. 죽지 못하면 우리도 속인들처럼 두려움에 무디어질 뿐이다.

얼마 전 나는 강연이 있어 꽤 먼 지역까지 택시를 탔다. 그때 택시 기사와 나눈 대화의 일부를 소개하고 싶다. 내가 말하는 '값비싼 은혜'가 무슨 뜻인지 특히 젊은이들이 최대한 명확히 이해했으면 하는 마음에서다.

기사가 "신학자이십니까?" 하고 말을 걸었다. 내가 그렇다고 하자 그의 말이 이어졌다. "나는 기독교 신자가 아닙니다. 사실은 이교도이지요. 하지만 나도 신의 힘을 믿기는 합니다."

나는 그를 보며 물었다. "그럼 행운의 마스코트는 차의 어디에 걸어 두셨습니까?"

"아니, 택시 안에 그런 건 없습니다." 그가 대답했다. "대신 서랍 속에 돈주머니는 있습니다. 그게 나의 부적이지요. 그런데 갑자기 그건 왜 물으십니까?"

나는 살짝 따지는 듯한 그의 말을 무시하고 말했다. "당신은 금요일에는 운전하기를 싫어하고 13일에 운전할 일이 생기면 더 비참해집니다. 장담컨대 별점에도 관심이 있어서 별자리 운세를 여러 번 보셨을 겁니다."

그가 어찌나 놀라서 나를 쳐다보던지 하마터면 차가 도랑으로 처박힐 뻔했다. "어떻게 그런 것까지 아십니까? 전부 사실이거든요."

나는 대답했다. "요즘의 이교도들을 잘 알기 때문입니다. 그들은 하나님 없는 세상에서 불안에 떱니다. 그래서 그런 잡다한 것들이 필요하지요. 당신 같은 지혜로운 사람들은 늘 약간의 피해망상이 있습니다. 세상의 모든 나무들이 당신의 차를 들이받을 것만 같이 느껴지지요. 평안이 없다고 말할 수도 있습니다. 그래서 부적과 주문에 매달리고 별자리로 자신의 운을 점치려는 겁니다."

내 말에 그가 답했다. "약간 비약이 있지만 아주 틀린 말은 아닙니다. 그나저나 방금 '평안'이라 하셨지요? 그게 바로 내가 진정 원하는 겁니다."

여기서 나는 그의 말을 끊고 말했다. "하지만 그런 식으로는 평안을 얻을 수 없다는 걸 분명히 아실 텐데요?"

"아니, 나는 지금 이대로 만족합니다." 그는 마법의 돈주머니를 가리키며 말했다. "저 조그만 부적이 아직까지는 아주 효과가 좋거든요. 그렇다고 내가 그리스도인을 우습게 본다고 생각하지는 마십시오. 나도 한때 기독교를 믿어 보려 했습니다. 평안을 얻을 수 있다기에 말이지요."

그의 말에 나는 "그렇다면 당신은 기독교의 가장 중요하고도 좋은 것을 제대로 지목한 겁니다. 기독교 신자가 아닌 사람들 중에 그런 경우는 극히 드물거든요. 그런데 왜 믿기를 그만두었는지 물어 봐도 될까요?"라고 말했다.

"이렇게 된 이상 말해야 되겠군요. 순전히 예수에 대한 부분을 받아들일 수 없기 때문입니다. 신이면서 인간인 존재를 어떻게 믿을 수 있는지 이해가 안 됩니다. 성경에 나오는 내용이 사실인지 어떻게 압니까? 믿어지는 사람들이야 괜찮겠지요. 거기에 시비를 걸 마음은 없습니다. 하지만 나는 믿지 못합니다."

"그래서 거기서 당신의 평안이 무너진 겁니까?" 내 물음에 그는 약간 당황하며 대답했다.

"그야 당연히 그렇지요. 하지만 아까도 말했듯이 어차피 나는 지금 이대로도 전혀 문제가 없습니다."

나는 말을 이었다. "괜찮다면 당신의 문제가 무엇인지 제가 단도직입적으로 말씀드리지요. 우선 당신은 전혀 평안하지 못한데 그것을 솔직하게 인정하지 않을 뿐입니다. 노련한 택시 기사다운 모습이랄까요. 당신이 얻으려는 것은 너무 값싼 평안이고, 당신이 쓰고 있는 방법에는 전혀 대가가 들지 않습니다. 아마 당신은 흥정에 능한 사람이며 지금의 대화도 치밀하게 계산하고 있을 것입니다. 최소한의 값으로 최대한의 소득을 건지고 싶은 거지요.

우선 당신은 우리가 평안이라 표현한 평정심을 원합니다. 하지만 그뿐 아니라 최후의 심판을 무사히 통과하는 영생까지 원합니다. 설마 당신의 부적, 별점, 금요일과 13일을 조심하는 행위 따위의 모든 수단으로 아주 값싸게 최후의 심판을 무사통과하리라고 생각하지는 않겠지요?

그런 식의 삶은 당신이 전혀 변화되지 않고도 얼마든지 계속될 수 있습니다. 요금을 받으려고 기다리거나 자투리 시간이 날 때, 당신은 과연 예수에게 뭔가가 있을지 생각해 볼지도 모릅니다. 하지만 그것만 가지고는 당신의 문제가 전혀 해결되지 않습니다. 예수 그리스도는 문득 생각만 하는 사람에게는 아무것도 약속하신 적이 없습니다."

"잠깐만요, 교수님." 옆에 있던 기사가 반론을 폈다. "물건 하나를 사더라도 무턱대고 살 수야 없지요. 알지도 못하고 실존 인물인지조차 모르는 사람을 위해 비싼 값을 치러가며 내 삶을 뜯어고칠 수는 없습니다."

"그럼에도 불구하고 그게 바로 당신이 해야 할 일입니다." 나는 최대한 알기 쉽게 굽힘없이 말했다. "예수님이 말씀하시기를 하늘에 계신 아버지의 뜻을 행하려 하는 사람만이 예수님의 교훈이 하나님께로부터 왔는지 알 수 있다고 했습니다. 목숨을 걸고 진심으로 그분의 뜻을 행하는 사람만이 그렇다는 겁니다. 하나님을 알려면 과감히 나서야 합니다. 삶의 모든 위대한 것들을 보려면 아주 진지하게 순종해야 하는 것과 마찬가지입니다. 편안한 의자에 앉아 남의 일인 냥 호기심이나 채우며 사색에 빠져서는 아무것도 볼 수 없지요.

그뿐 아니라 '나만 떳떳하면 무서울 게 없다'는 식의 개똥철학으로 당신이 장차 무사하리라 생각하지 마십시오. 당신의 부적은 전혀 당신에게 간섭하거나 도덕적 부담을 주지 않습니다. 그러나 예수님은 당신이 천년이 지나도 결코 하나님 앞에 설 수 없다는 사실부터 지적하십니다. 그래서 처음에는 그분이 늘 불편하게 느껴지지요.

당신이 상대하는 하나님은 인간을 일단 지옥에 보냈다가 다시 이끌어내시는 분입니다. 당신은 무난하고 태평한 속인이며 자신의 세계관 안에 편하게 안주해 있습니다. 거기가 지옥이 아니라고 철석같이 믿고 있지요.

하지만 예수님께 진지해지려면 당신의 안락과 편한 마음을 버려야 합니다. 물론 근심이나 걱정이 많아야 한다는 뜻이 아닙니다. 그저 당신이 생각하는 평안이 가짜 평안이라는 말입니다. 당신의 평안은 늘 자기 암시적이거나 스스로 부적을 써 지키려 합니다. 하지만 하나님은 상한 마음과 가난한 심령을 사랑하시며, 그런 사람들은 하나님의 면전에 설 때 자신의 비참한 모습에 대해 환상이 없습니다.

당신을 대적하시는 하나님을 만나지 못했다면 아직 그분을 만나지 못한 것입니다. 당신은 온갖 편법과 버팀목과 허술한 흙다리로 생사의 간극을 좁히려 하지만, 그런다고 될 인생이 아니지 않습니까? 당신이 발을 딛고 걸어가는 그 다리는 곧 쓰러질 임시방편에 불과하며 그 밑은 지옥입니다. 이 사실을 깨닫는 것만으로도 당신은 이미 큰 진전을 이룬 셈입니다."

그 뒤로도 우리의 대화는 한동안 계속되었다. 비록 네카 강(Neckar River, 독일 하이델베르크에 있는 강)을 지날 때 그가 에티오피아 내시처럼 "보라, 물이 있으니 내가 세례를 받음에 무슨 거리낌이 있느냐"(행 8:36)라고 말하지는 않았지만, 그래도 나는 짧은 시간 동안 하나님의 평안과 그의 절망적 실상이 어느 정도 소통되어 감사했다.

율법의 촘촘한 그물망에 갇히다

예수님의 제자가 되기 위해 우리는 율법의 엄중성을 느끼고 죽음의 위험까지 감수해야 한다. 예수님의 산상설교를 듣던 청중에게 이것이 어떤 의미였겠는지 멈추어 생각해 보자.

사실 그들은 하나님을 한없이 진지하게 대하는 전통 속에 살았다. 모든 일을 하나님과 연관시켜 그분의 감시 하에 행하듯 했고, 그러다 보니 시시콜콜한 율법 규정이 제도화되었다. 그 결과 사람들은 자신이 정말 하나님의 뜻에 도달했는지 한시도 확신하지 못한 채 늘 노심초사하며 살았다. 그것이 바리새인들에게 어떤 결과를 불렀는지 다들 잘 알고 있다. 그럼에도 우리는 이 진지함을 비웃거나 '병적 율법주의'로 속단하지 않도록 주의해야 한다.

물론 그것은 하나님을 진지하게 대하긴 하되 정말 병적인 모습일 것이다. 요즘도 우리는 앞뒤가 꽉 막힌 율법적인 그리스도인을 보면 어딘지 병적이라는 느낌과 더불어 섬뜩할 정도의 거부감이 든다.

하지만 하나님을 아예 진지하게 대하지 않는 것은 그들에 비해 덜 병적인가? 결혼식과 장례식과 가끔 궁지에 빠졌을 때만 그분을 부르는 것은 덜 병적인가? 그나마 그때조차도 단지 형식적일 때가 얼마나 많은가?

어쨌든 우리는 이런 세상 속에 예수님이 오셨다는 사실이 청중에게 어떤 의미였는지 생각해 보아야 한다. 그들의 세상은 율법의 촘촘한 그물망 때문에 누구나 자신이 자녀보다는 종으로 느껴지던 곳이었고, 양심을 찌르는 죄책감의 덫에 속수무책 절망적으로 더 얽혀들 수밖에 없던 곳이었다.

그런데 예수님에게서는 아버지의 구원의 사랑으로 인해 하나님의 임재가 손닿을 듯 가깝게 느껴졌다. 그분이 오셔서 인간을 형제로 대하시며 아버지의 집으로 이끄셨으니 얼마나 놀라운 일인가! 인간의 더러운 손을 그분이 아무 대가 없이 잡아 주셨으니 얼마나 신기한 해방인가! 이것은 종처럼 율법을 섬기는 고역과는 정말 달랐다. 종은 자신의 행위가 충분한지 결코 알 수 없었고, 요즘의 표현으로 자신의 열등감을 끝내 다 극복할 수 없었다.

그런데 우리를 해방시켜 다시 숨 쉬게 하실 수 있는 그분이 말씀하시기를 엄격한 율법에서 단 일획도 제할 수 없다고 하셨다.

그뿐 아니라 그분은 율법에 어찌나 철저하셨던지 많은 사람들이 눈물지으며 돌아서서 말했다. "차라리 모세를 상대할 때가 더 쉬웠다. 그때는 우리의 수준이 어떠한지 알 수나 있었다. 비록 계명을 다 지키지 못했어도 하나님이 요구하신 기준과 우리 삶 사이의 괴리가 확실히 보였고 웬만큼 견딜 만했다.

그런데 이 나사렛 예수는 우리의 전부를 요구하며, 마음의 가장 깊고 은밀한 생각까지도 하나님의 것이라 선언한다. 우리 모두를 극도의 절망에 빠뜨린다. 절망을 덜어 주기는커녕 오히려 더 부채질한다. 그렇지 않다면 혹시 '너희 의가 서기관과 바리새인보다 더 낫지 못하면 결코 천국에 들어가지 못하리라'는 그분의 말씀에 뭔가 다른 뜻이 있는 것일까?"

언제라도 살인과 간음으로 내달릴 수 있는 존재들

이제 우리는 본문에 대한 두 가지 중요한 질문에 부딪친다. 첫째, 예수님은 왜 하나님의 뜻을 그토록 철저하고 지극히 까다롭게 선포하시는 것일까? 우리가 찍소리도 못하게 말이다. 둘째, 우리는 이것에 어떻게 대처할 것인가?

물론 모든 사람이 겉으로 살인이나 간음을 저지른 것은 아니다. 우리의 겉모습은 대부분이 깨끗한 편이다. 하지만 우리 마음은 어떤가?

우리 안에는 누구나 아달베르트 슈티프터가 말한 "야수 같은 성향"이 있지 않은가? 평소에는 그것이 아주 잘 감추어져 있어 아예 없다고 생각될 수도 있다. 하지만 현실의 무서운 위력 앞에서 우리 안에 어떤 미지의 짐승이 깨어날지 정말 아는가? 삶의 상황 때문에 평소의 억제심이 걷히면 갑자기 야수성이 사납게 날뛴다.

우리들의 경우 강제수용소와 그곳의 굶주림과 생존 욕구야말로 '현실의 무서운 위력'의 장이 아니었던가? 거기서 우리는 자신과 타인들 안의 야수를 보며 충격에 휩싸이지 않았던가? 그들도 그전까지는 점잖거나 적어도 무난한 친구들이었다.

그런데 많은 사람들과 심지어 아이들도 이번에 인간 내면의 실상에 눈떴다. 순간이든 몇 주든 몇 달이든 우리의 외적인 행동 이면의 훨씬 깊은 배후를 한 단면이나마 어쩔 수 없이 보았기 때문이다. 그런데 하나님은 우리의 마음속을 밤낮없이 매순간 다 보신다.

요컨대 평소 우리의 미련한 눈은 사안의 표면에 머물 뿐이지만 하나님은 더 깊이 보신다. 그분은 언제라도 살인과 간음으로 내달릴 수 있는 많은 상념을 보신다. 겉으로는 악수를 나누면서 속으로는 경쟁자가 망하기를 바라는 마음, 우리를 좀먹는 그 격렬한 질투도 보신다. 상상 속의 불순한 시선과 불같은 격노도 보신다.

거기서 더 깊이 들어가 악마의 도가니인 무의식에 이르면 상황은 훨씬 더 나빠진다. 우리 삶은 다분히 무의식의 통제를 받으며, 거기서 부글거리는 온갖 꿈은 우리를 경악에 빠뜨린다. 정신과 의사들이 여기에 대해 뭔가 말해 줄 수 있다.

하지만 우리는 이렇게 묻는다. 마음의 생각, 무의식적 사고, 꿈 등으로 이루어지는 부분은 정말 나의 일부가 아니지 않은가? 결국 의식적 사고 즉 뭔가를 이해하고 통제하는 부위만이 나일 테니 말이다. 아니면 무의식도 나라고 말해야 하는가? 그렇다, 비록 행동으로 옮겨지지 않더라도 이 또한 나의 생각, 나의 상상, 나의 살인과 거짓말과 간음이다.

그 부분이 여간해서 행동으로 옮겨지지 않는 이유는 무엇인가? 내게 용기가 없어서일 수도 있다. 사회적 지위에 수반되는 기준이 엄격하여 대놓고 마음 가는 대로 충동적으로 행동할 수 없어서일 수도 있다. 사람들에게 존중받고 싶다면 그런 행동의 결과가 두려울 것이다.

하지만 어쩌면 내가 살인이나 거짓말이나 간음을 하지 않는 이유는 그것이 하나님의 율법에 명백히 금지되어 있고 그분의 계명을 존중하기 때문일 수도 있다.

그런데 하나님의 명령에 힘입어 억제하고 자제하는 순간, 나는 그런 자제가 내게 필요한 이유도 함께 지각한다. 하나님의 계명 덕분에 그것의 반대인 내 속의 반항심을 더욱 절감하게 된다. 두 세력이 내 영혼 안에서 적의를 불태우며 싸우고 있다(롬 7장 참조). 죄와 치열하게 싸우노라면 문득 적이 나 아닌 다른 무엇처럼 느껴질 수 있다. 그러나 적은 바로 나 자신이다. "내 속에 거하는 죄"가 아니라 나 자신이다. 바울은 누구보다 이 사실을 잘 알았다(롬 7:20).

그래서 율법의 엄중성은 불변해야 한다. 우리 마음속 깊은 환부에 그것이 붕대처럼 남아서 상처가 너무 쉽게 아물거나 흉터가 없어지지 않게 해야 한다. 그렇지 않으면 우리는 자신이 원래 아프거나 병들지 않았다는 착각, 우리를 위해 죽어 우리를 용서하고 치유해 줄 구주가 필요 없다는 착각에 빠질 수 있다.

우리는 다 이 붕대를 벗겨낼 위험이 있지 않은가? 이런저런 무난한 치유로 자신을 속일 뿐만 아니라 애초에 자신이 정말 지독하게 아프거나 병든 적이 없다는 상상까지 할 수 있지 않은가?

은혜를 당연시하는 최악의 일

알다시피 그동안 기독교 교육은 전국의 아이들에게 중요한 역할을 했다. 하지만 거기에 위험도 도사리고 있음을 지적한다 해서 기독교 교육의 긍정적 기여를 폄훼하는 것은 아니다.

어려서부터 우리가 거의 당연시하도록 배운 게 있다. 하나님이 언제라도 모든 것을 용서하시며 그 완전한 사면이 세례를 통해 이루어진다는 점이다. 심지어 우리는 그것을 증명하는 공식 문서도 있다. 요람에서부터 있었던 그 세례 증서를 이제 우리는 공식 소지자로서 언제든지 마음대로 꺼낼 수 있다.

게다가 우리는 교회에 공헌도 하고 있다. 주머니에서 이 '천국입장권'만 꺼내면 베드로도 우리를 들여보내야 할 것이다. 분명히 천국행 열차에 입석이라도 자리가 있을 것이다. 하지만 이것은 동전의 일면에 불과하다. 한쪽에 진정하고 위대한 자비의 도장이 찍혀 있으나 반대쪽은 다르다.

자신의 죄 때문에 불안해지기도 전에 용서부터 확신하는 것은 위험하다. 우리도 결국 하인리히 하이네(독일의 시인, Heinrich Heine)와 같은 입장에 빠질 수 있다. 그는 "하나님의 본업은 용서이니 그분은 나를 용서하실 것이다"라고 말했다. 반드시 하나님이 본분을 다하여 우리를 만족시켜 주신다는 것이다.

> 늘 행복하고 또 행복하니
> 매일이 행복한 날이로다
> 저 하늘 위의 아버지께서
> 우리를 자녀라 부르시니

아주 유치하고 감상적인 생각이다. 하나님이 우리를 자녀라 부르심은 두말할 나위가 없지만 말이다. 그러나 우리가 자녀이기에 예수님께서 피를 흘리셨으며, 이것은 절대 당연시해서는 안 될 일이다. 우리가 자녀이기에 갈보리에 십자가가 세워졌고, 그로 인해 하나님이 친히 심장에 상처를 입으셨다. 그런데 우리가 어찌 자신의 환부를 잊겠는가!

그래도 그것을 잊는다면 우리는 은혜를 당연시하는 것이다. 그야말로 최악의 일이다. 이제 은혜는 값싸다 못해 공짜가 된다. 반쯤 썩은 물건을 내던지며 아무나 가져가라고 하는 것과 같다.

그때 은혜는 하나님의 무해성을 가리키는 또 다른 낱말이 되고 만다. 최후의 심판은 중세의 비뚤어진 상상력이 만들어낸 잔학 행위가 되고, 하나님의 율법은 우리를 하나님의 위엄으로부터 분리시키던 전기 철조망에서 장미 울타리로 변한다. 그 그늘에서 우리는 실컷 술에 취하고, 육욕에 빠지며, 살인하고, 암거래를 일삼을 수 있다. 예수님은 이런 일이 없게 하시려고 우리의 가장 깊은 환부를 치료하시고 붕대를 붙이셨다.

십자가에 달리신 그분이 문득 우리 앞에 서신다. 그분으로부터 "내가 너를 위하여 이렇게 했다"라는 응원과 구속(救贖)의 말씀을 듣기 전에, 먼저 우리가 날마다 "제가 주님을 대적하여 이렇게 했습니다"라고 아뢰어야 한다.

그래야만 갈보리의 십자가를 바로 이해할 수 있다. 그렇지 않으면 십자가는 숙녀들이 드레스에 장식물로 달 정도로 무해한 것이 되고 만다.

이쯤 되면 분명해졌겠지만 지금 우리는 아주 심각한 문제를 다루고 있다. 어찌나 심각한지 루터는 이것 때문에 우리가 반드시 절망과 완전한 파멸에까지 내려가야 한다고 말한 바 있다. 알다시피 루터 자신도 완전히 부서졌다.

하지만 여기서 우리의 두 번째이자 절망적인 질문이 나온다. 하나님과 우리를 갈라놓는 이 간극을 어떻게 뛰어넘을 것인가? 이 간극은 우리가 온갖 에너지와 기지와 영적 훈련을 동원하여 외면하고 피하려 해도 그에 아랑곳없이 무시무시하기만 하다.

루터는 처음에는 하나님이 원고이고 내 마음이 변호인이라 했다. 산상수훈에서처럼 하나님이 절대적 율법 전체로 내게 절대적 주장을 펴시면, 내 마음은 즉시 방어 자세에 돌입하여 이렇게 혼잣말한다. "하나님이 어떻게 나에게 이런 걸 요구하실 수 있지? 내 마음속에 악한 생각이 떠오르고 무의식적 사고 속에 온갖 것들이 솟아날 때는 나도 정말 어쩔 수 없다. 내 자아 중 내 책임인 부분은 내가 행위와 의지와 의식의 인간으로서 통제할 수 있는 부분뿐이다. 그 부분을 벗어나는 모든 요구는 내 책임이 아니다."

양심이 우리 자신의 변호사가 되어 그렇게 속으로 논박한다. 그런데 루터에 따르면 그때 2막이 시작되면서 형세가 뒤집힌다. 이제 내 마음이 원고이고 하나님이 변호인이시다. 루터의 말은 하나님이 나를 이기시고 나면 2막에서는 내 양심이 솔직히 자신에게 이렇게 말할 수밖에 없다는 뜻이다. "하나님이 너를 처음 지으실 때는 네가 이 상태가 아니었다. 그런데 지금은 네 의식의 안팎으로 불순한 동기와 악한 충동이 가득하다. 그러므로 네 안에 있는 모든 것은 네 책임이다."

그러면 하나님이 이런 자책에 최종 답변을 해주신다. 그분이 친히 나를 방어하실 뿐 아니라 내 생각과 언행의 내면과 배후에 깔린 처참한 악이 나를 그분과 분리시킬 수 없게 하신다는 것이다. 정말 이것이 전부이다.

당신의 변호를 하나님께 맡기라. 당신의 죗값을 예수 그리스도께 맡기라. 그런데 그분께 죗값을 맡길 때 내가 잃지 않는 자각이 있다. 내 안에 뭔가가 있어 그분이 거기에 맞서 싸우셔야 한다는 것이다. 하나님께 변호를 맡길 때도 나는 내 안에 뭔가가 있어 그분이 거기에 맞서 나를 변호하셔야 함을 안다. 그래서 나는 교만해지거나 경솔해지지 않는다. 얼마나 불가해할 정도로 엄청난 사실인가!

여기 그리스도가 계시니라

하나님은 나를 십자가 아래에 두어 나 자신으로부터 지키시고 보호하신다. 이제 아무것도 나를 해칠 수 없다. 무엇보다 나 자신조차 나를 해칠 수 없다.

물론 내 양심의 고발은 계속되며 결코 나를 놓아 주지 않는다. 그것은 끊임없이 나를 들볶거나 한밤중에 갑자기 튀어나와 내 마음속의 비밀을 지적하곤 한다. 하지만 그때 내 속에서 변호인인 하나님이 외치신다. "여기 그리스도가 계시니라!"

예수님이 나를 돌보시고 보호하신다. 또 죽음은 내게 거짓말을 일삼아 모든 생이 허무하며 모든 것이 결국 무로 환원한다고 말한다. 하지만 그때 다시 그분의 목소리가 들려온다. "여기 그리스도가 계시니라!"

나는 살아도 그분 안에 살고 죽어도 그분께로 갈 뿐이다. 사나 죽으나 그분과 함께일 뿐이며 그밖에는 내 자리가 없다. 고난도 빼놓을 수 없다. 우리를 비웃는 무의미하고 비인간적인 고난, 온 땅의 불행, 삶 속에서 나를 동요시키는 모든 것이 있다. 역시 이때도 그분의 음성이 말한다. "여기 그리스도가 계시니라!"

무엇이든 나를 공격하려면 먼저 그분을 통과해야 한다. 아무리 참사로 얼룩져 있어도 역사는 결국 그분 사랑의 영원한 목표점에 도달하여 그분의 보좌 앞에서 종말을 맞는다.

하나님은 사랑으로 내게 다가오시고, 나를 위해 고난당하셨으며, 뛰는 심장으로 아버지 집의 문간에서 나를 맞아 주신다. 그렇기 때문에 나 역시 그분을 사랑할 수 있다. 그렇기 때문에 나는 모든 율법을 지킬 수 있다. 결국 사랑이 율법의 완성이기 때문이다. 여기서 우리는 위대한 신비를 똑똑히 본다. 율법이 왜 우리를 결코 목표점으로 데려갈 수 없으며 왜 우리에게 상처를 입히고 그 상처를 유지시킬 수 있을 뿐인지 비소로 깨닫는다.

사랑은 명령으로 되지 않기 때문이다. 명령은 나를 구속(拘束)할 뿐이다. 순종하고 참고 끊으려면 언제나 내 안의 뭔가와 싸워 이겨야 한다. 이것은 낮은 수준의 인간이며 명령에 종속되는 내 속의 옛 아담이다.

옛 아담은 지쳐 있고 두려워하고 반항한다. 따라서 명령에 순종할 때는 결코 나의 전부로 하는 게 아니다. 기껏해야 자아의 절반일 테고 나머지 절반은 계속 저항한다. 하지만 사랑할 때는 나의 전부로 사랑한다. 사랑은 온 마음의 움직임이기 때문이다. 사랑은 언제나 무한히 넘치도록 자아를 내준다.

그러므로 사랑은 결코 명령으로 될 수 없고 그냥 홀연히 찾아와야 한다. 다시 말해서 내가 온 마음을 줄 수 있으려면 누군가가 내게 온 마음을 주어야 한다. 내가 사랑할 수 있으려면 먼저 내게 사랑이 베풀어져야 한다.

바로 그것이 내가 예수 그리스도 앞에 설 때 일어나는 기적이다. 거기서 나는 아버지의 심장을 본다. 그 심장은 자신이 가장 사랑하는 독생자마저 내려놓게 했다. 그 심장은 나를 위해 피를 뚝뚝 흘렸다. 지금도 그 심장은 가장 비천한 곳에서 감히 눈조차 들지 못하는 한 사람을 위해 뛰고 있다. 그 사람이 바로 나다.

보라, 이제 나는 그분을 사랑할 수 있다. 그분은 하늘의 영광 속에 남아 계시지 않고 어느새 가장 비천한 곳인 내 곁에 서 계신다.

시내 산의 우레는 내 마음을 해방시키지 못했다. 자녀가 되어 마음껏 사랑하며 아버지 집에서 안식하게 하지 못했다. 그런데 이제 나의 형제로 오신 분이 그 일을 이루셨다. 그분은 심연까지 내려와 나를 데려가셔서 아버지께 이렇게 말씀하신다. "보소서, 내가 이 사람을 데려왔나이다. 큰 값을 치르고 그를 샀나이다."

나의 형제이신 예수 그리스도 덕분에 나는 아버지께 갈 수 있다. 그러므로 "우리가 사랑함은 그가 먼저 우리를 사랑하셨음이라"는 말씀을 들을 때 이제부터 우리는 그것이 명령이나 율법이 아님을 안다. 알다시피 이 화답의 사랑은 내 마음속에 주체할 수 없이 솟아오르는 메아리일 뿐이다. 다음과 같은 환희의 확신이 그 메아리로 울려 퍼진다. "나는 사랑받고 있다. 사랑받는 존재다. 그래서 나는 하나님께 갈 수 있다!"

"또 옛 사람에게 말한바 '헛맹세를 하지 말고 네 맹세한 것을 주께 지키라' 하였다는 것을 너희가 들었으나 나는 너희에게 이르노니 도무지 맹세하지 말지니 하늘로도 하지 말라, 이는 하나님의 보좌임이요 땅으로도 하지 말라, 이는 하나님의 발등상임이요 예루살렘으로도 하지 말라, 이는 큰 임금의 성임이요 네 머리로도 하지 말라, 이는 네가 한 터럭도 희고 검게 할 수 없음이라. 오직 너희 말은 '옳다 옳다,' '아니라 아니라' 하라. 이에서 지나는 것은 악으로부터 나느니라."

— 마태복음 5:33-37

도무지 맹세하지 말지니

사소한
말의 권세

마태복음 5장 33-37절은 말의 신성함에 대하여 이야기한다. 우리 입의 모든 "옳다"와 "아니다"는 절대적인 것이며 하나님 앞에서 발화된다. 우리의 모든 말은 최후 심판의 날 심문을 받을 정도로 중요하며, 여기에는 수많은 손짓과 몸짓과 찡그린 표정까지도 포함된다.

우리가 내뱉었던 모든 무익한 말이 심판의 날에 정확히 열거

되어 우리를 놀라게 할 것이다(마 12:36). 하지만 우리의 말에 그 정도의 무게가 있다는 사실을 어떻게 설명할 것인가? 우리는 이 문제를 조금이라도 진지하게 대할 수 있는가?

연인들이 말이나 글로 철없이 큰소리쳤다가 끝내 지키지 못하는 많은 맹세를 생각해 보라. 상대가 미울 때 실컷 퍼부었다가 나중에 후회하는 모든 독설을 생각해 보라. 입에서 입으로 근거 없이 퍼져 나가는 수많은 소문을 생각해 보라. 출처도 불분명하고 책임지는 사람도 없다. 그래놓고 나중에 가서 그것이 알맹이 없는 형식적 빈말이었다는 구차한 변명으로 자신을 합리화한 사람들이 얼마나 많은가?

하지만 문제는 최후의 심판 날에도 그런 관점이 통하겠는가? 성경에 따르면 이 모든 말이 무한한 무게와 결과를 지닌 채 영원 속에 축적되어 있다. 우리는 말이라는 것을 정말 이렇게 끔찍하리만치 엄숙하게, 두려우리만치 진지하게 대할 수 있을까?

말이 영원 속에 축적된다

괴테의 책에 등장하는 파우스트는 서재에 앉아 성경을 폈다가 "태초에 '말씀'이 계시니라"는 요한복음의 첫 문장이 눈에 거슬렸다.

벌써부터 막히는구나! 어찌 해결할꼬?
말씀을 이리 높이 평가할 수는 없으니
내가 다르게 번역하는 수밖에 없구나

결국 파우스트는 "태초에 '행위'가 계시니라"는 표현으로 바꿔서 사용했다. 지금 내가 하려는 말은 우리 모두를 대변하지 않을까 싶다. 우리도 다 "말씀을 이리 높이 평가할 수는 없으니"라는 말에 동의하고 싶을 수 있다. 본능적 반감 때문일 수도 있고, 어쩌면 인간의 말과 글이 처참하게 평가 절하 되는 데 대한 통한의 슬픔 때문일 수도 있다.

그러나 우리 그리스도인은 도저히 파우스트가 번역한 요한복음을 받아들일 수 없고, 말과 글의 보편적 감가상각을 하나님의 말씀에까지 적용할 수 없다. 물론 그 이유는 요한복음이 말하는 말씀과 우리가 말하는 행위가 사실 전혀 다르지 않기 때문이다.

하나님의 말씀은 빈말이 없다. 그분이 말씀하시면 그대로 되어 견고히 선다(시 33:9). 세상은 말씀으로 창조되었다. 따라서 이 창조의 말씀은 곧 행위이자 행동이다. 예수 그리스도께서 죄책감에 눌린 병자에게 "일어나 네 상을 가지고 걸어가라"고 말씀하시자 그는 정말 일어나 침상을 들고 걸어간다. 여기서 보듯이 그분의 말씀은 행동으로 충만해 있으며, 그저 어느 교사의 이론적 설명이 아니라 늘 살아서 활동한다.

예수 그리스도께서 말씀하시면 놀라운 일이 일어나며 상황을 바꾸고 변화시킨다. 그래서 나의 운명은 그 말씀에 달려 있다. 말씀이 나를 묶거나 풀고, 치유나 저주를 가져온다. 이는 단순히 말씀 앞에서 내가 결단하지 않을 수 없기 때문이다. 한번 말씀이 삶속에 들어오면 누구도 계속 이전처럼 살아갈 수 없다. 말씀이 곧 행위이기 때문이다.

인간의 말이라고 다를 바 없다. 인간의 말도 한낱 빈말이 아니라 곧 행위다. "이와 같이 혀도 작은 지체로되 큰 것을 자랑하도다. 보라 얼마나 작은 불이 얼마나 많은 나무를 태우는가"(약 3:5).

온 세상의 숲을 불사른 것도 바로 말이 아니던가? 그래서 세상은 5년 동안 전화(戰禍)에 휩싸였고 지금도 뒷불이 위험하게 바지직 소리를 내고 있다.

인간은 말로 맺은 조약을 다른 말로 어겼다. 말로 남을 공격을 조장했으며 교활한 말로 이념을 주입했고 최악의 만행까지도 합법화했다. 말로 선을 악이라 했고 하나님이 금하신 일을 거룩하다 했다.

우리의 모든 역사가 말로 유발되고 조종되고 지탱되지 않는가? 말이 없었다면 수백만의 무덤과 이 폐허를 누가 상상이나 했겠는가? 선한 말이 있는 곳에 축복과 기쁨이 넘쳐나지 않는가? 중오와 원한과 가정불화의 배후에 언제나 말이 있지 않은가? 뱀처럼 똬리를 틀고 불룩거리며 죽음을 부르는 독설이 있지 않은가? 말로 큰 도움과 평안을 얻어 보지 못한 사람이나 지금도 어떤 말이 영혼에 독가시처럼 박혀 있지 않은 사람이 있는가?

육신이 되신 말씀이 모든 인간의 운명을 좌우한다. 인간은 그 앞에서 자신의 입장을 정해야 하고, 그 행위를 수용하거나 거부해야 한다. 또한 수용하든 거부하든 최후의 심판 날 자신의 삶을 심판자에게 말로 보고해야 한다.

이렇게 말씀이 육신이 되신 이후로 말과 언어는 더 이상 단지 소리나 허세가 아니다. 이제 말에는 영원이 실려 있고, 생사를 가르는 운명과 책임이 담겨 있으며, 산불 정도가 아니라 영원 자체의 불을 일으킬 불씨가 들어 있다.

지옥문은 말로 열리고 말로 닫힌다. 축복과 저주와 구원과 정죄가 말 속에 들어 있다. 그만큼 말은 은혜롭고도 신비스러운 그릇이다.

맹세를 금하신 이유

예수님은 산상수훈을 통해 말의 중요성과 맹세에 대해 말씀하신다. 우리는 두렵고 떨림으로만 그 땅을 밟을 수 있다. 자신이 얼마나 구제불능인지 알아야만 그곳에 들어갈 수 있다. "주여, 저는 입술이 부정한 사람입니다"라고 두려워 부르짖으며 고백해야만 한다.

많은 성경 주석가들을 믿을 수 있다면 당연히 우리는 기분 좋게 이 본문을 건너뛸 수 있다. 그 이유는 맹세를 금하는 이 말씀이 법정의 선서나 기타 명예를 건 진지한 서약과는 으레 무관하다는 확신 때문이다. 그런 위안의 말을 들으면 우리는 안도의 한숨이 절로 나온다. 이 안도를 더 깊어지게 하는 또 다른 확신이 있는데, 곧 주님도 맹세 같은 말투를 쓰셨다는 사실이다.

하지만 자문해 볼 필요가 있다. 맹세란 정말 그렇게 무해한 것일까? 오히려 우리는 처음부터 다음 사실을 매우 진지하게 대해야 하지 않을까? 즉 예수님의 말씀에 따르면 위증만이 죄가 아니라 맹세 자체 속에도 죄가 들어 있다. 이는 오직 진실만을 말한다는 엄숙한 선서에도 적용된다.

이것을 면밀히 살펴보며 맹세할 때 실제로 어떤 일이 벌어지는지 알아보자. "하나님을 두고 맹세한다"라고 말할 때 그 속에는 다음과 같은 의미가 내재되어 있다. 우선 맹세는 언제나 예외적 성격을 띤다. 즉 나는 늘 맹세하는 게 아니라 이 특정한 말만 맹세를 통해 내 평범한 일상 언어와 엄숙히 구별한다. 예외적으로 하나님의 이름을 불러 단언한다.

하지만 그 예외성 자체는 사실상 이런 말이나 같다. "평소의 내 말 속에는 하나님이 계시지 않을 수도 있다. 그래서 내 일상 인어에는 지금 강조하려는 구속력과 진정성이 동일한 수준으로 들어 있지 않다."

다시 말해서 나는 맹세의 도움으로 내 말의 비중을 인위적으로 높이려는 것이며, 이로써 평소의 내 말에는 그런 비중이 없을 수도 있음을 인정하는 셈이다. 요컨대 대체로 나는 평범한 잡담의 흐름에 휩쓸릴 뿐이다. 이 사실을 알고 나면 모든 종류의 서언(誓言)에서 그것을 식별할 수 있다.

"내 명예를 걸고 약속한다"라는 말은 무슨 뜻인가? 물론 "내가 보증한다. 내 이름을 걸겠다. 이 말과 운명을 같이하겠다"라는 뜻이다. 하지만 굳이 그렇게 힘주어 강조해야 한다는 사실 자체에는 나와 내 말이 대부분 서로 별개라서 평소에 혀를 함부로 놀린다는 의미가 깔려 있다.

예를 들어 나에게 임신과 출산에 대해 질문하는 어린 아들이 있다고 가정해 보자. 아기는 배꼽으로 나오는 거라고 답한다면 아마도 아들의 질문이 거북해 미련한 대답을 했다고밖에 생각할 수 없다. 그러고는 남들도 다 하니까 이런 무책임한 말 정도는 괜찮으며 어차피 아들이 나중에 커서 진실을 알게 될 것이라 스스로를 위로할지도 모른다.

그런데 내 대답을 들은 아들이 이렇게 묻는다면 어떻게 하겠는가? "아버지의 명예를 걸고 그게 정말 사실이라고 약속할 수 있습니까? 그 말에 책임질 수 있습니까?"

나는 내 말에 아무런 비중이 없으며 이번에도 역시 빈말에 불과했음을 퍼뜩 깨달을 것이다. 또는 내가 "시간이 없다"거나 횟수와 무관하게 "히틀러 만세"라고 말하는 것을 누가 듣고 이렇게 묻는다 하자. "그 말과 운명을 같이하겠다고 당신의 명예를 걸고 약속할 수 있습니까?"

그러면 나는 그것이 무책임하고 미련한 말임을 깨닫고 경악할 것이다. 나는 위선자가 되어 거짓말을 한 것이고, 인간의 언어라는 폭탄으로 패씸하고 경솔하게 장난질을 한 것이다. 그 폭탄에는 천국과 지옥의 위력이 실려 있다.

이 모두는 정말 심히 섬뜩하고 무서운 일이 아닌가? "하나님을 두고 맹세한다"라고 말할 때마다 실제로 나는 이렇게 말하는 것이다. "이제 나는 절대 진리의 영역을 표시하고 그 주위에 담을 둘러, 내 일상 언어를 지배하는 거짓과 무책임의 흙탕물이 거기에 튀지 않게 할 것이다."

나아가 이 말은 애초에 내가 남들에게 신임을 잃었다는 뜻도 된다. 어차피 다들 또 거짓말로 여기니 내 쪽에서 명예를 건 서약과 맹세라는 무기를 꺼내 동료 인간들의 지독히도 비관적인 편견을 깨뜨려야 한다. 꽉 막힌 불신의 벽을 뚫어야 할 것이다.

맹세와 충성의 서약이 기하급수적으로 늘어나는 현상은 그만큼 우리 시대에 기만과 그에 따른 상호 불신이 증가하고 있다는 신호다.

나치 정권 때 히틀러 청년단에서부터 근위병에 이르기까지 얼마나 많은 맹세가 요구되었던가? 증인과 보증인 앞에서 얼마나 많은 설문지에 서명하고 엄숙히 서약해야 했던가? 그만큼 말이 값싸져 영원한 무게를 잃었고, 다른 인위적인 것으로 그 자리를 메워야 했다.

그동안 이 민족은 말 그대로 위선을 교육 받았고 그 위선 때문에 거의 모든 단어의 의미가 변질되었다. 부디 이 민족이 하나님의 말씀만은 영영 잃지 않았기를 기도한다. 이제라도 길을 찾아 참되고 진정한 말씀으로 돌아가고, 그 말씀 안에서 말의 진실성에 대한 신뢰를 서로 회복하기를 기도한다.

그것을 위해 우리에게는 "나의 주님이시요 나의 하나님이시니이다"라는 고백이 반드시 필요하다. 이 말씀만 있으면 우리의 모든 말도 무게와 구속력을 얻을 수 있다. 그러나 그것이 없다면 다른 말은 모두 흐르는 모래가 되고 만다.

하나님의 말씀에 반응하며 이 말을 고백할 수 있는 사람은 기만의 세상에서 남다른 신임을 얻는다. 하나님의 얼굴을 알고 그분의 임재 안에서 말하기 시작했기 때문이다.

악의 없는 거짓말도 심판의 대상이다

예수님은 바리새인과 논쟁하시던 중에 또 다른 미묘한 형태의 거짓말에 대해 우리의 주목을 끄신다. "화 있을진저, 눈먼 인도자여. 너희가 말하되 누구든지 성전으로 맹세하면 아무 일 없거니와 성전의 금으로 맹세하면 지킬지라 하는 도다"(마 23:16).

언뜻 보기에는 우리의 사고방식과는 동떨어진 복잡한 문제로 보인다. 하지만 그 배후의 메시지는 오늘 우리 삶의 중심부와 직결된다. 인용된 맹세에서 바리새인들의 말뜻은 분명하다. '성전'으로 맹세한 사람은 설령 그 말이 사실일지라도 맹세를 지킬 절대적 의무가 없다. 그러나 '성전의 금'으로 맹세한 사람은 얼버무리거나 둘러대지 말고 반드시 약속을 지켜야 한다. 다시 말해서 보편적 합의에 따라 사람이 진실을 말하지 않아도 되는 경우가 존재한다는 것이다. 그 경우에는 암암리에 예외가 허용된다.

이렇게 표현을 바꾸어 놓고 보면 이것이 우리와 직결되는 문제임을 대번에 알 수 있다. 어떤 말은 구속력이 없다는 암묵적 이해가 우리 중에도 공공연한 비밀로 존재한다. 예의상 자신의 속마음과 정반대로 말하는 경우가 그렇다.

그런가하면 악의 없는 거짓말이라는 큰 주제도 있다. "시간이 없다"는 말도 그렇고, 뻔히 집에서 느긋이 차를 마시고 있으면서 다른 사람을 시켜 안에 없다고 말하는 것도 그렇다. 군대만 그런 것은 아니지만 군대에는 특정 사항에 대해 진실을 말하지 않는 기술이 더 잘 개발되어 있다. 오랜 세월 실전에서 검증된 어휘를 보면 상황에 따라 무엇을 말하고 무엇을 숨겨야 하는지 알 수 있다.

어쨌든 인간의 사회생활에는 보편적 합의에 따라 말이 진지하게 취급되지 않는 영역이 있다. 그럴 때 우리의 말은 거의 완전히 비중을 잃는다. 그러다 보니 손님에게 집에 없다고 말했다가 거짓말이라는 비난을 들으면 오히려 억울하게 느껴진다. 그런 악의 없는 거짓말은 선악의 문제가 아니며 어느 정도 사회적으로 용인되기 때문이다. 말마다 너무 꼬치꼬치 따져서는 안 된다는 것이다.

그러나 우리가 땅에서 신중을 기하지 않은 모든 말이 합해져, 최후의 심판 날에 그 무게 때문에 저울이 기울지 않을까 우려된다. 훌륭한 설교자 헤르만 베첼(Herman Bezzel)이 이것에 대해 아주 잘 말했다. "악의 없는 거짓말은 우리를 원수 마귀에게 얽어매는 명주실이요 지옥에서 짠 무형의 거미줄이다."

거짓말의 명주실은 눈에 잘 보이지 않는다. 세계 역사는 열매 하나를 따먹는 사소한 몸짓으로 시작되었다. 이를 절도라 부를 사람은 없다. 그저 장난이나 편법 정도로 가볍게 여긴다. 하지만 가인이 동생을 죽인 일, 바벨탑을 쌓은 일, 난리와 난리 소문은 다 그런 작은 조종과 맞물려 있다.

살인은 생각이라는 가느다란 명주실로 시작된다. 당연히 생각은 내면의 문제라서 마음의 울타리 안에 잘 감추어져 있다. 그것이 생각의 특권이자 자유이며, 인간의 생각을 막을 길은 없다.

간음은 힐끗 던지는 추파로 시작된다. 들불 같은 정욕의 굴레도 한때는 명주실에 불과했다. 처음에는 눈금에 미동도 없지만 최후의 심판 날에는 작은 것 하나 때문에도 저울이 기울어진다.

이렇듯 시시하고 가냘픈 거미줄이 결국 촘촘히 짠 그물이 되고, 마귀는 그 속에 우리를 옭아 넣어 최후의 심판 자리에 전리품으로 끌고 가려 한다.

하지만 당신은 이 모두가 약간 과장이라고 생각할 것이다. 물론 이는 과장일지도 모른다. 하나님에 대해 너무 심각해질 필요가 없는 영역도 삶 속에 몇 군데 남겨두는 게 좋지 않은가? 그래야 삶의 재미도 있을 테니 말이다.

굳이 이것을 정말 원수에게 우리를 옭아매는 명주실로 보아야만 하는가? 여기서 우리는 기독교의 위대한 신비에 부딪친다. 사실 그런 영역은 존재하지 않는다. 우리가 하나님으로부터 분리되는 순간 원수가 즉시 넘겨받지 않는 영역은 없다. 우리에게 꼭 악한 의도가 없더라도, 그냥 그 영역을 선악과 무관한 종교적 무인지

대로 선포하기만 해도 결과는 마찬가지다.

이때도 마귀의 침공은 요란한 북소리와 휘날리는 군기로 시작되지 않는다. 처음에는 아예 눈에 띄지 않는다. 마귀는 어둠 속에 정체를 숨긴 채 우리 내부의 세력을 통해 활동한다.

하지만 우리가 소규모로 얻으려는 것이 실제로 세상에서 대규모의 현실이 되지' 않았는가? 인간은 정치, 경제, 과학, 예술 등의 분야에 독립을 요구하지 않았는가? 그래서 각 분야마다 우리 자신의 법만 있고 하나님의 법은 들어설 자리가 없지 않은가?

우리 삶에서 하나님의 주권을 완전히 인정하는 영역은 얼마나 작아졌는가! 인정할 때조차도 기껏해야 제한된 입헌군주제다. 우리들이 국회에 앉아 권력의 진짜 요직을 차지하려 든다.

신약성경에 하늘과 땅의 모든 권세가 그리스도께 주어졌다고 했건만 우리는 이 중대한 말씀으로부터 얼마나 턱없이 멀어졌는가? 사실 마음의 은밀한 구석, 공생활의 영역, 국가 간의 조약, 어둠 속의 속삭임 등 그 무엇도 그분의 모든 계명에 종속되지 않는 부분은 없으며 따라서 최후의 심판 날에 다 심문의 대상이 된다.

사소한 거짓말 하나를 삼가는 것

말의 비중에 대한 이 짧은 공부를 통해 우리가 직면한 것은 바로 그 궁극의 질문이다. 그분은 끊임없이 우리에게 질문을 던지신다. 이것을 간단히 표현하면 이렇다. 우리는 작은 허위, 인습적 거짓말, 악의 없는 거짓말 등을 다 버리고 하나님과 최후의 심판 앞에 정직해져야 한다. 그러면 적어도 두 가지를 경험하게 된다.

첫째, 세상과 무언의 합의를 깨기가 얼마나 어려운 일인지 알게 된다. 실제로 자신이 약간 이상하게 느껴지며 처음에는 괴짜라는 의혹도 받을 수 있다.

둘째, 그럼에도 불구하고 진실을 택하면 엄청난 해방을 누린다. 고지식한 솔직함일 뿐이라는 의혹만 이겨내면 그리고 우리가 누구의 명령에 따르고 있는지 주변에 알려지기만 하면 즉시 해방이 찾아온다.

얼마든지 당연시될 수 있는 사소한 거짓말 하나를 삼가는 것이 장황하고 설득력 있는 논리로 기독교 철학 전체를 옹호하는 것보다 더 강력한 신앙고백이 될 수 있다. 내가 윗사람 앞에 설 때 이렇게 일체의 방어와 가식을 버리고 정직하게 마음을 열면 문득 그에게 나는 주님의 이름으로 행하는 주님의 대리자로 보일 것이다. 아울러 그가 그런 상황에 반응할 때 내보이던 모든 도덕적 자만심은 무너질 것이다.

내가 아랫사람에게 자신을 솔직히 내보이면 그는 그것을 권위의 상실로 보지 않을 것이다. 오히려 강하신 주님의 종으로서 내가 당당히 보여 줄 수 있는 힘으로 볼 것이다.

점차 나는 주님의 통치 아래서 신뢰와 확신이 새롭게 깊어짐을 경험하게 된다. 내 작은 거짓말과 가식으로 신뢰를 얻고 지키려 할 때와는 전혀 다르다. 또 부정직에서 해방되고 싶어 하는 주변 사람들의 갈망도 서서히 내 눈에 들어오게 된다.

사람은 누구나 정직하고자 하는 갈망이 있다. 그래서 주변의 그리스도인들을 예의주시한다. 이런 식의 정직과 하나님 자녀의 자유가 이 세상에서 정말 가능한지 알고 싶어서다. 또 아들이 자유롭게 하시면 정말 누구든 참 자유를 얻는지 알고 싶어서다(요 8:36). 예수 그리스도 아래에 있으면 진실해질 자유를 얻는다.

그분을 주님으로 삼는 사람은 누구도 수치를 당하지 않는다는 약속을 그가 믿기 때문이다. 그런 사람만이 그동안 자신이 인습적 기만과 허위라는 명주실로 지옥에 묶여 노예로 살아왔음을 비로소 깨닫는다.

물론 우리는 진실이 거짓보다 훨씬 어려운 것처럼 행세해서는 안 된다. 오히려 그냥 관성의 법칙에 굴하여 계속 거짓말을 일삼는 쪽이 더 고역이다. 지옥에 묶여 있는 것보다 더 거추장스럽고 괴로운 일은 없으며, 위험을 무릅쓰고 자유로 도약하는 것보다 더 쉬운 일은 없다. 하나님의 아들이 우리에게 죄에서 자유를 약속하셨고 자신의 죽음으로 인 치셨다. "그의 계명들은 무거운 것이 아니로

다"라는 말씀은 과연 사실이다. 계명이 우리에게 요구하는 바는 나가서 온 세상의 거짓과 싸우는 게 아니기 때문이다. 그것이라면 겁날 수 있다.

하지만 계명이 우리에게 요구하는 바는 이 거짓의 세상을 이미 이기신 분을 사랑하는 것뿐이다. 그분을 사랑하면 우리도 주님과 함께 세상을 이기도록 이미 조치되어 있다. 예수 그리스도의 승리에 동참하게 되어 있다.

우리의 "옳다"와 "아니다"에 정말 세상을 이기는 무게가 실려 있다면 모든 게 얼마나 달라질까? 매순간 우리가 하나님의 임재 안에서 말하며 작은 거짓말과 이중성 같은 편법에 의존할 필요가 없다면 말이다. 예수님께서 이미 세상을 이기셨기에 그것이 가능하다. 이제 우리는 마치 시류에 영합해야만 하는 것처럼 마치 그분이 주님이 아니신 영역이 있는 것처럼 행동할 필요가 없다.

따라서 타락한 세상에서 규정상 맹세나 선서를 해야 할 때 늘 기억할 것이 있다. 맹세는 거짓으로 점철된 세상에 한시적으로 필요할 뿐이다. 이런 방편을 통해서만 세상의 한 영역이라도 진실을 말하도록 예외적으로 구별된다. 이혼처럼 이것도 응급조치나 특별 조항으로 생각하면 된다. 세상에 간음이 성행하니 이혼도 불가피해져 하나님이 자비와 인내로 이혼을 허용하실 수 있다.

그러므로 단순히 "옳다"와 "아니다"를 말할 수 있는 자유로 우리가 보여 주어야 할 게 있다. 이 거짓의 세상에 영합하지 않는 게 참으로 즐겁고, 하나님 자녀의 자유가 한없이 영광스럽다는 사실이다. 우리는 진리의 주님께 속한 자들이다. 그러므로 진리 안에 들어와 있다.

어떠한 대답을 하는가에 영원이 결정된다

말씀이신 예수 그리스도께서 육신이 되어 생명의 메시지를 인간의 말 속에 담으심으로 인간의 언어를 높여 주셨다. 그 뒤로 우리의 말은 신성해졌다.

예수 그리스도께서 십자가에 달리신 뒤로 우리는 십자가를 장신구나 시시한 물건으로 쓰는 데 적잖은 반감을 느낀다. 그런데 예수님은 십자가에 달리신 것 못지않게 인간의 말에 희생되셨다. 나와 당신의 말이 그분을 십자가에 못 박았다. 사리사욕이 진리를 앞지르는 세상에 진리의 왕이 계시건만, 우리는 빌라도처럼 그분을 믿지 않고 말로 거부했다. 그분은 당신과 나의 말 때문에 십자가에 달리셨다. 이 사람과 아무런 관계도 원하지 않는다고 우리가 엄숙히 선언했기 때문이다. 그분이 우리의 가장 깊은 부정직을 아시는 증인이자 니체의 표현처럼 연민이 무한하신 분인데도 말이다.

그분은 또 하나님의 약속의 말씀 위에 달리셨다. 약속대로 고통을 통해 우리를 찾으시고 값을 대신 치르셨다.

그 일이 있은 뒤로 인간의 말에는 십자가에 달리신 구주의 무거운 짐이 지워져 있다. 따라서 우리가 인간의 말을 미련한 헛소리와 기만의 수준으로 떨어뜨려 조금이라도 무게를 비울 때마다 우리의 말에서 다름 아닌 구주의 그 소중한 짐을 버리는 것이다. 이것은 그분을 두 번 죽이는 일이며 이번에는 그 죽음이 우리에게 아무런 복도 가져다주지 못한다.

그러므로 인간의 말에 담긴 이 값비싼 무게와 비중을 잊지 말자. 아울러 일상생활에서 쓰는 말이 곧 우리의 기도를 구성하는 요소라는 사실도 기억하자.

이 말의 뜻을 깊이 생각해 보라! 그것은 우리의 악한 마음과 악한 생각이 기도로 하나님께 올라갈 수 있으며, 불같이 무서운 혀가 그런 생각을 말에 담아 하나님께 보낼 수도 있다는 뜻이다. 이것을 알면 우리의 언어에 일대 변화가 이루어진다.

이 변화는 진리의 왕 아래서 사는 사람들과 참된 자유를 맛보기 시작한 사람들에게 주어진다. "오직 너희 말은 옳다 옳다, 아니라 아니라 하라. 이에서 지나는 것은 악으로부터 나느니라."

예수 그리스도께 "예"라고 답하면 당신은 영원을 얻는다. "아니요"라고 답하면 모든 것을 내버리는 것이다. 이 두 단어 속에 우리의 영원한 운명이 들어 있다. 이 세상에서 우리는 간결하게 말하고 말에 책임을 져야 하는데, 이런 특성도 역시 그 두 단어에서 비롯된다. 하지만 이 모든 것보다 앞서는 간구가 있다. "우리의 허물을 사하여 주소서!"

"또 '눈은 눈으로, 이는 이로 갚으라' 하였다는 것을
너희가 들었으나 나는 너희에게 이르노니 악한 자
를 대적하지 말라. 누구든지 네 오른편 뺨을 치거
든 왼편도 돌려대며 또 너를 고발하여 속옷을 가지
고자 하는 자에게 겉옷까지도 가지게 하며 또 누구
든지 너로 억지로 오 리를 가게 하거든 그 사람과
십 리를 동행하고 네게 구하는 자에게 주며 네게
꾸고자 하는 자에게 거절하지 말라.

또 '네 이웃을 사랑하고 네 원수를 미워하라' 하였
다는 것을 너희가 들었으나 나는 너희에게 이르노
니 너희 원수를 사랑하며 너희를 박해하는 자를 위
하여 기도하라. 이같이 한즉 하늘에 계신 너희 아
버지의 아들이 되리니 이는 하나님이 그 해를 악인
과 선인에게 비추시며 비를 의로운 자와 불의한 자
에게 내려주심이라. 너희가 너희를 사랑하는 자를
사랑하면 무슨 상이 있으리요. 세리도 이같이 아니
하느냐. 또 너희가 너희 형제에게만 문안하면 남보
다 더하는 것이 무엇이냐. 이방인들도 이같이 아니
하느냐. 그러므로 하늘에 계신 너희 아버지의 온전
하심과 같이 너희도 온전하라."

— 마태복음 5:38-48

6

네 원수를 사랑할지니
복수는
금물

마태복음 5장 38-48절은 신약성경에서 가장 어렵고도 암담한 본문이다. 이 말씀을 들을 때마다 우리는 두 가지 감정에 사로잡히기 때문이다.

먼저 이 세상에서 완전히 떨어져나가 평화로운 전원에 놓여 있는 기분이 든다. 세상은 불신의 장이요 서로 먹고살기 위해 살벌하게 싸우는 곳이다. 인구밀도가 너무 높아 분위기는 긴장되어 있고, 허다한 무리가 저마다 자기를 보호하려고 본능적으로 경쟁을 벌인다. 그런데 자비하신 하나님이 악인과 선인에게 해를 비추시는 곳에는 고난도 없고 눈물도 없어 보인다. 그 풍경을 조금만 보아도 "달콤한 평화여, 내 마음에 오라"는 노래가 절로 나온다. 또한 이 불행한 자멸의 세상 대신 하나님이 정말 원하시는 나라가 어떤 곳인지 가슴에 사무치게 느껴진다.

세상의 인습에 따르는 삶을 거부함

그와 동시에 환멸이 밀려온다. 사랑이 다스리고 증오가 밀려나는 이 나라는 동화 속에서만 존재하는 비현실적인 꿈이 아닌가? 미움과 원한이 없는 세상을 꿈꾼다는 것은 그만큼 우리가 부실하다는 뼈아픈 증거가 아닌가? 어쨌거나 우리는 아무리 위험해도 지금 세상을 살아야 하고 아무리 혹독해도 이 땅을 딛고 서야 한다.

예수님도 친히 이 땅을 겪지 않으셨던가? 그분이 달리신 십자가가 땅속에 박히지 않았던가? 그분은 이 땅의 가혹함과 그로 인한 고통을 속속들이 아셨고 '사람의 속에 있는 것'을 누구보다 잘 아셨다. 뻔히 알면서도 야수인 인간의 처분에 자신을 맡기셨다.

그런 예수님이 이 세상과 동떨어진 허황하고 비현실적인 공상에 빠지신다는 게 말이나 되는가? 어떻게 우리가 진지하게 그렇게 믿을 수 있단 말인가? 인간 안의 야수를 우리 안에 가두거나 혹 약간 길들이고 조련할 수는 있을지언정 결코 무시하거나 쫓아낼 수는 없는 법이다. 왜 우리는 하고많은 인간 중에 하필 예수님만이 그 사실을 몰랐다고 생각하는가?

우리는 마태복음의 말씀을 쉽게 일축할 수 없다. 이 말씀이 아직 인간의 본성을 모르는 몽상적인 평화주의자의 입에서 나왔다면 그럴듯한 설명이 가능할지 모른다. 하지만 예수님은 인간과 이 세상을 누구보다 잘 아시기 때문에 배제해야 한다.

우리는 예수님의 말씀에 담긴 의문스러운 난점까지 모두 직시해야 한다. 게다가 예수님은 우리가 그분의 모든 말씀을 덮어놓고 무작정 받아들이기를 원치 않으신다. 사실 그분은 믿음에 어렵게 도달한 사람들을 사랑하셨다. 종교적이기만 하면 무엇이든 날름 삼키는 사람보다 그분을 더 진지하게 대했기 때문이다. 신앙에 그냥 동조하는 사람보다는 회의하는 사람이 언제나 더 복되다. 그들은 자신의 주님이 모든 회의와 절망의 지옥보다 강하신 분임을 온전히 배우기 때문이다.

그러니 우리의 회의심을 예수님께 가져가 솔직히 이야기하자. "예수님, 때리는 사람에게 반대쪽 뺨을 돌려대라는 주님의 말씀을 우리가 진지하게 대한다면 어떤 일이 벌어질까요? 야비한 사기꾼이 속옷을 빼앗을 때 우리가 권리를 주장하지 않고 하나님의 이름으로 겉옷까지 준다면 어떤 일이 벌어질까요? 예수님, 원수를 사랑하면 어떤 결과가 나올까요? 이것은 지극히 비현실적인 일이 아닐까요? 결국 우리의 헌신에 충실하지 못한 게 아닐까요? 모든 방해와 적대 세력에도 불구하고 헌신을 지켜야 할 텐데 말입니다. 결국 주께서 친히 중시하신 모든 기준이 쉽게 무너지고 소멸되지 않을까요? 주님은 화평을 주러 오신 게 아니라 검을 주러 오셨다고 하셨는데 말입니다.

그뿐 아니라 주님의 말씀으로 법의 질서가 몽땅 무너질 것입니다. 주님의 이상한 계명들에 순종하면 무법천지와 유혈 혁명이 따르지 않을까요? 악의 세계가 온통 철면피하게 날뛰지 않을까요? 말씀대로라면 그 누구도 그것을 막을 수 없을 겁니다. 그 결과는 평화로운 전원이 아니라 악당들의 독재가 아닐까요? 그리되면 모든 비열하고 잔인한 본능이 이기는 게 아닐까요? 주께서 원하시는 게 바로 이런 것이란 말씀입니까?"

이런 회의를 억눌러서는 안 된다. 내가 보기에 이런 회의는 우리 자신의 본성에서만 아니라 예수님에게서 비롯된다.

하지만 질문을 반대로 돌리면 어떻게 될까? 원수를 사랑하라는 예수님의 요구가 실제로 법제화된다고 가정해 보라. 하나님이 우리에게 무조건 무제한의 자비를 베푸시고(눅 6:36) 우리의 적의와 반항을 간과하시기 때문에 우리도 무조건 무제한의 자비를 베풀도록 법적으로 규정된다고 하자. 우리가 예수님의 이 명령을 전혀 이행할 수 없으며 세상이 그런 이행을 실제로 거부한다는 사실, 그것이 이 세상 질서가 하나님으로부터 철저히 멀어져 구제불능의 상태라는 증거가 아닌가?

어쩌면 우리는 예수님의 사랑 계명을 세상의 혹독한 법에 의거하여 의심할 권리가 전혀 없다. 그 계명을 세상과 동떨어진 비현실적인 것이라 조롱해서도 안된다. 오히려 완전히 방향을 돌려 이 사랑의 계명에 의거하여 세상을 의심해야 한다. 죄와 적의에 완전히 물든 세상, 미치고 실성하여 무질서한 세상이라 결론지어야 한다.

누구나 한번쯤은 던져 보았을 질문이 있다. 사업가들은 온갖 제한 규정과 세법 앞에서 그랬을 것이고, 전반적 경쟁 구도에 갇힌 사람들은 시류에 영합하여 싸워야만 하는 상황 앞에서 그랬을 것이다. 남에게 지지 않으려면 온갖 구리고 수상한 관행에 편승해야 하기 때문이다.

우리도 이렇게 자문한 적이 있을 것이다. 이 세상에서 하나님의 뜻을 타협 없이 수행한다는 게 털끝만큼이라도 가능한가? 그렇게 살기로 굳게 결심한다 해도 말이다. 이를 악물고 시도해도 정말 실패와 패배로 끝나지 않는가?

이는 단순히 세상의 규율이 산상수훈의 규율보다 더 혹독하기 때문이고, 당신이 싸워서 적의와 경쟁과 방해를 뚫고 나가야 하기 때문이며, 그런 세상을 건너갈 사랑이 당신에게 없기 때문이다. 매번 손해 볼 마음 없이 조금이라도 실속을 차리려 한다면 사랑하기 힘들다.

그러므로 우리는 본문의 한 가지 기조를 똑똑히 알아들어야 한다. 이 본문에는 온 세상을 향한 고발이 들어 있다. 세상의 인습에 따르는 삶을 단호히 거부하시는 예수님의 엄청난 항거다. 그분은 시류에 영합해야 한다는 법칙을 전혀 인정하지 않으신다.

여기서 우리는 아버지의 세상이 변질된 데 대한 예수님의 깊은 슬픔을 느낄 수 있다. 세상 자체가 하나님의 자비와 인내로만 존속되고 있는데도 세상 속에 자비의 흔적이 완전히 지워졌기 때문이다. 예수님의 이 말씀은 하나님의 목적과 세상의 목적이 서로 어긋나 있다는 인식을 배경에 깔고 있다. 양쪽의 삶은 서로 지독한 모순 관계이며, 그 모순의 증거가 곧 갈보리의 피 묻은 십자가다.

그분은 이상주의자인가 혁명가인가

예수님의 자비는 세상의 일부 타락한 국면과만 상치되는 게 아니라 완전히 적법한 공인된 사법 규정과도 상치된다. "눈에는 눈 이에는 이"는 법의 공인된 원리가 아닌가? 결국 세상의 모든 민법과 형법과 국제법은 등가 보상의 평형추에 입각해 있다. 응분의 벌과 배상이 없이 어떻게 세상 질서와 균형이 유지될 수 있겠는가? 삶의 모든 것에는 값이 치러져야 하며 죄도 예외가 아니다. "눈에는 눈 이에는 이"라는 금언은 그래서 성립된다.

그런데 예수님은 그 과정 전체에 도전하며 이의를 제기하시는 것만 같다. 세상 질서 전체에 반대하며 항거하시는 것 같다. 감히 그런 일을 하시다니 그분은 이상주의나 혁명가인가? 결국 세상 질서의 수레바퀴에 깔리고 마는 몽상가나 광신자인가? 자신의 모든 경고에도 불구하고 그분은 그 수레바퀴를 역으로 돌리거나 멎게 하실 수 없었다.

하나님의 아들이신 예수 그리스도가 불법적 사법살인의 피해자가 되신 것 같지 않고 실제로 합법적 재판을 통해 유죄선고를 받으신 것은 섬뜩한 아이러니가 아닌가? 그렇다면 그분의 항거는 말짱 헛일이고 철저히 의문투성이라는 말인가? 하지만 우리는 모든 회의를 진지하게 대하며 예수님께 솔직히 아뢰는 과정에서 이미 도가 지나쳐 엉뚱한 길로 벗어났다.

예수님은 정말 모든 법을 폐하려 하셨던가? 아니다. 주님의 평생의 행적을 보면 그런 오명이 사실 무근임을 알 수 있다. 그분은 결코 자신을 치는 사람들에게 무조건 다른 뺨을 돌려대지 않으셨고 오히려 자신을 체포하던 경찰들을 꾸짖으셨다(막 14:48, 요 18:23). 물론 욕을 당하시되 맞대어 욕하지 않으시고 말없이 감수하신 적도 있다(막 15:19). 그분은 제자들에게도 호젓한 선교여행 길에 자객에게 무방비로 노출될 게 아니라 검을 가지고 다니라고 지시하셨다(눅 22:36).

그분은 또 마음의 완악함 때문에라도 이혼을 허용하지 않으셨던가? 배우자가 간음한 경우에 이쪽에서 갈라서서 관계를 끝낼 수 있게 하셨다. "눈에는 눈 이에는 이"라는 해법으로 맞서게 하신 것이다. 굳이 더 지적할 필요도 없겠지만 바울도 로마법에 호소하여 세상 질서를 따랐다(행 16:17 이하, 22:25 이하, 25:10 이하).

요컨대 예수님이 막강한 원리 하나로 모든 법과 질서를 무턱대고 없애버리셨다고 말한다면 이는 지나친 단순 논리다. 그래봐야 승리는 혼돈과 무법천지의 몫이지 결코 하나님 나라의 몫이 아님을 세상에서 유독 그분만 모르신 게 아니다.

예수님께서 이런 단호하고 강경하고 통렬한 표현으로 우리에게 주시는 불가항력의 말씀은 이것이다. 인간의 법과 정의는 하나님이 원하시는 이웃 관계를 규정하기에 역부족이다. 법은 우리의 타락한 세상에 부득이 필요한 규정일 뿐이다.

여기서 우리는 철저히 실제적이 되어야 한다. 그래야 이것이 당신과 나에게 주어진 말씀임을 알 수 있다. 아파트나 공동 주택의 내부 규정을 생각해 보자. 요즘은 주방이나 기타 설비를 다른 세입자나 새로 유입된 난민과 함께 써야 할 때도 있다. 그러려면 모든 것을 내부 수칙 즉 법으로 더욱 엄격히 규정해야 한다. 그런 규정의 필요성에는 의문의 여지가 없다. 그렇지 않으면 집이 대책 없이 지저분해져 엉망이 될 테니 말이다. 머잖아 애꿎은 가정주부만 털털한 사람들이 어질러 놓은 집을 치우느라 고생할 것이다. 그래서 계단의 청결 유지부터 세탁기 사용법에 이르기까지 매사에 정확한 원칙을 적용해야 한다.

그런데 법적 측면에서만 본다면 아래층 세입자나 주방을 같이 쓰는 사람에 대한 나의 관심은 오직 상대가 착하고 유익한 이웃인지 말썽꾼이나 지저분한 사람인지에만 국한된다. 그것은 상대를 대하는 나의 태도에도 영향을 미친다. 상대가 늑장부려 짜증나게 한다든지 나의 세탁 계획을 망쳐 놓는다든지 계단을 어지럽힌다든지 하면 나도 그에게 똑같이 해준다. 그래야 상대가 자신의 행동이 남에게 어떤 영향을 주는지 알 테니 말이다.

나의 논리는 지극히 정당하다. "네가 당하기 싫은 일은 남한테도 하지 말라"는 원칙을 상대에게 가르쳐 주어야 한다.

반면에 상대가 깔끔하고 유익한 존재라면 나 또한 그에 걸맞게 대응한다. 사실 이 세상의 삶은 온통 선악에 따른 대응의 법칙에 입각해 있다. 두말할 것도 없이 이것이 인간적 차원의 현실이다. 그러나 예수님의 제자답게 상대를 하나님 앞에서 보자. 알다시피 예수 그리스도께서 그를 위하여 죽으셨다. 불쾌하고 거슬리고 못마땅하고 어쩌면 막돼먹은 이 사람을 위해서 말이다.

그분의 죽음으로 상대는 무한히 중요한 존재가 되었다. 전에는 그를 내게 이로운가 아니면 해로운가의 관점에서만 보았다. 따라서 항상 나 자신이 모든 원칙의 중심이었고 그 원칙대로 상대를 대했다. 결국 목적은 나였고 상대는 거기에 적합하거나 부적합한 수단일 뿐이었다.

그러나 예수님의 눈으로 보면 질문 자체가 달라진다. 더 이상 내가 중심이 아니라 상대가 중심이 된다. 이제 나는 이렇게 자문할 수밖에 없다. 도대체 무슨 일이 있었기에 상대가 지금의 이런 모습이 되었을까?

어쩌면 그는 난민인지도 모른다. 미래가 너무 절망적이라서 남에게 비치는 자신의 모습 따위에 미처 신경 쓸 겨를이 없는지도 모른다. 어쩌면 고생을 많이 하고 살아서 마음이 독해지거나 성질이 나빠졌는지도 모른다. 어쩌면 불운한 대물림이 있었는지도 모른다. 그래서 그를 공정하게 대하려면 출신 집안의 배경을 감안해야 하는지도 모른다. 어쩌면 양육을 잘못 받았는지도 모른다.

이렇듯 나는 긍휼의 시선을 통해 비로소 그를 이해한다. 그를 예수 그리스도의 가난하고 곤고한 형제로 보고 사랑하기 때문이다. 신기하게도 나의 판단 기준이 어느새 송두리째 바뀌었다. 상대에 대한 염려가 가장 중요해졌다.

이제 나는 그를 진지하고 중요하고 존엄하게 대한다. 나와의 이해관계를 그만 따지고, 나 자신만 중시하던 태도를 버린다. 다시 말해서 더 이상 나 자신을 목적으로, 상대를 수단으로 생각하지 않는다. 상대는 고유의 존엄성 즉 예수 그리스도의 형제라는 존엄성을 지닌 존재다.

그를 예수님의 눈으로 전혀 다르게 보면 또 하나의 질문이 나올 수밖에 없다. 어떻게 하면 내가 이 사람의 영원한 구원에 도움이 될까? 그를 위한 예수님의 죽음이 헛되지 않게 하려면 내가 할 수 있는 일, 해야만 하는 일은 무엇일까? 이 물음에 당당히 마주서면 점차 뒤따르는 생각이 있다.

내가 만일 그에게 율법적으로만 대응하고 받은 대로만 돌려준다면 그를 더 완악하게 만들 뿐이다. 그는 분노와 원한과 냉소와 지저분함 속으로 더 깊이 내몰릴 뿐이다. 결국 내가 가해자가 되어 그에게 몹쓸 짓을 하는 셈이다.

최후의 심판 날에 예수님께서 상대에 대해 물으실 때 나는 아마 이렇게 답하고 싶을 것이다. "하지만 저는 제대로 행동했습니다. 사람들도 다 저의 행동이 정당하다고 말했습니다. 그쪽에서 먼저 한 대로 저도 똑같이 했을 뿐입니다."

그러나 이 말은 끝내 내 입 밖으로 나오지 못할 것이다. 십자가에 달리신 예수 그리스도의 손에 난 못 자국이 내 눈에 들어올 테니 말이다. 나는 더 이상 한낱 '자연인'이 아니라 예수님의 눈길 아래에 있는 사람이다. 그 이유만으로 퍼뜩 떠오르는 사실이 있다. 예수님께서도 나를 대하실 때 옳고 그름만 따지신 게 아니다. 만일 그분이 "눈에는 눈 이에는 이"의 원칙으로 나를 대하셨다면 나는 결코 지옥행을 면할 수 없을 것이다.

그러나 내가 기억하는 사실은 이와는 정반대다. 내가 그분의 원수인데도 그분은 나를 형제라 부르시며 피를 흘리셨다. 그 사실을 명심한다면 나도 가장 낮은 길을 택하여 긍휼을 품을 수밖에 없다. 어머니가 방탕한 자식을 불쌍히 여기는 것처럼 말이다. 이는 내가 나약하거나 비겁해서가 아니라 상대에게 나의 이런 말이 느껴지게 하기 위해서다. "내가 염려하는 건 당신이다. 보라, 내 친구여. 나는 당신이 계속 잘못된 길로 가기를 원하지 않는다. 온갖 콤플렉스와 원한으로 고생하기를 원하지 않는다.

하나님 앞에서 나는 당신에게 책임이 있다. 내게 권리가 있음에도 당신을 되받아 치지 않는 이유는 그것뿐이다. 다른 **뺨**을 돌려대는 이유도 그것뿐이다."

이제야 우리는 예수님의 "다른 **뺨**을 돌려댄다"는 이 이상한 말씀이 무슨 뜻인지 깨닫는다. "보라, 나는 가장 낮은 길을 택함으로서 한순간 당신 앞에 완전히 무방비 상태가 된다. 방어 무기 없이 내 급소를 내보인다. 당신은 나를 비웃으며 내가 감히 되받아 칠 수 없어 몸을 사렸다고 말할 수도 있다. 하지만 사실 나는 최고의 호의로 사랑을 베풀며 당신에게 평안과 자아를 되찾을 기회를 준 것이다."

최고의 호의로 사랑을 베푸는 이런 태도는 반대의 경우에도 내 행동을 신기하게 바꾸어 놓지 않는가? 반대의 경우란 내가 굽히지 않고 오히려 권리를 주장하며 상대에게 대항해야만 할 때를 말한다. 사안 자체나 교육적 목적 때문에 반드시 그래야 할 경우가 있다. 부모나 윗사람이 불순종하는 자녀나 잘못된 부하를 도울 때 매번 가장 낮은 굴복의 길을 택하는 것은 결코 아니다. 하지만 삶의 다른 모든 부분에서와 마찬가지로 그럴 때조차도 중요한 것은 마음가짐이다. 거기서 큰 차이가 생겨난다.

예컨대 아버지는 홧김에 아들을 혼낼 수 있다. 화풀이의 쾌감을 얻을 목적으로 이기심에서 아이를 벌할 수 있다. 하지만 아버지는 이 고통스러운 절차를 책임감 있게 감당할 수도 있다. 타협 없는 대항과 엄격함만이 이 경우 아이에게 도움이 될 수 있고 아이의 내적 건강과 발전에 꼭 필요함을 알기 때문이다.

대항과 엄격함이 요구되는 이런 경우에도 예수님의 제자가 행동할 때는 전반적인 마음가짐이 다르다. 거기서 전달되는 말은 이런 것이다. "보라, 나의 관심은 당신에게 있다. 내 권리만 내세우려는 게 아니다. 내 아들이나 친구나 직원이여, 이번 일을 그냥 넘어가면 당신의 영혼이 망가진다. 그래서 대놓고 당신에게 대항하는 것이다." 예수님의 눈길 아래서 살아가는 제자는 다른 모든 사람들과 완전히 다르게 행동한다. 긍휼로 법적 인습을 깨고 다른 뺨을 돌려대는 경우도 그렇고, 상대를 위해 자신의 권리를 주장하는 경우도 그렇다.

지금 예수님은 우리의 행실을 규정하는 새로운 법을 제시하시는 게 아니다. 그보다 더 잘못된 오해는 있을 수 없다. 그분은 다른 사람을 대하는 궁극적 목표를 우리 앞에 내놓으신다. 그 목표란 바로 그분이 피로 값 주고 사신 상대를 그분과 화목하게 하는 것이다.

주님은 우리에게 십자가 아래 서 있는 상대를 보여 주신다. 그곳에 선 그를 보며 결국 중요한 것은 내 사사로운 권리를 내세우는 게 아니라 상대를 돕는 일임을 제자된 우리는 자연스럽게 안다. 그래야 주께서 그를 위해 지신 십자가가 헛되지 않기 때문이다.

이런 긍휼과 남다른 마음가짐을 접하면 상대도 새로운 인식으로 깨어나 적의를 누그러뜨릴 수 있지 않겠는가? 내가 권리를 내세우지 않고 그의 손에 건네준 편지는 이 세상에 그의 상상과는 전혀 다른 메시지와 법이 존재한다는 최초의 증거가 되지 않겠는가?

나를 집으로 맞아 주신 하나님의 그 자비의 메시지가 이제 예수님의 십자가 밑에 선 그에게도 다가가고 있다. 누가복음에서 예수님이 마지막으로 외치시고 운명하신 뒤에 사람들은 후회의 몸짓으로 가슴을 쳤다. 만약 그전에 예수님께서 그들을 위해 기도하지 않으셨다면 그런 일이 가능했겠는가? 그분이 십자가에서 사랑을 쏟으시며 기도하셨기에 그들은 적의를 버리고 무방비 상태로 새로운 길에 이르렀다. 십자가 위에서 예수님이 그들을 비난하셨거나 최후의 심판으로 위협하셨다면 그들은 더 완악해졌을 것이고, 자기들이 옳다는 확신만 더 철석같이 굳어졌을 것이다.

정말 상대가 위와 같이 변할 수 있지 않겠는가? 물론이다. 우리 중에도 아주 구체적으로 이를 경험한 사람들이 있을 것이다. 이웃이나 동료나 부하에게 무방비 상태로 긍휼을 베풀었더니 상대가 자신을 돌아보며 이렇게 자문하는 경우다. "왜 이 사람은 세상과 반대로 생각하고 행동하는 것일까? 지금 나에게 베푸는 최고의 긍휼을 자기도 똑같이 받았기 때문일까? 남들이 퍼붓는 모든 미움과 심술과 악의가 자기 속에도 있음을 깨달았을까? 자신도 구제불능의 가련한 존재임을 깨달았을까? 그래서 나를 대할 때 전혀 교만하지 않고 완전히 내 수준에 맞추어 주는 것일까?"

이렇듯 우리는 하나님의 자비 아래에 서서 그것을 사람들에게 발산함으로 도움을 베푼다. 그러면 이 불행한 세상이 소독된다.

자비를 받았기에 도로 베푸는 사람이 하나라도 있다면 부부나 가정이나 학급이나 동네가 얼마나 달라지겠는가!

원수를 사랑함이 선물이다

이제 우리는 가장 어려운 마지막 질문을 던져야 한다. 어떻게 하면 그런 사람이 될 수 있는가? 어차피 우리는 너무 멋있어서 꿈만 같은 경건한 말의 희생물이 될 생각은 없다. 비현실적인 공상에 중독될 마음도 없다. 진리에 속한 자가 되어 그것을 실천할 수 없다면 아무리 아름다운 진리도 거짓이 된다(요 18:37).

그러니 어떻게 하면 원수를 사랑할 수 있을까? 답을 찾기 위해 우선 다른 질문으로 시작해 보자. 예수님은 어떻게 원수를 사랑하게 되셨는가? 실제로 어떻게 가장 깊은 사랑을 실천하여 십자가에서 원수를 위해 기도하실 수 있었는가? 그분이 하신 말씀은 "자기들이 하는 것을 알지 못함이니이다"(눅 23:24)였다. 이렇게 말씀하실 수 있으려면 반드시 그들 속에서 흥분한 가학적 폭도, 난폭한 야수의 무리가 아닌 전혀 다른 모습을 보아야 한다. 십자가 주위에서 침을 흘리며 열광하는 모든 사람 속에서 길을 잃고 방황하는 하나님의 자녀를 보아야만 그런 말씀이 나올 수 있다.

그분의 눈빛은 더러운 외피를 뚫고 들어가 그 속의 전혀 다른 모습을 보신다. 사람들의 본연의 모습, 하나님이 의도하시고 계획하셨던 참모습을 보신다. 모든 사람은 결국 하나님의 작품이다. 물론 거의 알아볼 수 없을 정도로 형편없이 일그러졌지만 그래도 하나님의 작품이다.

예수 그리스도의 교회는 최악의 범죄자들이 법의 응징을 받아 처형당하기 직전까지도 감옥으로 목사들을 보내 그 흉악범들을 왕이신 주님의 식탁으로 초대한다. 그러면 예수님께서 자신을 고문하고 박해하는 사람들을 위해 기도하실 때 벌어진 일이 거기서도 똑같이 벌어진다.

이제 예수님의 교회는 이렇게 증언한다. 교회는 범죄자 안에서 여전히 하나님의 작품을 보고, 그가 하나님의 자녀임을 선포한다. 교회는 지금은 잃었지만 그렇기에 한때 그에게 있었던 자녀의 신분을 알아보고, 이제 구주의 고난과 죽음에 의거하여 다시 그 신분을 제시한다. 랄프 루터는 그것을 이렇게 표현했다. "원수를 사랑함은 진주가 떨어져 있는 진흙탕을 사랑하는 게 아니라 진흙탕에 떨어져 있는 진주를 사랑한다는 뜻이다."

그래서 원수를 사랑하는 기초는 의지의 행위가 아니다. 모든 미움의 감정을 애써 억누르는 일종의 극기가 아니다. 원수를 사랑함은 선물이다. 은혜의 선물이 내게 새로운 눈을 가져다주었고 그 눈으로 나도 사람들 속에서 하나님의 형상을 볼 수 있다.

하지만 당신은 이렇게 말할지 모른다. 이 또한 그저 멋진 이론이 아닌가? 상대를 보는 이런 새로운 눈이 전쟁의 한복판이나 결혼의 적대적 파탄 속에서 과연 현실이 될 수 있는가?

나는 한 그리스도인 여자의 남편에 대한 이야기를 들었다. 그는 정말 고약한 괴물이었다. 동물적인 육욕을 탐하고 인사불성의 폭음을 일삼는 그를 인간적으로 보면 멸시할 수밖에 없었다. 술에 취해 멍한 눈으로 다가오는가 하면 손찌검을 하려 들 때도 있었다.

그런데 그녀는 이런 끔찍한 일이 벌어져 마음속에서 학대와 배신에 대한 분노가 불같이 타오를 때마다, 약혼 시절에 그가 해주었던 좋은 말을 떠올렸다고 한다. 그러면 잊은 지 오래인 그 따뜻한 말 한마디 속에 불쑥 남편의 참모습이 보였다고 한다. 그 선한 말은 하나님이 의도하신 그의 본연의 모습을 보여 주는 실마리였다. 진흙에 뒤덮인 진주가 그 말 속에 희미하게 반짝이고 있었다.

그때부터 그녀가 남편의 눈에서 본 것은 해방을 부르짖는 깊고 굶주린 절규였다. 남편을 볼 때마다 감옥에 갇혀 있는 타락한 영혼이 보였다. 그는 뭔지 모를 고통에 시달리며 거기서 헤어나지 못했다. 그녀에게 남편은 괴물이나 야수가 아니라 완전히 길을 잃은 불쌍한 자녀였다. 연민과 긍휼이 필요한 존재였다. 옛 추억에서 떠올린 사랑의 말 한마디에 모든 것이 열리면서 갑자기 남편이 전혀 다르게 보였다. 그리스도께서 십자가에서 내려다보신 그 모습을 그녀도 조금이나마 본 것이다.

그녀처럼 새로운 눈을 선물로 받으면 기적이 벌어진다. 자고로 누군가가 예수님의 눈으로 보아 준 사람들은 갑자기 변화되어 회복이 가능해진다. 그들 속에 유실되어 묻혀 있던 자녀의 신분을 누군가 알아보았기 때문이다. 예수님의 눈과 제자의 눈은 진주를 알아볼 뿐 아니라 그것을 '해방'시키는 능력이 있다. 하나님 자녀의 신분을 상대의 속에서 밖으로 끌어낸다.

하나님의 눈으로 일그러진 참 모습을 보다

우리도 원한다면 누구나 그렇게 쓰임 받을 수 있다. 증오와 원한에 찬 타락한 악인이 당신을 만났는데 당신이 그의 참모습을 볼 줄 안다면 그는 형언할 수 없는 해방을 경험한다. 그러나 당신이 그의 더러운 외피만 보면 상대는 오히려 진흙과 적의의 갑옷을 더 끼어 입어 철통방어를 펼 수밖에 없다. 반항과 고집으로 한층 더 고립될 수밖에 없다.

그러나 당신이 그의 갑옷을 투시하여 내면까지 볼 수 있다면 그는 해방을 경험할 것이다. 내면을 보게 되면 세리와 창녀도 하나님이 사랑하시고 마음 아파하시는 자녀임을 알게 된다. 정말이지 당신이 아는 모든 불행하고 삐딱하고 악한 사람들은 하나같이 예수님과 제자의 그 눈빛을 기다리고 있다. 그 눈빛이 그들을 치유하여 더 나은 사람이 되게 한다. 당신도 그렇듯이 그들도 다 남들이 자기를 새로운 눈으로 보아 주기를 소원한다. 그리고 오직 예수님만이 그 새로운 눈을 창조하실 수 있다.

몇 년 전에 나는 심방 중에 어느 가정의 탕자를 만난 적이 있다. 그는 자기 어머니를 수치와 슬픔에 빠뜨리며 속을 썩였다. 내가 그 집에 들어가자 그는 피아노 앞에 앉아 "깊은 데서 주께 부르짖고"라는 성가를 연주했다. 표정이 자못 진지해 보이기까지 했다. 어찌된 일인지 의아해하고 있는데 그의 누나가 '저 지독한 위선자'라고 경멸조로 야유하는 소리가 들렸다. 그녀는 가족이자 원수인 그에게 적대적 반응을 보였고, 인간적으로 보면 아무도 그것을 잘못이라 말할 수 없었다. 그는 정말 위선자가 되어 연기하는 기색이 역력했다.

하지만 그런 순간에도 예수님 제자의 눈은 뭔가 다른 모습을 보아야 하지 않겠는가? 그 청년이 피아노로 성가를 연주하며, 해방과 구속(救贖)을 바라는 길 잃은 자녀의 절규를 음악으로 쏟아낸 것은 정말 가식이었을까? 그의 실체는 여전히 비정한 죄인이었을까? 혹시 정반대가 아닐까? 그의 실체는 구속을 열망하는 갈급한 자녀가 아닐까? 오히려 그의 타락한 상태가 한낱 가면과 가식이 아니었을까? 그의 참모습이 일그러진 것이 아닐까?

미움으로 얼룩진 세상은 예수의 제자를 기다린다

예수님과 교제하는 사람은 누구나 가치관이 전복될 수밖에 없다. 눈이 새로워졌으니 당연히 모든 게 달라 보인다. 그뿐 아니라 이 눈은 상대를 변화시키는 힘도 얻는다. 예수님의 눈이 이루신 기적을 그분의 제자인 우리도 똑같이 이룰 수 있다. 우리에게 그런 능력이 주어졌다. 그분은 완전히 딴 길로 빗나간 동료 인간들, 강도들, 창녀들, 죄인들을 하나님의 자녀로 보셨고, 그렇게 보심으로서 그들을 변화시키고 탈바꿈시키셨다.

이제 우리는 시기하고 미워하고 방해하는 사람들을 비난하는 것에 그치지 않는다. 그들을 대하는 더 좋은 방법을 알기 때문이다. 이제 우리는 치사하고 반감이 들고 거슬리는 사람들을 멀리하지 않는다. 내 마음에 들고 뭔가 얻어낼 게 있는 사람들과만 어울리지도 않는다. 예수 그리스도의 교회인 우리를 이런 공동체가 되게 해주셨으니 하나님께 감사해야 한다.

세상은 증오와 질투, 비방자와 무뢰한, 이익 추구와 냉정한 사리사욕이 넘치는 곳이다. 이런 세상에서 우리는 늘 상실된 자녀의 신분에 주목해야 한다. 이런 세상에서 그리스도인들은 늘 눈을 뜨고 바라보아야 한다. 내 삶을 힘들게 하고 나에게 삐딱하게 구는 사람들은 모두 예수 그리스도께서 피로 값 주고 사신 사람들이다.

이제 우리는 예수 그리스도께서 그들 가운데 계셔서 함께 음식을 드시고 동일한 세례를 받으시는 것을 새로운 눈으로 본다. 그분은 마지막 고통의 시간에도 그들을 거부하지 않으시고 오히려 기도와 사랑으로 십자가 밑에 품으셨다. 우리를 시기하고 미워하는 사람들 가운데 계시는 예수님께서 우리에게 요구하신다. 그분과 같은 입장에 서서, 처참히 파괴된 자녀의 신분을 우리의 형제자매들 안에서 찾아내라 하신다.

이것이 바로 복음이다. 원수를 사랑하라는 까다롭고 이상한 말까지 모두 통틀어서 말이다. 미움과 복수로 숨이 막혀 죽어가는 이 세상은 예수님 제자들의 새로운 눈, 새롭게 하는 눈을 기다리고 있다. 그 눈은 인간 본연의 신분이 하나님의 자녀임을 볼 줄 알며, 그리하여 이웃의 마음에는 물론 원수의 마음에까지 건너가는 다리를 볼 줄 안다.

당신의 신경을 건드리는 그 이웃도 이 눈빛을 기다리고 있다. 당신과 사이가 좋지 않은 직장 동료, 당신의 속을 썩여 어찌해야 좋을지 막막한 아들, 당신을 지독히도 실망시키는 남편, 그밖에 당신의 삶 속에 긴장과 불화를 일으키는 모든 사람도 다 마찬가지다.

그들은 다 예수님께서 보신 자신의 모습을 당신이 찾아내 주기를 기다리고 있다. 그런 그들을 위해 그분은 기꺼이 죽으셨다. 친구와 적, 선인과 악인 할 것 없이 그들 모두가 하늘에 계신 아버지의 사랑받는 자녀이며 죄 중에 방황하는 자녀다. 고통 중에 신음

하는 그들을 그분은 지금도 찾고 계신다.

그들 속에 있는 하나님의 자녀를 알아보고 사랑으로 그것을 이끌어 내 줄 사람이 당신이 아니면 누구이겠는가? 당신도 예수님의 눈길 아래에 있어 그분이 당신을 자녀로 보아 주시니 말이다.

"우리가 … 긍휼하심을 입은 대로 낙심하지 아니하고"(고후 4:1). 낙심은 최악의 일이다. 견디지 못하고 지쳐서는 안된다. 우리는 누구나 삶 속에서 너무 쉽게 낙심한다. 하나님 자녀의 신분이 온갖 잡다한 모양으로 감추어져 있어 잘 보이지 않기 때문이다.

하지만 자녀들의 아버지이신 그분을 믿어야 하듯이 우리는 자녀의 신분도 믿어야 한다. 하나님의 은혜가 아침마다 새로운 사람은 늘 새 힘을 얻는다. 그리고 그 사랑으로 다시 이들에게 새 힘을 준다.

그러므로 너희는 이렇게 기도하라

하늘에 계신 우리 아버지여 이름이 거룩히 여김을 받으시오며

나라가 임하시오며 뜻이 하늘에서 이루어진 것 같이 땅에서도 이루어지이다

오늘 우리에게 일용할 양식을 주시옵고

우리가 우리에게 죄 지은 자를 사하여 준 것 같이 **우리 죄를 사하여 주시옵고**

우리를 시험에 들게 하지 마시옵고 **다만 악에서 구하시옵소서**

(나라와 권세와 영광이 아버지께 영원히 있사옵나이다 아멘)

마태복음 6:9-15

PART 2

현실과
믿음 사이에서

"사람에게 보이려고 그들 앞에서 너희 의를 행하지
않도록 주의하라. 그리하지 아니하면 하늘에 계신
너희 아버지께 상을 받지 못하느니라. 그러므로 구
제할 때에 외식하는 자가 사람에게서 영광을 받으
려고 회당과 거리에서 하는 것 같이 너희 앞에 나
팔을 불지 말라. 진실로 너희에게 이르노니 그들은
자기 상을 이미 받았느니라. 너는 구제할 때에 오
른손이 하는 것을 왼손이 모르게 하여 네 구제함을
은밀하게 하라. 은밀한 중에 보시는 너의 아버지께
서 갚으시리라."

― 마태복음 6:1-4

1

네 구제함을 은밀하게 하라

믿음의
배당금

지난주 나는 교회를 다니지 않는 사람들에게서 많은 편지를 받았다. 그들의 종교적 입장은 아주 다양했지만 놀랍게도 다음 문구가 거의 토씨 하나 틀리지 않게 편지마다 되풀이되었다. "나는 기독교 윤리를 전적으로 받아들입니다."

물론 여기서 기독교 윤리란 다음과 같은 의미다. "나는 사고방식과 행동 양식과 동료들을 대하는 태도에서 소위 기독교인들과 어느 정도 공통된 면이 있습니다. 나도 이웃 사랑이나 절대자에 대한 책임에 찬성합니다. 십계명에 나타난 윤리 기준이 나에게 해당됨도 인정합니다. 물론 내가 그렇게 하는 이유는 기독교인들이 제시하는 것과는 다를 수 있습니다. 교회에 다니는 당신들은 천국의 상을 중시하지만 나는 그런 개념에 전혀 관심이 없습니다. 내가 기부하는 시간과 돈이 성경의 표현대로 구제라 불리는 것도 나는 싫습니다. 하지만 실제로는 다 같은 일이지요. 그런 면에서 나는 기독교 윤리를 전적으로 받아들입니다."

우리는 선행에 걸려 넘어질 수 있다

그런데 정말 이상하지 않은가? 산상수훈 전체와 특히 마태복음 6장 1-4절 말씀에 기독교 윤리에 대한 언급은 거의 없고, 오히려 전혀 다른 주제가 다루어지고 있으니 말이다. 그 배후에는 분명히 무슨 뜻이 있을 것이다. 게다가 예수님께서 본문에서 윤리적 행동 규범을 전혀 제시하지 않으심은 결코 우연이 아니다. 그분은 "이웃 사랑을 너희의 행위로 증명해야 한다. 이웃을 위해 희생하며 기꺼이 무엇이든 주어야 한다"라고 말씀하지 않으신다. 오히려 "사람들 앞에서 너희 의를 행하지 않도록 주의하라"고 말씀하신다.

"주의하라, 조심하라"는 당부는 밤중에 가로등 없는 캄캄한 길을 걸을 때 듣던 말을 떠올리게 한다. 갑자기 도랑이나 돌멩이나 얽힌 나무뿌리에 발을 헛디디면 균형을 잃고 넘어지기 십상이다. 마찬가지로 우리는 선행에 걸려 넘어질 수 있다. 자신의 기독교 윤리에 발을 헛디뎌 영적으로 목이 부러질 수 있다.

마태복음 6장에서 예수님은 같은 의미의 경고를 하신다. 그것은 두 가지 특징이 있다.

첫째, 선행 자체가 당연한 일로 전제된다. 선행은 굳이 따로 명령이 필요 없는 주제다. 지금 예수님의 말씀을 듣고 있는 청중은 하나님의 눈길 아래서 살기를 원하는 사람들이다. 그들은 그분의 자비를 경험한 적이 있으며 따라서 그 자비가 자신을 통해 이웃에게 흘러나가야 함을 안다. 폐쇄되어 죽은 연못처럼 자신의 속에만 그것을 쌓아 두어서는 안 됨을 안다. 그런 그들에게 구제를 해야 되는지 여부는 전혀 문제가 되지 않는다. 루터의 말마따나 땡볕에 놓인 돌은 저절로 뜨거워지기 때문에 굳이 뜨거워지라고 명령할 필요가 없다. 그래서 예수님도 우리에게 소위 도덕적 계명을 내놓지 않으신다.

둘째, 예수님은 선행을 할 것이지 여부에는 의문이 없으나 선행 자체에 문제를 삼으신다. 선행이라는 말에는 수많은 문제가 잠재되어 있다. 선행이라는 길을 걷는 당신 앞에는 나무뿌리와 돌멩

이가 지천에 널려 있다. 거기에 걸려 비참하게 넘어지지 않는다면 정말 하나님의 기적이다. 그래서 예수님은 이런 경고를 말하신다. "주의하라, 주의하라! 마침내 선행에 성공했다 해도 너희는 아직 숲 밖으로 나온 것이 아니다. 너희가 마음을 짜내서 선한 일에 기부하거나 집 없는 난민에게 방을 내주거나 도움이 필요한 사람에게 값진 시간을 냈다면, 진짜 위험은 그때부터 시작된다! 지갑을 열 때마다 나팔을 불기에 바쁘다면 너희의 선행은 완전히 가치를 잃는다. 요란하게 떠들어 주목을 끌지 말라. 남들의 주목만 아니라 '이 몸이 나가신다, 얼마나 고상한 사람인가!' 하고 자신의 주목도 끌지 말라.

너희는 자신의 선과 친절에 감격하여 눈물도 흘릴 수도 있지 않으냐? 상이 따를 수 있으나 거기에 과욕을 부리면 너희의 선행은 가치가 떨어진다. 너희 모두는 은근히 상벌의 의식구조 속에 살고 있지 않으냐? 무슨 역경이라도 닥치면 그동안 내가 하나님을 위해 이것저것 했으니 하나님도 당연히 내게 갚아 주셔야 한다고 기를 쓰며 계산하지 않느냐? 너희의 모든 선행 속에 남몰래 아주 엉큼한 속셈이 들어 있지 않으냐?"

어쩌면 우리 모두는 하나님과 인간의 인정, 위신, 명예, 좋은 평판을 바라지는 않는가? 이보다 더 많은 것을 바랄지도 모른다. 우리는 조명이 환한 무대 위에서 활보하며 으스대지 않는가? 오케

스트라에 앉아 계신 선하신 주님과 이웃과 동료로부터 박수갈채와 많은 꽃다발과 악수를 받고 싶어서 말이다.

갈렌 주교(Bishop Galen)는 자신의 유언에 감동적인 글을 남겼다. 사람들은 그의 용기와 담대한 신앙과 정직을 칭송할지 모르지만 하나님만은 그 자신의 속속들이 비참한 실상을 아신다고 말이다. 이는 인간의 이런 은밀한 속내를 두고 한 말일 것이다.

예수님은 우리의 도덕적 허세라는 나팔 소리를 들으시고 우리의 자화자찬과 타산적 흥정을 보신다. 그리고 슬퍼하신다. 자신의 백성이 그 모든 기독교 윤리에도 불구하고 뻔히 재난으로 치닫기 때문이다. 자만의 나팔 소리에 파묻혀 선한 목자의 경고는 더 이상 그들에게 들리지 않는다. 그래서 그분은 이렇게 외치신다. "주의하라, 주의하라! 너희가 하나님의 계명을 지키기 시작했다면 그때부터 진짜 문제가 시작된다. 그때부터 진짜 위험이 닥친다."

상의 의미가 무엇인가

예수 그리스도의 경고를 귀담아 들으려면 어떻게 해야 할까? 우리의 착한 양심과 선한 의지와 윤리적 원칙이 아무리 훌륭하다 해도 그것에 의지해서는 어림도 없다. 그리스도인은 삶의 깊은 데서 울리는 목자의 음성을 들어야만 한다.

한때 나를 돌보아 준 한 간호사는 일처리가 신속 정확하며 희생적이기까지 했다. 그녀는 20년 동안 주로 야간에만 일했다. 한번은 내가 그녀에게 야간에 근무하는 것은 몸이 힘들어 탈진이 올 수도 있는데 어디서 그런 힘이 나느냐고 물었다. 그녀는 환하게 웃으며 대답했다. "그게 말이죠, 하룻밤 일할 때마다 천국의 내 면류관에 보석이 하나씩 더 박히거든요. 이미 7,175개나 되었답니다."

그녀의 말을 듣고 난 후 고마운 마음이 사라진 것은 왜일까? 그녀의 사랑과 희생을 더 이상 믿을 수 없었고 안전한 느낌도 사라져 버렸다. 나를 도와주는 그녀의 태도가 마치 투명인간을 대하듯 보는 둥 마는 둥 하는 것 같았다. 그녀의 시선은 남몰래 천국의 면류관에 고정되어 있었고 그 반짝이는 영광을 음미하고 있었다.

사람이 하늘 아버지를 위해 선행에 힘쓰면서 동시에 이웃을 멸시하고 모욕할 수 있다니 끔찍하지 않은가? 그 간호사가 한 일이 바로 그것이다. 맡겨진 환자들은 그녀의 목적을 이루기 위한 수단이었다. 그녀는 그들을 예수님의 눈으로 보지 않았다. 예수님은 말씀을 듣기 위해 모인 자들의 비참한 처지를 불쌍히 여기셨고, 하늘 아버지의 자녀들이 질병과 고난과 죽음의 파괴적 세력에 노출되어 있다는 사실에 끊임없이 가슴 아파하셨다. 그래서 그들을 고난과 죽음이 없는 아버지의 나라로 데려가시려고 친히 목숨을 버리셨다.

그런데 이 간호사는 환자들을 자신의 만족을 위한 수단과 소재로 이용했을 뿐이다. 그녀가 심취해 있던 생각은 따로 있었다. 물론 그녀가 탁월한 간호사라는 점에는 의문의 여지가 없으나 이 값진 일을 탁월하게 수행하면 자신의 자격이 더욱 입증되고 천국 은행에 자신의 잔액이 계속 늘어난다고 생각한 것이다.

그렇다면 이제 예수님께서 그런 사람을 '외식하는 자'(위선자)라고 부르시는 이유를 이해할 수 있다. 물론 그분이 생각하신 의미는 우리가 흔히 그 단어를 쓸 때보다 훨씬 깊다. 보통 우리는 의식적으로 부정직하게 행동하는 사람이나 남을 마음대로 휘두르는 사람을 위선자라 생각한다. 착한 척해서 다른 정직한 사람에게 신임을 얻어낸 뒤 된통 속여 먹고 쾌재를 부르는 사기꾼을 떠올릴 수도 있다. 우리 상상 속의 위선자는 양의 탈을 쓴 이리다. 속아 넘어가는 상대를 지켜보며 좋아서 어쩔 줄 모르는 사람이다.

하지만 그 간호사나 우리는 자신이 이런 위선자나 양의 탈을 쓴 이리처럼 취급되는 데 극구 반대할 것이다. 우리의 행동이 분명 선한 의도에서 비롯된 것이기 때문이다. 떳떳한 취지로 남을 도왔다고 변명할 것이다. 물론 이것만은 엄연한 사실이며 결코 비난받을 일이 아니다.

예수님께서 쓰신 위선자라는 단어에는 우리의 생각보다 더 깊은 뜻이 있다. 즉 자신도 모르게 자가당착에 빠질 수 있음을 주의하라는 이야기다. 우리는 까다롭거나 귀찮거나 전혀 쓸모없는 사람을 도울 때 사실은 자신의 이익을 도모할 뿐이면서 사뭇 진지하게 하나님을 섬긴다고 생각할 수 있다. 우리가 남을 돕는 이유는 그에게 부채감을 심어 주고 싶어서일 수도 있고, 일단 베풀어서 나를 의지하게 만드는 본능적 쾌감이 좋아서일 수도 있다. 남의 화복이 내 손에 달려 있으면 정말 기분이 좋지 않은가? 니체는 이러한 우리의 은밀한 동기를 폭로한다. "나는 모든 인간의 주인이 되고 싶지만 무엇보다 신의 주인이 되고 싶다."

어떤 것도 십자가를 이길 수 없다

우리의 행동 속에 숨어 있는 이 모순, 그것이 진짜 위선이고 정신분열증이며 자연인의 이중인격이다. 그런 사람은 양다리를 걸친 채 계속 양쪽을 힐끔거린다. 그러나 흔히 우리는 자신의 이런 모습을 알아차리지 못한다. 그래서 최후의 심판 날에 자신이 위선자로 불리면 이게 어찌된 일인가 싶어 깜짝 놀랄 것이다. 그때 우리는 하나님이 당연히 내 뒷 사람을 그렇게 부르신 줄로 알고 뒤를 돌아볼지도 모른다.

그날에 사탄은 당신과 나의 모든 위선을 까발리며 신나게 고발할 것이다. 그 전형적 방법이 욥기에 묘사되어 있다. 욥은 더할 나위 없이 훌륭하고 정직했다. 기도와 선행에 앞서는 사람이었다.

그의 순결한 성품과 좋은 평판에 의문을 제기할 만한 정당한 근거는 성경 어느 부분에도 나오지 않는다. 착한 욥은 양심도 정말 깨끗했다. 그런데 은밀한 고발자인 사탄은 이 선한 양심의 정당성에 감히 이의를 달았다. 그는 하늘의 주께 말한다. "물론 욥이 정말 착한 사람인 것은 저도 인정합니다. 하지만 그가 착한 데는 한 가지 전제조건이 있습니다. 즉 세상에는 신상필벌(信賞必罰)이라는 높은 도덕적 질서가 있기 때문입니다. 세상에 정말 가시적인 정의가 작동하고 있어 누구나 하나님을 섬기며 착하고 정직하게 살면 그 혜택을 누릴 수 있습니다. 그러나 그 기초를 없애 보십시오. 그의 삶을 지배하는 이런 인생관을 없애 보십시오. 그는 분명 신앙을 잃을 것이고, 그의 입에서 경건한 찬송 대신 저주만 나올 것입니다."

남달리 선한 욥을 부당하게 해칠 권한이 주어지자 사탄은 온갖 재난을 앞세워 이것에 성공했다. 욥이 자신의 신앙과 하나님을 회의하기 시작한 것이다. 정의로운 질서를 믿던 인생철학이 거품처럼 사라지고 허무함이 눈앞에서 자신을 비웃자 곧 욥의 믿음도 무너졌다. 욥의 이야기가 무서운 것은 마귀의 악의적 의심이 결국 옳기 때문이다. 욥의 흠이 없던 삶은 하나님의 영광을 위한 것만은 아니었다. 그가 착하고 경건했던 이유는 "하나님이 선인을 악인의 종으로 내주지 않으신다"라는 생각 때문이었다. 착한 사람일수록 삶이 더 자유롭고 행복해진다고 여긴 것이다.

보다시피 여기에도 위선이 숨어 있다. 이런 위선 때문에 욥이나 우리의 양심은 믿을 게 못 된다. 양심은 우리를 편들고 위로하고 어루만지는 경향이 있기 때문이다. 그나마 양심을 절반이라도 진지하게 대한다면 말이다. 그래서 우리는 늘 자신의 행위가 옳으며 하나님의 복이 임해야만 한다고 생각한다. 하지만 궁극에 이르면 양심은 무력해진다. 양심은 결코 하나님의 음성이 아니다. 하나님의 말씀에 붙들리지 않은 양심은 위험한 환영(幻影)이며 끝없는 독선의 광맥이다. 자아의 변호사며 귀에 솔깃한 아첨꾼이다.

그러므로 한 가지 분명한 사실이 있다. 마귀의 공격과 양심의 방어가 싸우면 항상 마귀가 이긴다. 마귀의 눈초리가 우리의 양심보다 예리한데, 그는 아군이 아니기 때문이다. 항상 아군보다 적군이 우리의 약점을 더 잘 간파하는 법이다. 그래서 우리는 잠시 멈추어 마귀의 말을 들어 볼 필요가 있다. 그러면 최후의 심판 날 그가 우리를 고발할 때 어떤 죄목을 선호할지 알 수 있다. 사실 사탄이 우리에게 말해 줄 몇 가지 진실이 있다. 고발자의 비수에 진실이 묻어 있다.

그 비수의 쓴맛을 보아야만 우리는 사도 바울이 무슨 근거로 사탄의 면전에 이렇게 쏘아붙였는지 알 수 있다. "누가 능히 하나님께서 택하신 자들을 고발하리요. 의롭다 하신 이는 하나님이시니 누가 정죄하리요. 죽으실 뿐 아니라 다시 살아나신 이는 그리스도 예수시니 그는 하나님 우편에 계신 자요 우리를 위하여 간구하시는 자시니라"(롬 8:33-34).

이 말이 무슨 의미인지 알겠는가? 고발자는 하나님의 보좌를 향해 이렇게 속삭인다. "여기 위선자가 옵니다. 위선의 왕 바울이 옵니다!" 이때 바울은 자신의 선한 양심에 호소하지 않는다. 아니, 그의 말은 이런 것이다.

"당연히 내 안에도 위선이 있을 것이다. 내 은밀한 허물과 숨은 동기는 하나님만이 아신다. 하지만 나는 더 이상 위선자 바울이 아니다. 나는 예수님과 함께 멍에를 진 자이며 이를 위해 구주께서 내 모든 죄악과 결점을 친히 그 어깨에 지셨다. 이를 위해 그분이 죽으셨으니 이제 나는 그분의 '피와 의'를 의지하여 나아간다. 그것이 나의 '아름답고 영광스러운 옷'이다. 내 몸에 주 예수 그리스도의 흔적을 지녔으니 아무도 나를 괴롭게 하지 말라.

그러니 나의 고발자여, 네가 무엇을 할 수 있겠느냐? 네가 나를 고발하는 모든 죄목은 설령 사실일지라도 더 이상 나에게 아무런 영향을 미치지 못한다. 나는 네가 생각하는 그런 사람이 아니기 때문이다. 내가 내 이름으로 나아간다면 네 말이 옳겠지만, 나는 내 이름이 아니라 나를 사랑하사 나를 위하여 자신을 버리신 예수 그리스도의 이름으로 나아간다. 네 말재주로 갈보리의 십자가를 능히 이길 수 있다면 나는 완전히 네 것이 되겠지만, 너는 절대로 십자가를 이길 수 없다. 십자가에 달리신 그분이 너보다 강하시며 그분의 피가 나를 모든 죄에서 깨끗하게 하신다. 그러니 너는 나를 아버지께로 통과시킬 수밖에 없다."

이것이 바울이 고발자를 향해 하는 말이다. 고발자는 그 말에 말문이 막히고 아버지는 이미 내게 두 팔을 벌리고 계신다. 영광과 권세와 위엄 중에 아버지의 오른편에 앉아 계신 주님이 내 모든 말을 확증해 주시기 때문이다. "아버지여, 내게 주신 사람들을 내가 다 보전하였나이다. 사랑하는 아버지여, 보소서. 이 사람도 내 형제 중 하나이옵니다."

하나님 보좌의 오른편에서 바로 그 말씀이 들려올 것이다.

상을 위해 선행을 하는 것이 옳은가

산상수훈에서 예수 그리스도께서 하시는 말씀은 마귀가 우리에게 하는 말과 똑같다. 우리 삶의 어두운 구석과 은밀한 위선에 대한 말씀을 지금 여기서 주님의 입을 통해 들을 수 있으니 얼마나 다행인가! 그래야 장차 최후의 심판 날에 그분에게서 위로와 구원의 말씀을 받을 테니 말이다.

오직 예수님만이 우리를 마귀보다 더 잘 아시고 심지어 우리 자신보다도 더 잘 아신다. "이는 그가 친히 사람의 속에 있는 것을 아셨음이니라"(요 2:25).

그런데 우리의 위선에 대한 말씀을 그분이 하시면 완전히 다른 의미가 된다. 그분은 동시에 자비로운 치유의 손길로 우리 마음의 상처를 어루만져 주신다. "주의하라"는 말씀을 그분에게서 들으면 얼마나 다른가? 그 속에 자신의 사람들을 염려하시는 그분의 애정과 아픔이 들어 있다. 이 애정을 느끼기에 우리는 그분이 들려주시는 진실을 기꺼이 듣는다. 마귀가 말할 때는 진실에 대한 반감이 솟구치지만, 이제 내면의 그 반감이 녹아내린다.

우리의 모든 저항이 예수님의 임재 안에서 무너져 내리니 얼마나 놀라운 일인가! 알다시피 그분은 처참히 패배하여 넘어진 우리를 그냥 두지 않으시고 다시 일으켜 세우신다. 죄가 더할수록 우리를 더 사랑하신다.

하지만 그럼에도 고개를 드는 심각한 회의가 있다. 우리 마음속에 이런 위선과 지독한 자가당착이 생겨나는 데 예수님도 조금은 일조하지 않으셨는가? 그분이 친히 이 본문과 기타 여러 곳에 우리가 천국에서 받을 상에 대하여 말씀하지 않으셨는가? 상의 개념을 말씀하심으로 그분은 이웃과 그의 필요보다 천국의 내 은행계좌에 더 집중하는 우리의 성향을 불가피하게 조장하지 않으셨는가? 선이란 그 자체를 위해서 행해야 하는 게 아닌가?

그런데 예수 그리스도는 친히 상을 말씀하신다. 그러면 환자를 긍휼로 돌보지 않고 목적을 이룰 수단으로 이용한 그 간호사를 우리가 어떻게 나무랄 수 있겠는가?

위대한 윤리사상가인 임마누엘 칸트(Immanual Kant)의 말을 빌리면 최악의 부도덕은 타인을 목적의 수단으로 이용하는 것이라 했다. 매매춘이 부도덕함은 하나님께 지음 받은 한 생명을 정욕을 채우는 수단으로 이용하기 때문이다. 사회 질서도 타인을 희생시켜 권력과 부를 축적하도록 허용한다면 부도덕해진다. 이때의 타인은 노예에 지나지 않으며, 생명으로 존중받기는커녕 한낱 물건과 생산 수단으로 간주된다. 가장 세련되고 교묘한 형태의 부도덕은 타인을 돕되 단지 나 자신이 구원받고 천국의 내 계좌를 불리려는 이기적 목적으로 그리할 때 발생한다. 요컨대 예수님께서 우리를 이런 부도덕에 빠지지 않도록 최소한 막지 않으시고 오히려 상의 개념을 말씀하신 것은 정말 현실적인 난제가 아닌가?

하늘의 상의 의미를 오해하지 말라

그렇다면 이웃을 도우려는 우리의 관심이 귀한 것이며 거기에 "상"이 따른다는 예수님의 말씀은 무슨 뜻인가? 그분이 기술하신 최후의 심판 속에 아주 명쾌한 답이 나온다(마 25:31). 최후의 심판 날에 그분이 우리에게 일깨워 주실 사실이 있다. 그분은 숨어 계신 그리스도로서 늘 이 땅을 걸으시며 굶주린 사람, 집 없는 사람, 외로운 사람, 옥에 갇힌 사람 등으로 수없이 우리를 만나셨다. 마태복음 25장 40절의 말씀이 이를 증명해 준다. "너희가 여기 내 형제 중에 지극히 작은 자 하나에게 한 것이 곧 내게 한 것이니라."

당신에게 과감히 묻겠다. 한 인간을 주님의 형제로 보고 그의 안에 숨어 계신 구주를 보는 것보다 더 그를 존중하는 방법이 있는가? 가장 가난하고 멸시받는 사람보다 나 자신을 더 높여도 되는가? 내 도움이 필요한 사람 위에 올라서서 마치 내가 주인된 것처럼 생색을 내어도 되는가? 그 늙고 약하고 쓸모없는 사람을 구주께서 친히 보호하시며 글자 그대로 자신과 동일시하시는데도 말이다. 구주께서 인간에게 부여하신 존엄성보다 더 높은 존엄성이 있는가?

이는 마치 내 어머니의 유품 중에 들어 있는 초라하고 빛바랜 사진 한 장의 존엄성과도 같다. 물질적 가치나 예술적 의미는 전혀 없는 시시한 사진이지만, 어머니의 눈길이 머물렀고 어쩌면 어머니의 재봉틀 위에 놓여 있었다는 사실만으로 내게 무한한 가치를 지닌다. 마찬가지로 인간도 주님의 눈길이 그에게 머물러 있고 예수님께서 사랑으로 그를 생각하신다는 사실만으로 가치를 얻는다.

정말 그렇지 않은가? 만일 이웃을 목적의 수단으로 삼아 천국의 내 계좌를 불리는 데 이용해도 된다고 생각한다면, 우리는 예수님이 말씀하신 상의 의미를 근본적으로 오해한 게 분명하다. 앞서 말한 간호사에게 상이 보장될 거라고 한시라도 생각한다면 필시 우리는 상의 의미를 완전히 놓친 것이다.

그리스도께서 상이라는 단어를 쓰심은 단순히 행위의 질을 표현하시기 위해서다. 그분은 우리의 행위에 가치와 유익과 보람이 있는지 여부와 그 이유를 자문하게 하신다. 그런 의미에서 자신의 행위에 진지한 사람치고 누구도 상의 문제를 피해갈 수 없다. 어떤 일을 그 자체를 위해서 하는 사람도 거기에 유익과 보람이 있다는 개념을 중시하기는 마찬가지다. 그 일 자체가 그만큼 중요하고 보람되기 때문이다.

이상주의자는 상이나 이익을 바라지 않고 도덕적으로 행동하는 게 인간의 도리라 단언한다. 예컨대 군인은 용감해야 하고, 간호사는 환자를 돌보아야 하고, 이웃집에 불이 나면 도와야 하고, 이웃에게 옷이 없으면 여벌옷을 주어야 한다. 하지만 이런 이상주의자도 자신이 그런 행위의 보상을 받고 있다고 여긴다. 이 경우의 보상이란 그가 자신을 희생하고 재물을 내줄 때 자신의 도리 즉 인생의 가장 깊은 의미와 목적에 충실을 기하고 있다는 그 사실 자체다. 그래서 발터 플렉스(Walter Flex)는 삶의 진정한 행복이란 생각과 행동이 조화를 이루는 상태, 자신의 소신을 삶으로 실천할 수 있는 상태라 말했다. 그의 소신은 진정 인간다워지려면 희생과 헌신이 요구된다는 것이다. 보다시피 이런 조화 자체가 삶을 보람되게 한다.

하나님의 상은 물질이 아니라 그분의 마음이다

앞서 이미 살펴보았듯이 어떤 인생관을 막론하고 보상의 문제
는 튀어나오게 되어 있다. 그 문제가 상존하지 않는 생각이나 행동
이란 없다. 그러므로 우리는 문제를 다른 방식으로 제기하여 되물
어야 한다. 이웃을 돕고 희생하고 자신을 온전히 내줄 때, 그 보상
은 무엇으로 이루어지는가?

이웃 사랑의 보상 내지 의미는 그 일을 하나님을 위해서 한다
는 사실로 이루어진다. 우리가 이웃을 사랑하는 이유는 순전히 그
분이 지극히 가난한 사람들을 통해 우리와 만나기 원하시기 때문
이다. "무슨 일을 하든지 마음을 다하여 주께 하듯 하고 사람에게
하듯 하지 말라." 이 일도 우리는 그분을 위해서 한다. 지극히 가난
하고 보잘것없는 사람들을 값 주고 사신 그분의 크고 거룩한 희생
을 헛되지 않게 하기 위해서다. 그래서 우리는 사랑하고 희생할수
록 그분과의 교제가 더욱 깊어진다. 포도나무이신 그분의 가지답
게 점점 변해 간다.

오직 이 사실만이 우리의 "방패요… 지극히 큰 상급"이다(창
15:1). 즉 예수님께서 우리를 자신의 몸의 지체요 친구로 삼아 주셨

다는 사실이다. 그분은 우리를 이끌어 세상과 죄와 난관을 이겨내게 하시며, 현세에나 내세에나 결코 우리를 버리지 않으신다. 그래서 우리의 행위는 보람과 의미가 있다. 나의 상은 이것이지 내 위선적 육신이 축적하려 탐내는 시시한 보석이 아니다. 하나님이 우리에게 주시는 상은 물질이 아니라 그분의 마음이다.

루터는 이 보상의 개념 속에도 이기적 동기가 숨어 있는지 보려고 《로마서 주석》에서 혹독한 시험을 자청했다. 앞서 이미 언급했듯이 그 과정에서 그는 다음과 같은 생각을 술회했다. "오 하나님, 저는 친밀하신 주님의 복만 누리려 하는지도 모릅니다. 그래서 이웃 사랑과 하나님을 향한 예배와 믿음과 신뢰까지 제가 하는 모든 일은 전혀 주님의 영광을 위해서가 아니라 그저 주님과 교제하는 고귀한 복을 누리고 싶어서인지도 모릅니다. 오 하나님, 그래서 저는 자신을 시험에 부칠 각오가 되어 있습니다. 저의 예배와 형제 사랑에도 불구하고 또 예수의 상흔을 믿는 저의 믿음에도 불구하고 주께서 제게 지옥의 나락을 선고하소서. 그러면 저는 이토록 실망스러운 저의 믿음조차도 불평 없이 감수하며 그 깊은 지옥에서도 주님을 찬송하겠나이다. 거기서도 주님의 뜻과 처분에 따르기로 고백하겠고, 거기서도 제가 상을 바라고 주님을 사랑한 게 아님을 증명하겠나이다. 하지만 이렇게 상념에 젖어 믿음의 극단적 시험을 묵상할 때조차도 제가 늘 아는 사실이 있습니다. 주님은 저를 지옥에 버리시기는커녕 오히려 이렇게 과감히 극도의 믿음의 도약에 나서는 자녀를 품에 꼭 안아 주실 것입니다."

신약성경에서 말하는 상의 의미가 무엇인지 위의 말 속에 궁극적이고 절대적이고 극단적인 방식으로 명확히 제시되어 있다. 상이란 내가 하나님의 약속과 자비에 전적으로 의존할 수 있다는 의미다. 그분이 결코 나를 버리지 않으실 것을 알기 때문이다. 따라서 내 생각이 아무리 경건하다 해도 거기에 대한 이득을 스스로 챙기려 할 필요가 없다.

설령 내가 지적인 폭력 행위로 억지를 부려, 하나님이 내 모든 믿음과 무관하게 내게 지옥의 나락을 선고하실 거라고 가정한다 하자. 그래도 그 가상의 지옥에서조차 그분의 자비는 내 마음보다 클 것이다. 그런 극도의 난폭한 방법으로 상의 개념을 떨쳐 버리려 해도 거기서도 최고의 상이 나를 기다리고 있을 것이다.

내 모든 계산과 추측을 버려도 좋고, 하나님의 말씀에 근거하여 엄숙히 확신하는 내 모든 권리와 나 자신의 믿음마저 내세우지 않아도 좋다. 그렇게 완전히 벌거벗고 연약한 상태에서도 나는 하나님이 '제일 좋은 옷'으로 벌거벗은 몸을 가려 주시고 한사코 내 방패와 지극히 큰 상급이 되어 주시는 데 놀랄 것이다. 요컨대 나는 여전히 그분의 자녀이며, 따라서 우리가 구하거나 생각하는 모든 것에 더 넘치도록 상을 받을 것이다.

지극히 작은 자를 통해 만나는 그리스도

이제 당신에게 다시 묻겠다. 이래도 구제라는 단어에 우리가 흔히 생각하는 선심의 의미가 있을 수 있겠는가?

우리는 구제를 적선하듯 베푸는 호의, 주인인 자신이 상에서 떨어뜨려 주는 부스러기 정도로 생각하는 경향이 있다. 자연히 그 구호품을 받는 사람은 우리의 아량에 매달려 게걸스레 부스러기를 받아먹는 개 정도로 간주되기 쉽다. 물론 풍자이지만 그렇게 표현하는 순간 우리는 구제가 하나님이 우리에게 해주시는 일에 대한 하나의 상징일 수 있음을 깨닫는다. 우리의 교만한 상상 속에서 대개 가난한 사람은 아무런 권리도 내세울 게 없이 그저 우리의 은혜와 긍휼에 의존해 있는 존재로 보인다.

하지만 우리야말로 하나님 앞에서 바로 그런 존재이다. 어쨌든 우리는 그분께 사랑받을 구석이나 자격이 전혀 없지만, 그래도 그분은 우리를 사랑하신다. 우리는 그분께 청구서를 내밀 수 없지만 그래도 그분은 우리의 빚을 갚아 주신다.

우리는 날마다 구주를 십자가에 못 박는다. 그러나 그분은 우리가 세운 그 십자가를 지신다. 박해의 상징물인 십자가를 높이 쳐들어 화평의 깃발로 탈바꿈시키신다. 다시 말해 모든 인간은 하나님의 구제 대상자인 빈민이다.

이 사실을 깨달았다면 우리의 구제 행위도 완전히 달라져야 하지 않겠는가? 우리가 은혜라도 베풀 듯 우쭐대며 구호품을 돌리는지 아니면 자신도 풍성하게 받은 자로서 감사하여 그것을 겸손히 남에게 나누는지, 구제 대상자들도 훤히 다 안다.

자비를 받은 사람만이 상대에게 수치나 망신을 주지 않으면서 제대로 베풀고 도울 수 있다. 따라서 구호품을 아무렇게나 던져 주는 교만한 손에서는 진정한 선물이 흘러나올 수 없다. 진정한 선물이란 상대를 돕고 세우는 선물이며 자비의 지극한 징표다. 이것은 하나님께 감사드리는 우리의 조용한 골방에서 흘러나온다. 그분은 여태까지 우리 삶 속에 온갖 과분한 복을 베푸셨다. 그분의 자녀로 삼아 주신 놀라운 영적 선물은 물론이고 음식과 물과 신발과 옷도 주셔서 늘 누리게 하신다. 그러므로 우리는 베풀고 희생하는 사람이 되어 하나님의 자비의 메신저가 되자. 여기 형제 중에 지극히 작은 자 하나에게 형제가 되어 주자. 그러면 우리의 형제이신 예수 그리스도께서 그들을 통해 우리를 만나 주실 것이다. 그러면 그것이 우리의 방패요 지극히 큰 상급이 된다.

당신의 구제와 기독교 윤리에 주의하라! 조심하고 신중을 기하라. 당신은 인간 형제 안에서 구주를 만날 수도 있고, 아니면 경건하게 원칙을 지키고도 하늘 아버지의 집을 잃을 수도 있다. "너희는 값으로 사신 것이니 사람들의 종이 되지 말라"(고전 7:23).

"또 너희는 기도할 때에 외식하는 자와 같이 하지 말라. 그들은 사람에게 보이려고 회당과 큰 거리 어귀에 서서 기도하기를 좋아하느니라. 내가 진실로 너희에게 이르노니 그들은 자기 상을 이미 받았느니라. 너는 기도할 때에 네 골방에 들어가 문을 닫고 은밀한 중에 계신 네 아버지께 기도하라. 은밀한 중에 보시는 네 아버지께서 갚으시리라.

또 기도할 때에 이방인과 같이 중언부언하지 말라. 그들은 말을 많이 하여야 들으실 줄 생각하느니라. 그러므로 그들을 본받지 말라. 구하기 전에 너희에게 있어야 할 것을 하나님 너희 아버지께서 아시느니라."

— 마태복음 6:5-8

2

너는 기도할 때에

하나님을 만날 수 있는
골방

얼마 전 나는 프리드리히 폰 보델슈빙(Friedrich von Bodelschwingh)의 유명한 자서전에서 네 명의 자녀를 2주 안에 차례로 사별한 사건을 회고한 장을 읽었다. 그 일로 부모는 말 못할 고통과 적막감에 잠겼다. 그런데 여기 참척(慘慽)의 사건 자체보다 더 가슴을 울리는 것이 있다. 물론 어느 아버지라도 자신의 어린 자녀들이 폭격으로 인한 죽음의 위협에 시시각각 노출된 적이 있다면, 못다 핀

순수한 유년의 꽃을 사신(死神)에게 유린당한 이 실화 앞에서 마음이 메어질 것이다. 하지만 이 대목에서 훨씬 더 사무치게 와 닿는 것은 보델슈빙이 자녀들의 죽음을 기록한 방식이다. 그는 사랑하는 자녀들을 하나하나 하나님 아버지의 손에 의탁했고, 자녀들 또한 "예수님의 어린양으로서 목자 되신 그분을 사모하고 고대했다"라고 전한다. 결국 이 이야기가 주는 깊은 감동은 무엇인가?

보델슈빙은 말로 다 할 수 없는 섬뜩한 시련이 닥쳐온 최악의 순간에도 하나님과의 교제를 잃지 않고 어린아이처럼 끊임없이 하늘 아버지와 대화했다. 그와 하나님의 대화는 단 한시도 답답하고 무거운 침묵에 굴하지 않았을 것이다.

우리도 삶의 가장 암울한 시절에 침묵을 겪어서 잘 알고 있다. 추후에 보델슈빙은 하나님이 참 가혹하실 수도 있음을 그때 처음 알았다고 말하기는 했지만, 그럼에도 결코 "하나님이 어떻게 이런 일을 허용하실 수 있는가?"라든지 "하나님이 나한테 왜 이러셔야 하는가?"라고 따지지는 않았던 것 같다.

삶의 두려움을 기도로 바꾸다

누구든지 그렇게 따지는 사람은 더 이상 하나님과 함께 말하는 게 아니라 그저 하나님에 대해 말하는 것이다. 그분을 변론의 주제나 논쟁거리로 삼는 것이다. 그렇게 말하는 배후에 함축된 의미는 다음과 같은 말로 표현된다. "하나님을 좀 더 면밀히 뜯어보자. 이런 걸 인간이 정말 믿을 수 있는가?"

물론 그 모든 변론에서 벌어지는 일은 거의 똑같다. 주제를 말로 조각조각 분해하다 보니 하나님은 우리 손안에서 녹아 없어지고 무성한 말잔치 속에서 질식사한다. 적어도 우리가 생각하는 하나님은 그렇게 된다.

확신하건데 보델슈빙은 삶의 위기 중에도 회의에 빠져 신을 죽인 끔찍한 순간이 없었다. 그는 하나님에 대해 말하는 것으로 멈추지 않고 삶의 두려움 자체를 기도로 바꾸었다. 십자가에 달리신 예수님의 모본을 따른 것이다. 예수님께서도 죽음의 고뇌 속에서 "나의 하나님, 나의 하나님, 어찌하여 나를 버리셨나이까"(마 27:46)라고 절규하셨지만 이는 회의와는 무관하다. 후자도 "어찌하여"라고 묻는다는 점에서는 비슷하지만 묻는 방식과 단어의 의미는 전혀 다르다.

전자는 하나님에 대한 말이며 후자의 경우는 하나님에 대한 절규일 뿐이다. 그 행위 자체가 하나님을 침묵시켜 그분의 음성이 더 이상 들리지 않게 만든다. 십자가에 달리신 예수님은 가장 깊은 시련 속에서도 여전히 기도로 아버지를 불렀다. "나의 하나님, 나의 하나님… ."

게다가 이 처참한 고뇌의 부르짖음은 구약성경의 표현을 입고 있다. 말하자면 그분이 아버지 자신의 표현으로 아버지께 말씀하신 것이다. 그 순간에도 그분은 아버지의 품안에 계셨다. 아버지의 얼굴이 완전히 사라져 버린 듯한 그 극한의 흑암 중에도 말이다.

이를 통해 우리는 "또 너희는 기도할 때…"라는 본문의 첫 소절을 더 잘 이해할 수 있다. 그 의미를 제대로 알아들었다면 예수님께서 무엇을 말씀하시는 지 알 수 있다.

기도는 우리에게 당연한 일이 아니며, 오히려 우리는 하나님과 함께 말하기보다 하나님에 대해 말하기를 더 좋아한다. 이 문구는 단지 정해진 기도 시간을 지칭하는 게 아니다. "기도 시간이 되거든 이렇게 해야 한다"라는 의미가 아니다. 그보다 이 문구는 조건절에 가깝다. "만일 너희가 조금이라도 기도하게 되거든 이렇게 해야 한다"라는 뜻이다.

이렇듯 기도는 자명하고 자동적인 일이 아니다. 항상 기도하고 하늘 아버지와 소통한다는 것은 불가능한 일이다. 우리에게 기도란 대체로 예외적인 일이다.

기도는 가끔씩 벌어지는 일이며, 그만큼 확실한 필요조건이 갖추어져야 하는 이유가 무엇일까? 왜 우리는 기도에서 실존의 참 본질과 기쁨을 얻기는커녕 기도 생활을 이토록 힘들어할까? 하늘 아버지와 교제하려면 왜 의지를 동원해야만 할까? 왜 우리는 늘 지쳐 있고 게으를까? 온갖 잡다한 뉴스나 온갖 짜증이나 심지어 눈앞의 온갖 낙이 우리의 기도를 죽이거나 몰아낼 수 있음은 왜일까? 결국 우리는 하나님에 대해서만 말하다가 시간이 지나면 그것마저 그만둔다. 누구든지 일단 하나님을 한낱 주제로 전락시키면 대개 얼마 후에는 더 급박하고 당면한 주제들로 넘어가게 마련이다.

그 이유는 기도가 더 이상 우리 삶의 모국과 집이 아니기 때문이다. 우리의 집은 세상이다. 온갖 세상 것들이 우리 안에 터질 듯이 쟁여져 있다. 돈과 양식에 대한 염려, 받거나 써야 할 편지, 동료와의 알력, 사업이나 직장에서 출세해야 한다는 부담, 비좁은 거주 공간, 불안한 긴장, 저녁이면 쏟아지는 잠, 묵상 아닌 걱정으로 자초하는 불면 등 이것이 우리를 장악하고 괴롭히는 세상이다.

세상이 돌아가든 멈추든 우리는 계속 아등바등해야만 한다. 그러나 세상은 우리의 집이 되었어도 집의 안전은 가져다주지 못한다. 그래서 우리는 기도의 세계가 낯선 이방 땅이라는 이질감이 든다. 결단과 의지적 노력과 긍정적 힘이 있어야만 겨우 기도할 의욕을 내서, 세상의 집을 박차고 나올 수 있을 것처럼 느껴진다.

몇 초 동안의 기도는 아무런 힘이 없다

예수님의 기도는 얼마나 달랐던가? 사람들을 찾아가 말씀을 전하시고 병을 고쳐 주실 때 그분은 기도의 모국에서 나오셨다. 사

177

람들에게 하실 말씀을 먼저 아버지와 의논하셨다. 정말 집에서 아버지와 기도로 교제하시다가 거기서 나와 세상의 이방 땅으로 들어가셨다.

예수님과 우리의 엄청난 차이를 보라. 우리는 온갖 세상사에 치여 살다가 의지적 노력으로 일어나 거기서 나온다.

정반대로 예수님은 기도 속에 사시다가 거기서 나와 세상 속으로 들어가신다. 이제 우리는 무엇이 결핍되어 있고 진정한 삶에서 얼마나 아득히 멀어져 있는지 조금씩 보인다. 우리는 루터가 주님의 발자취를 따라 용케 해낸 일을 들으며 놀란다. 그는 매일 서너 시간씩 기도했고 자기 삶의 아주 충만한 일과가 그 고요한 시간에서 비롯된다고 고백했다. 그런데 우리는 반대로 생각한다. 그기도의 시간이 하루 일과에 손해이며 그렇게 시간을 손해 볼 이유가 없다고 말한다.

우리는 온갖 약삭빠른 현대적 시각으로 사안을 보지만, 진실은 그것과 크게 다를 수 있지 않을까? 내 경험에 비추어 보면 기도 시간이 짧아지고 서둘러져 결국 매일 몇 초밖에 시간이 남지 않을수록 오히려 그것은 더 짐이 된다. 그 몇 초에 아무런 힘과 맛이 없기 때문이다. 다시 말해서 그 속에 고요함이 없으며 따라서 하루를 지탱하는 기초가 되어 주지 못한다. 시간을 합리적으로 짧게 줄였는데도 말이다. 아니, 어쩌면 시간이 짧아서 그럴 것이다. 이것이

기도 생활에 대한 우리의 합리화를 비웃는 아이러니다.

우리는 시간을 조금이라도 아껴 보려 하지만 바로 그것이 삶을 망친다. 냉철한 현실주의자들은 더 충분히 냉철한 현실주의자가 되어 이런 식의 시간 절약이 오히려 적자(赤字)임을 알아야 한다. 이런 악순환 속에서 우리는 점점 더 기도가 꺼려지고 기도할 마음이 없어진다.

구약시대에 경건한 사람이 흠 있는 짐승을 제물로 바치면 그 제물은 전혀 용납되지 않았다. 하나님께 하루 중 최고의 시간을 드리지 않는 사람도 하늘 아버지로부터 전혀 아무것도 받지 못한다.

가장 정신이 맑고 쌩쌩한 시간을 드리지 않고 먼저 우편물이나 신문부터 읽는다든지 좋고 나쁜 다른 일에 더 급히 매달리면 그렇게 된다. 이런 사람은 아예 입을 다물어야 한다. 어차피 말문이 막힐 테니 말이다.

우리 마음 깊은 곳에 익히 잘 아는 사실이 또 있다. 하나님이 우리 삶의 첫 자리에 계시지 못하다는 것이다. 하루의 시작이라는 시간적 의미에서도 그렇고, 실제로 우리 삶에서 차지하시는 비중의 의미에서도 그렇다.

그래서 우리는 일정한 조건이 갖추어져야만 기도할 수 있다고 생각한다. 그 조건대로라면 예컨대 먼저 시간도 있고 주변도 조용해야 한다. 또한 기도할 기분이 나야 한다. 그러려면 역시 시간이

한가하고 주변이 조용해야 하며 무엇보다 외적인 자극이 있어야 한다. 그 자극은 엄숙한 의식일 수도 있고 삶의 특별한 순간일 수도 있다.

하지만 하나님께 조건을 거는 사람은 처음부터 궤도를 벗어난 것이며, 역시 입을 다무는 게 낫다. 우리 자신을 하나님의 손에 무조건 내어드릴 때에만 그분도 자신을 내주신다.

성경에 이에 대한 결정적 지침이 나온다. 우리는 경건한 기분을 기다리고, 마음에 염려와 두려움이 가득하여 기도 말고는 거의 아무것도 할 수 없는 순간을 기다린다. 하지만 이 모든 기다림은 기도하라는 예수님의 반복되는 명령에 밀려난다.

기도 생활이 무너질 때 예수님의 명령이 우리 모두에게 참된 위로가 될 수 있다. 번번이 기도할 기분이 아니거나 머릿속에 잡념이 가득한데다 또한 뻔한 구실이지만 시간마저 없을 때, 그때 우리에게 찾아오는 명령이 있다. "기도하라", "너희는 내 얼굴을 찾으라"(시 27:8).

기도는 단순히 그리스도인의 의무다. 말하자면 그리스도인이라는 직책에 따라오는 직무다. 내일 출근할 기분이 날지 여부와 무관하게 날마다 일하는 것과 똑같은 의미다.

그뿐 아니라 이 명령은 우리가 하나님께 따지며 다음과 같은 의심에 시달릴 때 얼마나 해방을 가져다줄 수 있는가? 예컨대 우리는 기도가 전혀 무의미하게 느껴질 수 있다. 또 릴케가 다른 맥락에서 말했듯이, 기도란 수신자도 없는 데 전화를 거는 일과 같아서 암 같은 질병의 당연하고 불가피한 경과에 기도로 개입하려는 시도는 말짱 헛일이라고 생각될 수 있다.

지금 시대의 우리를 위해 예비 된 끔찍한 운명이 마치 토끼를 홀리는 뱀의 눈처럼 우리 모두를 노려보고 있지 않은가? 우주적 대재앙의 거대한 먹구름이 당장이라도 머리 위로 쏟아질 것만 같지 않은가? 우리는 다 마음의 은밀한 구석에서 약간은 운명론자가 되어, 기도라는 나약한 몸짓을 무시하는 경향이 있지 않은가? 어차피 기도란 폭풍을 막지 못할 아이의 울음소리에 불과하다면서 말이다.

이 모든 회의와 주저함을 명령에 힘입어 뛰어넘을 수 있으니 얼마나 큰 위안인가? 이는 마치 명령을 이해하지 못할 때조차도 자신에게 명령을 지킬 의무가 있음을 아는 군인과 같다.

대개 우리는 기도의 신비를 이론적으로 이해하지 못하며, 이에 대한 논쟁도 대체로 무익하다. 하지만 순종하여 기도를 연습하면 기도를 배운다. 주님을 따를수록 그분을 더 잘 이해하게 되지만, 제자도가 정당하고 가치 있는 이유부터 이해하려 고집할수록 그분에 대한 오해가 깊어지는 것과 마찬가지다.

기도는 취향이 아닌 명령이다

이렇듯 기도는 우리의 기분이나 취향의 문제가 아니라 명령이다. 하지만 잊지 말아야 할 것이 있다. 명령하는 사람은 그 명령에 대한 책임도 전적으로 진다. 기도를 명하신 분은 예수님이시며, 따라서 우리는 그분의 말씀을 그대로 믿을 수 있다.

루터의 말마따나 우리는 "그분의 약속을 자루에 가득 담아 그분의 발밑에 내밀어야"한다. 우리는 겨우 우리의 이름으로 나아가는 게 아니다. 도대체 우리가 누구라고 그러는가? 희망에 취하고 두려움에 시달리고 회의에 비틀거리는 우리가 어떻게 이 광란의 바다 위로 비상할 수 있겠는가? 꽉 막힌 삶을 어떻게 헤쳐 나갈 수 있겠는가? 다시 말하지만 우리는 우리의 이름으로 나아가는 게 아니라 예수님의 이름으로 나아간다.

그분의 이름으로 나아가는 이유는 그분이 우리에게 기도를 명하셨기 때문이며 친히 죽음과 부활을 통해 우리를 아버지의 자녀로 삼아 주셨기 때문이다. 그래서 우리는 그분의 고난과 죽음에 의지하여 자녀로서 말할 수 있는 권리를 받았다. 이어 예수님은 이 모두가 한낱 우리와 우리의 기분에 달려 있지 않음을 재차 지적하신다. "너는 기도할 때에 네 골방에 들어가 문을 닫고"(마 6:6).

우리는 이 골방을 간소하지만 엄숙한 방으로 연상할지 모른다. 아마도 십자가가 걸려 있고, 탁자 위에 금테두리를 두른 성경

책이 있고, 기도할 때 무릎 꿇는 대(臺)도 있을 것이다.

하지만 예수님께서 의미하신 골방은 집 밖의 헛간이다. 전혀 엄숙하거나 종교적이지 않은 지극히 평범한 곳이다. 그렇다면 하늘 아버지를 만나려고 특별한 대좌(臺座)에 오르거나 특정한 기분에 도달하는 게 얼마나 불필요한 일인지 알 수 있다.

그냥 있는 모습 그대로 나아가면 된다. 하나님도 우리에게 처음 오실 때 크리스마스에 태어난 말구유의 아이로 오셨기 때문이다. 그분이 오신 방식은 전혀 엄숙하지 않고 지극히 평범했다. 조용한 방이 기도에 도움이 되는 것은 딱 한 가지니 곧 하나님과 단 둘이 있을 수 있다는 점이다. 혼자 있으니 경건한 척 연기(演技)할 필요도 없고, 사방에서 들이닥치는 사물과 사람과 감정과 사고 따위에 방해받을 일도 없다.

그러므로 우리는 기도 시간에 외부의 방해가 없도록 최대한 조치를 취해야 한다. 이 고요한 시간보다 더 놀라운 것은 없다. 마귀도 의심과 악한 생각으로 우리를 공격할 때보다 자잘하고 시시한 일을 조종하여 괴롭힐 때가 훨씬 많다. 즉 마귀는 급하고 부산한 생각을 통해 역사하고, 고요한 곳을 찾기가 거의 불가능할 만큼 북적대는 환경을 통해 역사한다.

현대인은 시간이 부족하고 주거 환경이 과밀한데, 감히 말하지만 마귀로서는 이것이 포이어바흐와 니체 등 기독교를 대적하는 모든 선전자를 합한 것보다도 더 반가운 호기다. 이 혼탁한 시대에 골방이야말로 가장 중요한 전략적 요충지의 하나다. 거기서만 하나님을 만날 수 있기 때문이다. 하나님을 놓치는 사람은 더 이상 세상에 대처할 방도를 모른다. 세상을 이기신 분과 소통을 끊고 복의 물줄기를 막은 사람이 어떻게 세상을 다스릴 수 있겠는가?

우리의 기도가 병들고 있다

마지막으로 예수님은 기도의 난점을 하나 더 언급하신다. 하나님과의 교제를 방해하는 이 마지막 문제는 곧 우리가 이방인과 같이 중언부언하는 것이다. 그들은 말을 많이 하여야 들으실 줄 생각한다.

사실 우리의 기도 생활을 병들게 하는 두 가지 가장 위험한 원인이 있다. 첫째, 사고와 의지의 분량이 사람과 사물에 이미 소진되어 바닥나는 바람에 우리의 말이 너무 적어지는 것이다. 둘째, 하나님께 아무것도 의탁하지 않기에 우리의 말이 너무 많아지는 것이다.

삶의 다른 부분에서도 마찬가지다. 어떤 사람이 우리에게서 뭔가를 얻어내려고 말을 과도히 쏟아낸다면 대개 그의 행동은 두 가지로 설명될 수 있다. 첫째, 그는 양심이 불량할 뿐더러 다변으로 덮어야 할 것도 많다. 우리는 그의 속셈에 넘어가지 않도록 조심해야 한다. 그의 목적은 자신이 힘주어 강조하는 것과는 전혀 다를 수 있다.

그러니 예수님께서 종교적 말쟁이들을 불신하심은 지당하신 일이다. 그들이 원하는 것도 자신의 말과는 전혀 다를 수 있지 않은가?

그들은 말로는 하늘 아버지와의 교제, 베푸시고 복 주시는 그분의 손을 원한다고 하지만 실제로는 그 손에 전혀 관심이 없고 발터 플렉스의 말대로 그 손안의 동전에만 눈독을 들인다.

어렵거나 아쉬울 때 그분으로부터 뭔가를 얻고 싶을 뿐이다. 그들에게 그분은 목적을 이루는 수단이다. 그분이 도와주시면 그들은 자취를 감춘다. 수단이 제 기능을 다했으니 이제 싫든 좋든 필요 없어진 것이다.

예수님은 기적으로 오천 명을 먹이신 뒤에 바로 그런 사람들을 보고 몹시 슬퍼하시며 말씀하셨다(요 6:26). "너희가 나를 찾는 것은 표적을 본 까닭이 아니라 떡을 먹고 배부른 까닭이다. 너희는 배가 차는 순간 나를 잊는다.

그나마 감사 기도를 한다면 너희의 '아멘'은 '아, 배부르다!'에 더 가깝게 들린다. 그래서 너희는 많은 말로 그것을 덮으려는 것이다. 미련한 자들아, 선물만 구하고 선물을 주시는 분은 구하지 않는구나!"

이것은 예수님께서 당신과 나를 두고 하신 말씀이 아닌가? 지붕 위로 폭탄이 날아다닐 때 우리는 얼마나 간절히 기도했던가! 하지만 막상 경보가 해제되자 우리의 감사는 얼마나 미약했던가! 그 이유는 우리가 자신의 알량한 삶에만 관심이 있고 그분의 자비로운 마음은 안중에 없기 때문이다. 그분이 우리를 지켜 주시고 주위에 천사들을 경호원처럼 배치해 주시는데도 말이다.

고대 교회의 기도가 대개 길고 자세한 호칭으로 시작된 이유는 아마 기도하는 사람의 최우선 관심사가 하늘 아버지와 소통되어 그분의 손을 잡는 데 있었기 때문일 것이다. 한때 나도 그것을 이해하지 못했고 비판적이기까지 했다. 하나님을 부르는 길고긴 말에 진이 빠져 정작 기도의 진짜 알맹이를 소화하기 힘들겠다고 느껴졌기 때문이다.

하지만 교부들이 그 장황한 호칭을 통해 얻으려 했던 게 무엇인지 이제 우리도 이해할 수 있다. 나아가 그것은 우리의 기도에도 좋은 지침이 될 수 있다. 교부들의 관심은 단지 자신의 필요와 소원을 기도로 표현하는 데 있지 않고 무엇보다 그 필요와 소원의 접수처인 최고법원과 소통을 이루는 데 있었다. 그렇지 않으면 우리는 자기 마음에 가득한 두려움과 소원에 함몰되기가 너무 쉽다. 이런 기도는 결코 우리를 자아로부터 해방시킬 수 없다. 호칭의 대상을 만나기는커녕 그분께 나아간 적도 없기 때문이다.

뭔가를 얻어내려는 사람이 과도한 말을 쏟아내 우리를 압도하는 이유는 무엇인가? 어쩌면 이런 다변은 상대가 우리를 불신하기 때문일 수 있다. 그래서 그는 가속기를 밟아 우리를 몰아간다. 우리가 너무 타성에 젖어 있어 스스로는 움직일 수 없다고 생각하기 때문이다. 그 생각이 옳든 그르든 말이다. 또 상대는 많은 말과 생생한 묘사로 우리를 감동시켜 눈물을 자아낼 수도 있다. 우리 마음이 냉혹하고 매정하다고 생각하기 때문이다. 또 그는 필사적으로 우리에게 자신의 상황을 이해시키려 할 수도 있다. 우리가 알아듣지 못해서 냉담하다고 단정하는 것이다.

기도할 때 중언부언하는 사람들에 대해 예수님께서 하시는 말씀이 바로 그것이다. 그들도 자기가 일을 몰아가야 한다는 생각에 가속기를 밟는다. 우리의 사고 기능이 시작되기도 전부터 하나님이 늘 우리를 생각하고 계심을 믿지 못하기 때문이다. 그들도 기도로 눈물샘을 자극한다. 하늘 아버지의 다함없는 자비를 믿지 못하기 때문이다. 사실 그들의 기도는 행위를 통해 의를 이루려는 노력이다.

우리도 그런 사람들처럼 하나님을 불신하고, 심지어 기도 중에도 행동주의를 벗어나지 못하며, 차마 하나님의 손에 자신을 그냥 맡기지 못한다.

그래서 예수님은 그런 우리에게 외치신다. "구하기 전에 너희에게 있어야 할 것을 너희 아버지께서 아신다. 너희에게 그것이 필요하기도 전에 그분이 이미 곁에 계신다. 파도가 너희를 삼키려고 위협하기 전에 그분이 이미 곁에 계신다. 너희가 죄를 짓기도 전에 너희 구주인 나도 이미 곁에 있다. 너희는 이미 마련되어 있는 것을 주장하여 누리기만 하면 된다. 복과 도움과 구원은 이미 다 준비되어 있다.

모르겠느냐? 너희의 모든 노력과 떠드는 빈말과 울부짖음은 마치 이미 열려 있는 문을 마구 두드리는 것과 같다. 이것이 그분을 향한 얼마나 무엄한 불신인지 모르겠느냐?

그분은 탕자의 아버지처럼 문을 열어 놓고 너희를 기다리고 계신다. 이렇게 악을 쓰는 너희의 기도는 마치 하늘 아버지께 경고장을 보내 너희를 도우실 의무가 있다고 으름장을 놓는 것과 같다. 정작 아버지께서는 늘 밤낮으로 너희를 생각하시며 너희가 자진해서 집으로 돌아올 첫 신호만 기다리고 계신데 말이다. 너희를 사랑하는 사람이 곁에 있으면 굳이 많은 말이 필요 없는 법이다. 조용한 신호나 눈빛이나 작은 암시만 있어도 상대가 알아듣는다.

하늘 아버지를 대할 때라고 다르겠느냐? 너희 아버지는 구하기 전에 너희에게 있어야 할 것을 아시는 분이다."

바로 이 말씀이 우리의 기도를 아주 평온하게 해준다. 우리는 달변의 긴 연설을 늘어놓을 필요가 없다. 하나님은 한숨이나 신음

소리도 들으신다. 또 투박하게 더듬거리는 말도 들으신다. 우리를 가장 사랑하시며 가장 잘 아시기 때문이다.

하나님의 자녀가 죽어갈 때는 더 이상 말도 못하고 이미 인간의 언어가 지배하는 영역을 벗어나 있지만, 그분께는 많은 독실한 사람이나 빈틈없고 종교적인 속물의 타산적이고 궤변적인 기도보다 그 자녀의 신음 소리가 더 소중하다.

그분께는 자녀의 신음 소리가 더 소중하다

이 모든 사실에는 한 가지 조건이 있으니 곧 우리가 예수님의 이름으로 나아간다는 것이다. 그분이 우리에게 이렇게 기도하라고 가르치셨다. 그렇지 않고서야 하나님이 우리의 말을 들으시고, 우리에게 관심을 두시며, 우리의 신음에도 귀를 기울이시고, 우리의 누추한 방을 거처로 삼기 원하신다는 사실을 우리가 감히 어떻게 받아들일 수 있겠는가?

사람들이 그리스도인들에게 늘 하는 말이 있다. 우리의 사소한 일로 하나님을 귀찮게 하는 것은 주제넘은 짓이며, 하나님을 너무 인간적인 존재로 만들고 우리 스스로 너무 높아지는 행위라는 것이다.

그리스도께서 하나님의 부성애를 보여 주지 않으셨다면 사실 그 비판자들의 말이 옳다. 그분이 보여 주신 그 신성의 하향 인력(引力)이 하나님을 상하고 통회하는 마음, 심령이 가난한 사람, 고아와 과부, 병자와 빈민, 한마디로 자신이 사랑하시는 길 잃은 자녀들에게로 자꾸만 끌어당긴다.

십자가의 어두운 밤에 하나님의 아들은 지옥의 나락으로 자신의 몸을 던지셨는데, 이에 비하면 인간의 가장 혹독한 고통조차도 푸른 골짜기에 지나지 않는다. 이런 사실을 모른다면, 우리는 당연히 입을 다무는 편이 낫다. 환영(幻影)과 경건한 공상으로 자위를 삼느니 차라리 당당히 일어나 역경에 맞서는 게 더 용감한 일이기 때문이다. 그러나 이 구주께서 오셨고 아버지 집의 문은 열려 있다. 이제 그 무엇도 우리를 하나님의 사랑에서 끊을 수 없다.

다시 강조하고 싶다. 기도는 우리에게 주어진 명령이다. 하지만 거기에 마지막으로 덧붙일 말이 있다. 이 전체에서 정말 결정적인 부분은 기도가 선물이라는 점이다. 그렇지 않다면 이 명령과 직무는 무의미해진다.

즉 예수 그리스도 안에서 우리는 다음 사실을 아는 말할 수 없이 놀라운 기쁨을 거저 받았다. 우리를 사랑하시는 아버지가 계셔서 우리는 그분께 모든 염려를 맡길 수 있다. 모든 불행과 갈망을 보시는 눈이 우리를 감찰하고 계시며, 한숨과 신음 소리도 능히 해석하시는 귀가 우리를 향해 열려 있다. "여호와여, 내가 깊은 곳에서 주께 부르짖었나이다"(시 130:1 참조).

이제 나도 정말 기도할 수 있다. 이 모두가 사실이기 때문이다. 우리가 아무리 깊은 데서 부르짖어 기도해도 그분은 친히 우리 곁에 계시기에 들으실 수 있다. 그 하나님을 찬송하라! 그분은 우리의 목소리에 귀를 기울이신다. 신기하게도 그분의 마음은 언제라도 들으시고 이해하시며, 우리가 구하거나 생각하는 모든 것에 더 넘치도록 도우신다.

보다시피 그분은 우리를 이름으로 부르신다. 이제 우리는 대답하기면 하면 된다. "제가 여기 있나이다!"라고 소리 내서 온 힘을 다해 외치기만 하면 된다. 그분이 이미 부르고 계시니 그 부름에 대답하는 것, 그것이 바로 기도다.

이제 우리는 하늘 아버지가 우리를 부르고 계심을 전심으로 믿기만 하면 된다. 그리하여 끊임없이 그분을 부르면서 과감히 어둠 속으로 성큼성큼 걸어가자. 아마 베드로도 바다 속으로 빠지려 할 때 그렇게 부르짖었을 것이다. 그것이 바로 믿음이다.

"금식할 때에 너희는 외식하는 자들과 같이 슬픈 기색을 보이지 말라. 그들은 금식하는 것을 사람에게 보이려고 얼굴을 흉하게 하느니라. 내가 진실로 너희에게 이르노니 그들은 자기 상을 이미 받았느니라. 너는 금식할 때에 머리에 기름을 바르고 얼굴을 씻으라. 이는 금식하는 자로 사람에게 보이지 않고 오직 은밀한 중에 계신 네 아버지께 보이게 하려 함이라. 은밀한 중에 보시는 네 아버지께서 갚으시리라."

— 마태복음 6:16-18

3

금식할 때에 머리에 기름을 바르고
진실한 회개,
귀향

우리는 전쟁 직후 몇 년 동안 딱할 정도로 굶주림에 시달렸다. 굶주림이 무엇인지 전 국민이 뼈저리게 체험했다. 자녀들이 빵을 달라고 우는데 아무것도 줄 수 없는 고통을 수많은 어머니들이 알고 있다. 신문의 칼럼마다 굶주린 사람들에 대한 안타까운 기사가 넘쳐났다. 머리에 기름을 붓는 내용은 없고 허리띠를 졸라매자는 말만 많았다. 종교적 수양에 대한 내용은 없이 도덕의 붕괴와 암거래에 대한 말만 많았다. 즐거운 금욕에 대한 내용은 없고 물리적 실존을 위협하는 무서운 굴레에 대한 말만 많았다. 생사가 달린 현실에 에워싸이자 인간의 모든 고상한 충동마저도 생존을 위한 살벌하고 적나라한 몸부림 앞에 무너졌다.

그런데 굳이 여기서 굶주림의 복에 대해 말해야 할까? 현실적 자제와 금욕의 좋은 측면을 찾으려 해야 할까? 그보다 우리 모두가 결집하여 무슨 수를 써서라도 세상의 굶주림을 퇴치해야 하지 않을까? 굳이 내가 기아도 천국을 위한 경건 훈련이라고 열변을 토해야 할까? 지금 당장 우리의 굶주린 이웃들을 도와야 하지 않을까?

나는 굶주림을 종교적으로 미화하는 것은 주님의 생각과 일치하지 않는다고 여긴다. 그분은 우리에게 일용할 양식을 위해 기도하라고 가르치셨다. 굶주린 사람들을 먹이시고 고난당하는 사람들에게 안수하여 새 출발을 하게 하셨다. 그분은 양식과 의복을 금욕과 자아부인의 문제가 아니라 기도와 감사의 제목으로 제시하셨다. 뭔가를 전심으로 얻으려 하지 않으면서 어떻게 그 문제로 진지하게 기도하고 감사할 수 있겠는가?

육체와 영혼의 구주이신 주께서 지금 우리에게 무엇을 요구하시는지는 더할 나위 없이 분명하다. 우리는 굶주림의 복을 말할 게 아니라 굶주린 사람들을 도와야 한다. 그들이 주님의 형제이기 때문이다. "내가 배고프다. 네가 나에게 먹여 주고 있느냐? 수척하고 병약해진 사람들의 얼굴을 통해 너를 바라보고 있는 사람은 바로 나다. 네가 나를 도와주겠느냐?"

굶주림 속에서, 굶주림의 복에 대해 말해야 하나

마태복음 6장 16-18절은 진실한 회개에 대해 말한다. 세상으로부터 돌이켜야 하고, 회개를 막는 모든 굴레를 물리쳐야 한다는 것이다. 그 굴레 중 하나가 바로 우리의 배다. 배가 부르든 텅 비어 있든 마찬가지다. 그분은 당시에 회개가 시행되던 방식, 특히 금식에 대해 이야기하신다. 하지만 금식은 골자가 아니라 예시에 불과하다. 그렇다면 예수님이 말씀하시는 회개란 무슨 뜻인가?

근본적으로 회개란 돌이킨다는 뜻이다. 방향을 돌려 귀향한다는 의미다. 이것은 산상수훈 전체를 관통하는 주제와 일맥상통한다.

이 주제에 따르면 예수님께서 하시려는 일의 관건은 우리 삶에 종교와 내세를 더하여 풍성하게 하시는 게 아니다. 그러나 흔히들 그렇게 오해한다. 사람들은 우리 삶에 경제적, 문화적, 정치적 영역만 아니라 종교적 영역도 있으며 그 부분을 계산에 넣지 않는 정치가에게는 화가 있다고 말한다. 그가 리더십의 중요한 요인을 간과하고 있으며 종교를 통해서만 얻고 활용할 수 있는 영적 에너지를 외면하고 있다고 여긴다. 정치가일 뿐인 사람은 형편없는 정치가이지만, 다행히 그는 그리스도로부터 종교적 요소를 배울 수 있다. 그 중요한 특성을 예수 그리스도만큼 명확하고 감명 깊게 표현한 사람은 일찍이 없기 때문이다. 일각에 따르면 심지어 무신론 국가들도 소위 종교적 잠재력을 재발견하여 다시 인정하고 있다.

하지만 주께서 단지 우리 삶의 기존 영역과 필요에 종교적 영역과 그에 따른 특별한 인생관 및 종교적 필요를 더하시려 했을 뿐이라고 믿는다면, 우리는 그분을 얼마나 한심하게 오해한 것인가!

그러면 제자도는 쉬운 문제가 된다. 그러면 당신은 기존의 지식 외에 다음 몇 가지만 더 배우면 된다. 예컨대 사후에 우리는 어떻게 되는가? 소위 믿음이 가져다주는 영적 에너지란 무엇인가? 추가된 영역에서 마음의 평안을 얻을 수 있다 했으니 어떻게 그 덕분에 모든 콤플렉스와 내적 긴장을 극복할 수 있는가 등이다.

하지만 이 부분에서 당신에게 묻겠다. 성경 속의 제자들은 그런 체험으로 겨우 풍성해지고 만 것인가? 그것이 전부로 보이는가? 예수 그리스도의 권세 아래로 온 신약의 모든 사람들은 삶에 종교적 영역을 추가하여 고작 정신적 지평이나 넓힌 것인가? 그들이 예수님 안에서 경험한 것은 그보다 훨씬 위험한 전복(顚覆)이 아닌가? 그들은 다 벼락을 맞고 폭풍에 휩쓸려 인생이 뒤바뀐 사람들이 아닌가? 과거의 삶은 물론 막강한 세상의 문마저도 이미 그들에게 쾅 닫히지 않았는가? 그래서 이제 그들은 새로운 세계에서 전혀 다른 방법으로 살아가지 않는가? 한때 중시하며 삶의 첫 자리에 두던 것을 이제 한낱 시시한 배설물로 여겨야 하지 않는가? 이전에 떠받들던 거짓된 것을 불에 태워야 하지 않는가(행 19:19)? 신약의 모든 사람들은 그 닫힌 문을 마냥 신기하게 바라보지 않는가? 이전 것은 지나가고 새것이 되었으니 어안이 벙벙할 정도로 놀랍지 않은가?

그들은 거듭났다. 사랑하고 미워하고 먹고 마시고 결혼하고 관심을 품거나 거두던 이전의 삶은 허황한 꿈처럼 사라졌다. 그러나 처음으로 진리와 사실과 실체의 날이 밝았다. 그리스도인은 누구나 이와 똑같은 경이를 경험하지 않는가?

귀향 이후에도 계속 영적 훈련이 필요하다

예수 그리스도 안에서 그들이 경험했고 우리가 경험하는 것은 단지 삶의 확장이나 추가가 아니라 완전히 새로운 삶이다. 그 앞에서 옛 삶은 사라져 없어진다. 이것은 기존의 삶에 종교적 영역을 새로 병합하는 한낱 첨가의 문제가 아니다. 이것은 완전히 허물고 새로 짓는 행위다. 그러려면 고통과 두려움의 한복판에서 땅을 평평하게 골라야 한다. 옛 삶의 온갖 성곽과 아성과 정원으로 땅이

어질러져 있기 때문이다.

이 결정적인 사건을 지금까지 우리는 "돌이킨다, 재평가한다, 문을 쾅 닫는다, 땅을 평평하게 고른다" 등으로 표현했다. 그렇다면 이 사건은 실제로 어떻게 일어나는가? 자신에게 넌더리와 혐오를 느끼면 이로써 옛 삶에서 돌이킬 수 있는가? 자신의 공허함을 깨닫고 거기에 신물이 나면 되는가?

사실 "혐오의 철학자"는 종류별로 많이 있다. 비관론자인 그들은 삶이 사막이며 돼지우리라고 대놓고 또는 에둘러 말한다. 하지만 그들이 내세우는 것도 또 다른 종류의 혐오다. 혐오는 결코 사람을 그 혐오의 대상으로부터 해방시킬 수 없다. 오히려 그 속으로 더 깊이 떠밀 뿐이다. 냉소와 삶의 허무 속에서 불안한 세상의 큰 상처 속에서 말 그대로 뒹굴게 만들 뿐이다. 이런 혐오에서는 귀향 없는 체념과 무서운 허무주의적 절망밖에 나올 게 없다.

신약성경에 등장하는 탕자 이야기만 보아도 알 수 있다. 어떻게 그는 갑자기 사막과 돼지우리를 박차고 일어났을까? 그곳의 악취가 하늘을 찔러서일까? 옥수수 껍질만 먹으라고 주는 농부에게 질려서일까? 자신의 비참한 생활수준이 지긋지긋해져서일까?

그중 어느 것도 그를 거기서 떠나게 만들지는 못했을 것이다. 그것 때문이라면 차라리 목을 매고 죽어 다 끝장냈을 것이다.

그런데 그는 벌떡 일어나 아버지의 집으로 달려가기 시작했다. 이상한 힘이 전신에 퍼져나가 그를 움직이게 만들었다. 이는 갑자기 그의 영혼 안에 아버지의 집이 크게 확대되어 다가왔기 때문이다. 손짓하며 자신을 부르는 아버지의 모습이 마음속에 보였기 때문이다. 문득 그는 자기가 돌아가면 아버지가 받아 주리라는 것을 확실히 알았다. 물론 그는 먼 나라에 신물이 났다. 술집의 금관악기며 요란한 심벌즈 소리를 끔찍이도 좋아했으나 그것도 한때였다. 하지만 이것은 부차적인 요인일 뿐이었다. 핵심은 단순히 "나는 다시 집으로 갈 수 있다!"는 사실을 깨달은 기쁨이었다. 그래서 회개는 번번이 기쁨으로 묘사된다. 회개란 사람이 자신의 머리에 기름을 부으며 기뻐하고 있다는 신호였다.

고향의 면장이 이렇게 물었다면 당연히 탕자는 놀라서 그를 쳐다보았을 것이다. "갑자기 집으로 돌아오다니 어찌된 일이냐? 그쪽 사람들이 너의 영주권을 빼앗더냐?"

귀향한 그는 기다렸다는 듯이 답했을 것이다. "그게 무슨 말씀입니까? 제가 먼 나라의 체류 기한이 끝나서 돌아온 줄로 아십니까? 아닙니다. 면장님, 전혀 그렇지 않습니다. 제가 집으로 돌아온 것은 저희 아버지께서 불러 주시고 받아 주셨기 때문입니다."

면장이 다시 "하지만 다음에는 너희 아버지가 반드시 너를 막아 먼 나라로 가지 못하게 할 것이다"라고 말했다면 탕자는 웃으며 이렇게 되받았을 것이다. "더 이상 막을 필요가 없습니다. 아버지 집의 평안과 보호가 어떤 의미인지 일단 깨달은 사람은 절대로 제 발로 떠나지 않습니다."

다시 말해서 하나님과의 교제와 예수 그리스도 안의 평안이 무엇인지 일단 알고 나면 다시는 그것을 떠나지 않는다.

하지만 다시는 떠나지 않는다는 말은 정말 사실일까? 일단 회심하여 집으로 돌아온 사람은 정말 아버지의 평안한 집에 계속 머물까? 나머지는 다 아무런 긴장이나 위기도 없이 저절로 진행될까? 탕자가 면장에게 정말 위와 같이 말했다면 이는 틀린 말이 아닐까? 이 질문은 우리를 마태복음 본문의 핵심으로 데려간다.

본문에 분명히 전제되고 확언되어 있듯이 사람이 집으로 돌아와 계속 거기 머물려면 일정한 영적 연습과 노력, 영적 훈련이 필요하다. 그 훈련 내지 수련의 일부가 바로 금식일 수 있다.

계속 주님의 평안에 머무는 일

이렇듯 귀향하여 계속 거기 머무는 일은 간단하게 저절로 되는 문제가 아니다. 신약의 여러 대목에서 그 증거를 볼 수 있다. 예컨대 바울은 "내가 내 몸을 쳐 복종하게 함은 내가 남에게 전파한 후에 자신이 도리어 버림을 당할까 두려워함이로다"(고전 9:27)라고 말했다. 즉 집으로 온 뒤에도 스스로 버림을 당할 수 있다는 말이다.

우리는 여전히 한 발을 먼 나라에 걸쳐둘 수 있다. 바울은 또 이렇게도 말한다. "내가 자유로운 사람인 것은 사실이다. 나는 자녀이며 아버지 집에는 율법의 구속(拘束)이 없다. 나는 먹고 마실 수 있고, 웃고 즐길 수 있고, 춤추고 노래할 수 있다. 그러나 내가 무엇에든지 얽매이지(속박되지) 아니하리라"(고전 6:12, 10:23).

요컨대 나는 아버지 집에서 내게 부여된 복음의 자유를 빙자하여 본의 아니게 다시 먼 나라로 살짝 돌아갈 수 있다. 그래서 베드로전서 4장에서는 우리에게 "정신을 차리고 근신하여 기도하라"고 권고한다. 당신의 신경이 과열되고 정욕이 사납게 날뛰고 욕구가 충족을 찾아 아우성칠 때는 바로 당신이 기도하고 있지 않은 때요 아버지와의 교제가 끊어진 때라는 뜻이다.

사람이 아버지 집에 있다 해서 단번에 안전해지고 먼 나라의 모든 유혹이 잠잠해지는 것은 결코 아니다. 오히려 반대로 이것은 경고와 경종이다. 방심하지 말고 씨름해야 한다는 신호다. 예수님께서 하시는 말씀이 바로 이것이다.

하나님의 평안은 생명보험이 아니다! 한번으로 끝나는 게 아니라 계속 손을 내밀어야 한다. 그런즉 서 있는 줄로 생각하는 자는 넘어질까 조심해야 한다. 예컨대 자신이 아버지 집의 문안에 서 있어 다시는 자신에게 해로운 일이 닥칠 수 없다고 생각하는 사람도 자칫 순식간에 다시 문밖에 나가 있을 수 있다.

그러면 이렇게 되물을 사람도 있을 것이다. 위에 말한 대로라면 끔찍한 일이 아닌가? 예수님께서 힘이 부족해서 그런 위험을 단번에 몰아내실 수 없다는 말인가? 그분이 손을 얹고 우리에게 복을 주시는 것만으로 부족한가? 나를 위해 흘리신 그분의 피가 너무 약하고 효험이 없어 내게 면역력을 충분히 주지 못하는가? 십자가는 승리의 상징이 아니라 보증할 수 없는 어음에 불과한가? 누구든지 십자가를 받아들이면 안전해져 아무도 그를 건드리지 못하는 게 아니었던가?

회의하고 그 회의를 솔직히 표현하는 것은 좋은 일이다. 회의하는 사람이야말로 손을 내미는 사람이며, 그럴 때 그분이 그 손을 잡아 주실 수 있다.

사실 예수님이 워낙 강하셔서 그 임재만으로도 모든 원수의 집중 공격을 불러일으킨다. 자신이 치명적으로 위협받고 있음을 그들이 깨닫기 때문이다. 예수님이 귀신들린 사람을 바라보신 것만으로도 그 속의 군대 귀신이 광란하던 일을 생각해 보라! 모든 적대 세력을 생각해 보라! 심지어 서로 원수지간이던 헤롯과 본디오 빌라도도 그분을 멸하는 일에만은 일치단결했다. 신앙을 고백하는 모든 그리스도인을 상대로 한 적개심과 격노를 생각해 보라! 우리의 내면에서도 마찬가지다.

우리가 예수 그리스도께 자신을 드리는 순간 원수 마귀는 조잡한 육욕에서부터 은근한 회의적 생각에 이르기까지 우리 속의 적대 세력을 총동원한다. 예수님을 우리 안에서 몰아내고 우리 마음을 장악하기 위해서다.

물론 사탄의 전략은 너무 교활해서 정면 공격과 조잡한 유혹에서 그치지 않는다. 대체로 정면 공격은 사전에 감지될 수 있고 상대의 대비가 가능하다. 그보다 원수는 대개 부차적 교전지에서 시작한다. 예컨대 그는 우리를 만성적으로 시간이 부족한 상황 속에 밀어 넣는다. 시간 부족은 겉으로 보면 영적인 부분과 거의 무관한 아주 평범한 일 같지만 사실은 우리의 기도 시간을 잠식한다. 또 사탄은 아침 식탁에 조간신문을 올려놓아 하루의 시끄러운 사건들로 기도에 필요한 고요함을 앗아간다. 그런가 하면 그는 오만가지 염려로 우리를 에워싸기도 한다. 기도하는 내내 염려의 흉한 얼굴이 거울처럼 노려보고 있어 우리 마음은 정작 거기에 쏠리고 만다. 사탄은 또 우리를 속여 복음의 자유를 악의 구실로 옹호하게 만든다. 보다시피 분명히 예수님의 제자는 갈수록 더 격렬한 싸움 속으로 이끌린다. 이 모든 유혹에 날마다 맞서서 아주 실제적인 방식으로 대처해야 하기 때문이다. 부족한 시간을 해결하고 성경이 일간지에 밀려나지 못하게 막는 것은 지극히 실제적이고 손에 잡히는 일이다. 염려가 우울한 새처럼 우리 머리 위를 날지라도 거기에 둥지를 틀지는 못하게 하는 일 또한 우리에게 명확히 규명된 직무다.

요컨대 하나님의 평안은 씨름과 유혹이 없는 안식처가 아니라 예수님께서 워낙 강하시기 때문에 더 격렬해지는 싸움이다. 누구든지 이토록 위대하신 주님을 믿는 사람은 많은 원수를 상대하는 영예도 함께 누린다.

자신을 속이는 허영

이 싸움에서 가장 위험한 것은 주께서 본문에 언급하신 외식('위선'과 같은 의미)이다. 앞서 이미 말했듯이 위선은 단지 실제보다 경건해 보이려는 조잡한 시도나 가식적 수법이 아니라 훨씬 그 이상이다. 여기 예수님께서 말씀하시는 것은 틀림없이 무의식적 위선이다. 겉으로는 하나님을 예배하지만 실제로는 자신도 모르게 자아와 마귀를 섬기는 행위다.

이렇듯 위선은 우리 삶을 끔찍하게 변질시킬 수 있다. 본의 아니게 삶의 가장 깊은 뿌리에까지 독을 주입할 수 있다.

예수님은 위선이 언제 어떻게 발생하는지 본문을 통해 보여 주신다. 위선은 우리 삶과 내면생활이 하나님과의 일차적 관계 속에서 살아가지 않을 때 쉽게 발생한다. 그분과 둘만의 고독 속에 살기는커녕 겉으로 사람들을 의식하며 살아갈 때를 말한다.

스스로 내 경건의 구경꾼이 될 때도 마찬가지다. 다시 말해서 내면생활을 진열장에 전시할 때 위선이 찾아온다. 반대로 우리는 보물을 하늘에 쌓아 두어야 하고(마 6:20), 자신의 생명을 그리스도와 함께 하나님 안에 감추어야 한다(골 3:3).

어떤 사람은 속으로 웃으며 말할지도 모른다. "나한테는 그런 일이 벌어질 수 없다. 나는 슬프거나 경건한 기색을 보이지 않는다. 교회에 서서 또는 무릎 꿇고 기도할 때도 너무 장황하거나 눈에 띄게 하지 않는다. 나는 소위 독실한 척하거나 종교적 냄새를 풍기는 성도도 아니다."

그런데 정말 자신 있게 말할 수 있는가? 다시 경고할 수밖에 없거니와 우리는 자신의 내면생활에 벌어지는 위선을 뭔가 조잡하고 엉성한 일로 생각하는 경향이 있다. 원수가 우리를 잡을 때 쓰는 그물은 실이 아주 가늘어서 거의 눈에 보이지 않는다. 예수 그리스도의 빛에 비추어 보아야만 실이 반짝여서 정체를 드러낸다. 그제야 우리는 그 실상을 알아볼 수 있다.

아주 실제적으로 쉬운 예를 들면 이런 세련된 형태의 위선을 이해하는 데 도움이 될 것이다. 많은 기독교 진영에서 으레 볼 수 있는 간증을 생각해 보자. 물론 간증하지 말아야 할 이유는 없다. "이는 마음에 가득한 것을 입으로 말함이니라"(마 12:34, 눅 6:45 참조).

예수 그리스도께서 나에게 해주신 일을 이야기하지 못할 이유가 무엇인가? 그런 익숙한 이야기를 보면 삶에 평안이 없이 오랜 세월 은밀한 굴레와 사슬에 매여 있던 사람이 있다. 그런데 그리스도께서 불가항력적으로 강해지셔서 마침내 그를 십자가의 평안과 용서받은 기쁨 속으로 인도하신다.

많은 사람들이 이런 간증을 듣고 마음이 무너져 회심했다. 이전의 어떤 설교로도 절대로 되지 않던 일이었다. 사도들도 간증하지 않았던가? 간증은 진정한 형태의 선포 중 하나다.

하지만 우리 자신을 비롯하여 모두에게서 늘 목격할 수 있는 사실이 있다. 많은 간증의 경우 이상하게 초점이 쉽게 바뀐다는 점이다. 특히 회심의 이야기를 녹음기처럼 계속 반복해서 할 경우에 그렇다. 간증의 초점은 더 이상 우리에게 역사하신 주님이 아니라 그 일이 벌어진 대상 즉 우리 자신이 된다. 그 이야기에서 우리가 차지하는 역할이 아주 흥미로워진다. 물론 이 모두가 정말 주님을 높이려고 하는 일이지만 실제로는 시간이 흐르며 약간 자전적인 과시로 변한다. 우리는 간증으로 사람들의 호감을 사면서 주목받게 되고 그것으로 인해 기분이 좋아지며, 간증을 반복하게 된다. 하지만 사람이 영광을 나누어 가져 결과적으로 하나님의 영광을 가로챘다면, 그것은 무엇이든 거짓말이 된다. 그래서 결국 간증은 거짓된 흑백의 단순 논리가 되고 만다.

나는 이와 관련하여 감명 깊은 사건을 경험했다. 한번은 누가 자신이 회개하고 회심한 이야기를 그칠 줄 모르고 늘어놓았다. 어느 고령의 하나님의 종이 다 듣고 나서 그의 경건한 간증이라는 포도주에 이런 말로 약간의 물을 탔다. "이보게, 마개를 잘 닫아 두게. 그렇지 않으면 술 향기가 모두 달아단다네."

그의 말은 하나님과의 은밀하고 고요한 교제 속에만 존재하는 그윽한 향기가 증발한다는 뜻이었다.

예수님의 말씀이 바로 그런 뜻이다. 이것이 자가당착에 빠진 우리 삶의 이중성이다. 물론 우리는 말로는 하나님을 예배하고 간증한다. 하지만 실제로는 자기 자신을 내세움으로 이미 주제를 변질시켰다. 우리의 속셈은 인간에게로 쏠려 타인의 호감을 사려 한다. 그래서 이런 비참한 모순을 자초할 때가 많다. 이제 멈추어 자신을 아주 객관적이며 철저하고 진지하게 성찰해야 한다.

그러므로 주님을 고백하기 원하는 모든 그리스도인은 거듭 되풀이하여 하나님과의 고독 속으로 들어가야 한다. 인간들의 귀가 차단된 고요한 기도 속으로 들어가야 한다. 아버지와의 고요한 대화 속에서 나오는 말만이 진정 주님을 높일 수 있다. 그런 은밀한 곳에서만 주님은 한 영혼의 곁으로 다가오신다. 무슨 일로든 사람과 대화하려면 나는 먼저 거기에 대해 아버지와 대화해야 한다. 예수님이 사람들에게 그렇게 강력하고 권세 있게 말씀하실 수 있었던 것은 시간을 내서 아버지와 단둘이 대화하셨기 때문이다. 모든 자만과 위선적 목적을 벗어나셨음은 물론이다.

그러나 이런 위선자라서 하나님을 만나지 못하는 사람들이 얼마나 많은가! 하나님을 찾을 때조차도 그들의 태도와 시각이 거짓되어 있기 때문이다.

하나님을 만나 진리와 삶의 기초를 얻으려면 이런 내면의 씨름을 거쳐야 하는데, 그럴 의향이 없는 사람들이 얼마나 많은가! 그들은 하나님을 찾을 때도 파우스트의 모습을 고집할 뿐 정말 목표점에 도달할 마음이 없다. 종교적, 철학적 토론에 열광하고 자신의 지성과 진지한 탐구를 과시하는 것을 보면 그들을 알아볼 수 있다. 그들은 겉으로는 하나님의 평안을 찾는 것 같지만 속으로는 그 평안이 너무 간단한 문제라서 얼마든지 자랑할 구실이 된다. 이것이 예수님이 말씀하신 부류의 위선자다. 특히 지식인층에 널리 퍼져 있는 이런 위선자를 "표리부동의 사람"이라 부른다.

그의 내적 싸움에서 전체 주제는 하나님이나 평안인 것 같지만 사실은 자기 자신이다. 그는 구도자인 척하며 파우스트처럼 아양을 떨기를 좋아한다. 진열장에 보물을 모아 놓고 거기서 자아도취적 쾌감을 얻는다. 그래서 이런 사람은 평안을 얻을 수 없다. 그는 목사에게 골칫거리이자 가장 다루기 힘든 사람이다. 성령의 기적만이 그를 진정 만질 수 있다.

기도하는 삶이 은혜의 통로이다

하늘 아버지는 인간의 내면 은밀한 곳까지 보시는 분이다. 누구든지 그리스도인이 되려면 오직 내면의 성찰에서 출발해야 한다. 과시욕에 빠져 잔뜩 자만을 부리다 들통 나느니 차라리 겉으로 욕하며 경망스러운 인상을 풍기는 게 낫다. 자신을 속이는 허영이 남을 속이는 허영보다 언제나 훨씬 더 해롭다. 무슨 비극의 주인공이라도 되는 냥 우쭐해하는 사람은 성령의 통치권 바깥으로 자신을 단단히 봉쇄하는 것이다.

우리의 생명이 하나님과 함께 제대로 감추어져 있다면 얼마나 좋을까? 우리 안에 기도와 영적 훈련과 씨름의 은밀한 자리가 있다면 얼마나 좋을까? 결산과 보상의 날이 오면 하나님은 조용한 골방에 기준해서만 우리 삶의 가치와 열매를 평가하신다.

그래서 앞서 말했듯이 마태복음의 메시지는 결코 금식에 관한 것만이 아니라 우리를 믿음의 싸움으로 부른다. 주님이 강하신 분이므로 그분의 원수도 강하게 저항한다. 그분을 몰아내고 우리 마음을 장악하려고 우리 안의 모든 악이 결집하여 싸운다. 정욕은 굉음처럼 우리의 귀를 막고, 시간 부족은 하늘 아버지와의 대화를 방해하며, 온갖 염려는 우리를 믿음 없이 안절부절못하게 만들어 더 이상 기도하지 못하게 만든다. 허영과 아양은 고독을 앗아가고 우리를 꾀어 자만에 빠뜨려, 결국 하나님을 시시한 존재로 여기게 한다.

배가 부르거나 허기진 것도 여기서 하나의 요인이 된다. 배부른 사람들은 자신에게 평안이 없고 뭔가 중요한 게 결핍되어 있음을 곧잘 망각한다.

신약성경에 보면 모든 것을 가진 부자일수록 늘 가장 큰 위험에 처한 사람으로 간주된다. 하지만 우리 수많은 사람들이 체험한 굶주림도 그 자체로 결코 영적 훈련이 아니다. 굶주림은 우리를 천국 집에 조금도 더 가까워지게 하지 못한다. 오히려 반대로 굶주림에는 대개 절망과 침체와 염려가 뒤따라 우리를 기도에 지치게 만든다.

하지만 잊지 말아야 할 것이 있다. 하나님을 사랑하는 사람에게는 삶의 모든 것이 무한한 은혜의 통로가 될 수 있다.

배부름이나 굶주림, 문명이나 처참한 폐허, 집이나 먼 나라도 마찬가지다. 이제 관건은 단순히 "하나님을 사랑하는 … 자들에게는 모든 것이 합력하여 선을 이루느니라"(롬 8:28)는 약속을 최대한 문자적이고 현실적으로 받아들이는 것이다. 당장 우리 모두가 견뎌야 할 고통, 독일이 장차 어찌될 것인가에 대한 우려, 깊은 혼란에 빠진 세상의 앞날에 대한 불안, 부족한 양식과 의복, 기타 모든 소소한 고생은 다 일차적으로 우리 앞에 놓인 하나의 선택이다.

그 선택이란 바로 우리가 이 모든 것들 때문에 슬픔과 절망과 낙심에 빠질 것인가, 아니면 이번만은 엄청나고도 단순한 모험에 나서 주님의 약속을 무조건 믿을 것인가의 문제다. 주님은 분명히 모든 것이 합력하여 선을 이룬다고 말씀하셨다. 이 약속은 우리가 현실을 두려워하기보다 과감히 하나님을 더 사랑하는 바로 그 순간부터 이루어지기 시작한다. 다시 말해서 두려움의 반대는 용기가 아니다. 두려움의 반대는 예수님을 향한 사랑이다. 그분은 세상을 이기셨기에 또한 세상을 지배하는 두려움을 앗아가신다. 마귀는 온갖 문제로 우리의 절망을 부추기지만 성령은 바로 그런 문제를 재료로 삼아 우리의 믿음을 빚으신다.

그래서 당신에게 과감히 묻는다. 믿음의 기적, 아버지 집의 안전, 우리 하나님의 온전한 보호를 경험할 기회가 가장 많은 사람은 누구인가? 빈손으로 와서 하나님께 채움을 받는 사람이 아닌가? 주리고 목마르지만 일용할 양식을 위한 기도를 결코 헛되게 하지 않으시는 하나님을 보고 맛보는 사람이 아닌가? 공중의 새에게도 먹이시는 분이 생명의 값을 주고 사신 귀한 자녀에게는 오죽하겠는가!

그러므로 우리는 깨어 근신하여 정말 그분을 바라보아야 한다. 새와 백합은 물론 자녀를 돌보시는 그분을 바라보자. 그때 어둠 속에서도 시력을 잃지 않고 계속 아버지의 손을 찾을 수 있다.

아울러 몸과 마음의 모든 염려와 근심과 불안과 굶주림을 예수 그리스도의 손에 의탁하자. 그분은 능히 모든 것을 변화시키실 수 있다. 물을 포도주로, 절망을 믿음으로, 먼 나라의 두려움을 하나님 자녀의 복된 평안으로 바꾸실 수 있다.

"… 그러므로 내가 너희에게 이르노니 목숨을 위하여 무엇을 먹을까 무엇을 마실까 몸을 위하여 무엇을 입을까 염려하지 말라. 목숨이 음식보다 중하지 아니하며 몸이 의복보다 중하지 아니하냐. 공중의 새를 보라. 심지도 않고 거두지도 않고 창고에 모아들이지도 아니하되 너희 하늘 아버지께서 기르시나니 너희는 이것들보다 귀하지 아니하냐. 너희 중에 누가 염려함으로 그 키를 한 자라도 더할 수 있겠느냐. 또 너희가 어찌 의복을 위하여 염려하느냐. 들의 백합화가 어떻게 자라는가 생각하여 보라. 수고도 아니하고 길쌈도 아니하느니라. 그러나 내가 너희에게 말하노니 솔로몬의 모든 영광으로도 입은 것이 이 꽃 하나만 같지 못하였느니라. 오늘 있다가 내일 아궁이에 던져지는 들풀도 하나님이 이렇게 입히시거든 하물며 너희일까 보냐, 믿음이 작은 자들아. …"

— 마태복음 6:19-34

4

내일 일을 위하여 염려하지 말라

세상의 염려를
예수로 채움

예수님은 근심 없는 새와 행복한 백합화의 목가적 풍경과 솔로몬의 모든 영광에 대해 언급하신다. 이 모든 것이 우리에게 숨길 수 없는 사실이지만 지금 예수님은 엄청나게 불편한 말씀을 하고 계신다. 그것이 불편한 이유는 이 모든 자연의 광휘가 이제 우리의 칙칙한 일상생활 속으로 옮겨져야 하기 때문이다.

그렇다면 전자에서 후자로의 전환이 가능한가? 이 질문 때문에 아름다운 본문이 못내 부담스러워진다. 어차피 우리의 일상생활은 마법으로 간단히 쫓아낼 수 없는 아주 치열하고 현실적인 염려로 가득하다.

꼬리에 꼬리를 무는 염려의 악순환

사업가는 제품을 입고하고 출고하는 문제로 고심한다. 경쟁 시대에 그는 재물의 덧없음을 우려하고 앞날의 역경을 생각하며 염려한다. 어머니는 자녀의 미래를 걱정하고, 청년은 인생에서 뭔가를 놓칠까 봐 근심한다. 학생은 시험 때문에 초조하고, 할머니는 차츰 임박해 오는 죽음이 두렵다. 우리는 뱀처럼 꼬리에 꼬리를 무는 이런 염려의 악순환에 갇혀 있다. 굳이 그것을 더 열거할 필요가 있을까?

그렇다면 이렇게 반문해 보자. 우리는 그 반대로 하려고 함께 모였는가? 고달픈 세상의 끝없는 고통과 수고를 잠시 잊으러 온 것인가? 동독과 서독의 긴장된 관계에 대한 걱정을 잊기 위해서인가? 병든 남편과 성장통을 겪는 자녀가 앞으로 어떻게 될지 잠시 잊기 위해서인가? 물론 우리는 여기서 그런 염려 속에 뒹굴지 않을 것이다. 우리는 일상사와 동떨어진 종교적 세계로 잠시 마취제를 맞으러 온 것인가? 낭만적인 자연 공부에 취해 공중의 새들과 더 행복한 그들의 실존을 묵상하고 말 것인가?

마태복음 6장 19-34절 말씀은 우리가 염려와 두려움 속으로 들어가는 데 있다. 백합화와 새에 대해 말씀하신 예수님께서 우리의 모든 아픔과 두려움과 고통과 사투를 자신의 몸에 지셨다는 말로 우리를 격려하고 힘을 북돋아 주신다. 그분은 잠시라도 그런 현실을 초월하려 하신 게 아니라 오히려 우리의 형제로서 그 속에 들어가 모든 것을 함께 하셨다.

그런데 어떻게 우리가 이 말씀을 망각의 아편이나 종교적 도취의 수단으로 오용하겠는가?

좀 더 정확히는 위의 말씀이 옳기 때문에 이 본문은 우리에게 심히 어렵다. 근심 없는 새의 삶이 도대체 어떻게 우리의 시름 많은 세상 속으로 옮겨질 수 있단 말인가? 냉엄한 생존의 문제 앞에서 우리가 "새를 보라 … 백합화[를]… 생각하여 보라"는 말씀을 가지고 할 수 있는 일은 무엇인가?

우리는 행복했던 옛날을 회고하는 꿈을 두려워한다. 그것 때문에 현재를 놓칠 수 있기 때문이다. 우리는 자연에 대한 낭만주의도 두려워한다. 부정직한 현실 도피가 될 수 있기 때문이다. 그럼에도 예수님께서 우리에게 근심 없는 새와 백합화를 가리켜 보이시면 우리는 모든 생각을 멈추고 들어야 한다. 그분이 이 땅에서 사신 삶이 새나 백합화의 처지와는 거리가 멀었기 때문이다.

산상수훈을 전하시는 그 시각에도 십자가의 음산한 그림자가 예수님을 향해 불길하게 다가오고 있지 않은가? 우리에게 내일 일을 염려하지 말라고 명하시는 예수님께서 먹구름에 뒤덮인 자신의 내일을 이미 내다보고 계시지 않은가? 잠시 후면 그분께로 벼락이 내리칠 것이다. 바로 이 말씀을 하시고 친히 그대로 사심으로서 자신이 그 벼락을 자초하고 있음을 그분은 뻔히 아시지 않는가? 그 무서운 폭발을 그분이 전혀 예감하지 못하셨을 것 같은가? 내일이면 아버지께 이 잔이 지나가게 해달라고 간구하셔야 함을 그분이 모르셨을 것 같은가?

새와 백합화에 대한 이 말을 누가 했느냐에 따라 모든 것이 달라진다. 예수 그리스도는 우주의 인간 세계와 비인간 세계에 균열과 위협과 하나님께 대한 반항이 가득함을 보시고도 자신의 전 존재를 그 속에 던지셨다. 죽음의 분명한 징후는 물론 온 세상의 멸망이 저만치 다가오고 있음을 보셨다. 산이 우리를 덮고 해와 달이 빛을 잃을 시각도 그분은 이미 아신다. 염려 없이 놀라운 자유를 누리는 새와 백합화에 대한 말씀은 바로 그분의 입에서 나왔다. 그러니 낭만적인 자연 애호가나 몽상가의 입에서 나왔을 때와는 그 의미가 다를 수밖에 없다.

그래서 우리는 단순히 예수님이 말씀하신 염려의 참 뜻이 무엇인지 자문해야 한다. 이것은 모든 부류의 염려와 앞일에 대한 생각을 통칭하는 것인가? 사실 어머니의 근심하는 사랑도 있다. 어머니의 얼굴에 잡힌 염려와 애정의 잔주름에 누가 경의를 표하지 않겠는가? 그렇다면 그것이 정말 죄의 주름살인가? 게다가 모든 진지한 일에는 당연히 염려가 수반되지 않는가?

어떤 일을 처리하려면 내가 능히 감당할 수 있는 일인지 생각해 보아야 한다. 어떻게 일을 단계별로 나누고 장애물과 저항을 극복할 것인지 고민해야 한다. 예수님도 친히 사람이 망대를 세우려면 자기의 가진 것이 준공하기까지에 족할는지 먼저 앉아 그 비용을 계산해야 한다고 말씀하셨다(눅 14:28 참조). 그러기 위해서는 고민할 수밖에 없다.

그분은 정말 농부의 파종을 막으실 셈인가? 씨를 뿌리려면 많은 생각을 해야 할 테니 말이다.

염려와 인간의 방법은 뗄 수가 없다

그러나 이것이 잘못된 방향임을 우리는 금방 알게 된다. 예수님께서 의미하신 '염려 없는 삶'을 그것에서는 찾을 수 없다. 그보다 예수님은 우리를 다음 사실에 주목하게 하신다. 그런 염려가 지극히 정당함에도 불구하고 우리는 하나님께 불충할 수 있다. 그 모든 일은 애초에 하나님께 받은 선물인데, 선물을 주신 분보다 그것을 더 중시하면 그분께 불충한 것이다. 창조주보다 피조물을 앞세우기 때문이다. 이렇게 전말을 뒤집는 행위를 성경의 표현으로 "우상숭배"라 한다.

우리는 양식과 옷 때문에 걱정한다. 하나님의 자녀로서 그 모든 것을 하나님의 손에서 받음을 모른단 말인가? 그분은 모든 생명과 삶에 필요한 모든 것을 지으신 분이다.

그런데 우리는 그분의 후하신 손에는 무관심한 채 선물 자체에 매달릴 때가 얼마나 많은가? 내가 하나님의 손안에 잘 거하고 있는지 또는 그 손이 내게 어떤 일을 행하실지 등은 걱정하지 않고, 그분이 나를 도우셔야 할 당연한 방법만 으레 걱정한다. 심지어 도움이 어떤 방식으로 와야 할지 머릿속에 다 정해 놓지는 않았는가? 양식이나 옷이 이 시점에 누구로부터, 필요한 분량이 나에게 들어와야 한다는 생각까지 한다.

물론 우리는 무신론자가 아니기에 하나님의 도움이 없이는 어떤 것도 해나갈 수 없음을 잘 안다. 그래서 그분께 가서 출처와 날짜와 필요한 분량을 알려 드린다.

다시 말해 섭리를 내가 정하는 것이다. 섭리의 행동반경과 일정도 나의 소관이다. 하나님은 내가 쳐다보고 있는 그 문을 여시고 내가 구상해 놓은 그 계획대로 하셔야 한다. 당연히 그 방법으로만 도우셔야 한다. 방법까지 그분께 떠넘기는 것은 너무 무모하고 주제넘어 보인다.

그러나 사실 하나님의 생각은 늘 인간의 생각보다 크시기 때문에 우리를 어떻게 도우실지도 이미 준비하고 계신다. 우리의 모든 계획이나 구상과는 반대로 뜻밖의 반전을 통해 도우실 것이다. 하지만 그것을 기다리는 일이 우리에게는 너무 큰 신뢰를 요구하는 것처럼 보인다. 그래서 우리는 주님이 계획대로 행하실 때 매번 놀라고 부끄러워진다. 그분이 우리의 필요를 가장 적시에 더없이 신기하게 채워 주시기 때문이다.

이렇게 자신의 방법과 수단과 일정에 집착할 때 우리 기도는 기쁨이 사라진다. 마음의 절반만 기도에 있고 나머지 절반은 이미 내일을 염려하며 방황하고 있다. 우리 마음은 고민하고 계산한다. 하나님이 정말 내가 기도한 대로 해주실지 의심하며 만약 그분의 개입이 없을 경우에 어떻게 내 힘으로 해나갈지 등에 대해 말이다.

그러는 사이 우리 기도는 무기력하고 밋밋해진다. 기도가 우리에게 마땅한 새 힘과 기쁨을 주어야 하는데, 오히려 기도가 절름거리고 퍼덕거리며 천장에 부딪칠 뿐 결코 하늘에 상달되지 못한다. 그래서 우리는 믿음과 회의 사이, 불안과 신뢰 사이에서 갈팡질팡한다.

이런 상태에서 어떻게 하늘 아버지와 즐겁게 대화하며 모든 것을 그분의 손에 맡기고 신뢰할 수 있겠는가? 이런 상태에서 어떻게 상징적 의미의 기도 몸짓으로 과감히 계속 손을 모으고 있을 수 있겠는가? 차라리 우리는 두 손으로 탁자를 불안하게 두드리거나 살며시 그 문고리를 잡으려는 경향이 있다. 우리의 고집스런 확신에 따르면 하나님의 도움은 그 문을 통해서만 올 수 있다. 하지만 스스로 속아서 그렇게 믿고 있을 뿐이지 그것은 우리의 교만한 생각과 불신이 만들어낸 방법이다.

바로 이때 예수님은 염려의 저주를 보신다. 염려할 때 우리는 늘 하나님의 목표가 아닌 인간의 방법을 바라본다. 하지만 우리를 위한 그분의 방법은 따로 있다. 그래서 예수님은 우리에게 '하나님 나라'라는 목표를 바라볼 것부터 가르치신다. 그 나라에서는 매사에 하나님이 인간이 가늠할 수 없는 그분의 생각을 완전히 실현하시기 때문에 그분의 뜻이 가장 중요해진다.

일단 우리가 세상과 우리 삶을 향한 하나님의 목표를 진심으로 바라보면, 다른 모든 것도 우리(너희)에게 더하신다(마 6:33 참조). 어떤 상황에서도 이것을 확신할 수 있다. 하나님의 목표를 이루는 데 필요한 모든 것을 하나님께서 우리에게 풍성히 채워 주신다.

어쩌면 우리의 미래에 빵과 물리적 힘이 필요할 것이다. 오랜 세월 그분을 섬기고 또 사람들을 도와 하나님 나라를 찾게 해주려면 그것이 필요할 테니 말이다. 그게 필요한 이유는 하나님이 우리를 훈련하시고 준비시키시려면 아직도 갈 길이 멀기 때문일 수도 있다. 그래서 우리는 수많은 과오와 어리석은 행동 끝에 백발노인이 되어서야 그분을 만날지도 모른다.

염려의 탈을 쓴 우상숭배

어쩌면 우리에게 굶주림과 헐벗음과 감옥이 필요할지도 모른다. 그래야 더 이상 자신의 힘을 믿지 않고 빈손과 물리적 빈곤과 영적 가난의 복을 깨달을 테니 말이다. 그때 우리는 아버지 집의 부와 풍요를 소리쳐 구하는 법을 난생처음 제대로 배울 수 있다.

대개 우리는 무엇을 달라고 기도해야 할지 모른다. 무엇이 필요한지도 모르고 무엇을 바라야 할지도 모른다. 이 감옥에서 금방 풀려나는 게 좋을 수도 있지만, 더 오래 징계를 받는 게 우리에게는 최선일 수도 있다. 인생의 어두운 시절을 돌아보며 편지로나 말로 자신의 옥살이를 차라리 다행으로 여긴 사람들이 얼마나 많은지 모른다. 비록 감옥으로 인도하셨지만 하나님의 인도였다는 이유만으로 한순간도 그것을 놓칠 수 없었던 수많은 사람들이 있다.

이런 관점에서 보면 자신의 방법과 이익에 집착하여 끊임없이 염려하고 걱정하는 게 왜 그토록 미련하고 위험한 일인지 이해하게 된다. 염려할 때 우리는 고개를 들어 하나님의 목표를 바라보기는커녕 자아에 더 깊이 함몰되어 망상의 악순환에 빠질 뿐이다. 그 목표에 이르는 모든 길은 하나님이 책임지신다. 우리는 그 사실을 아는 것으로 만족해야 한다. 돈은 물론 질병(또는 회복)도 필요하다면 적시에 우리에게 허락하실 것이다. 다만 돈과 질병이 둘 다 복이 되려면 하나님이 정해 두신 내 인생의 주제가 있음을 과감히 믿어야만 한다. 그리하여 이제부터 모든 것, 정말 모든 것이 그 주제를 이루는 데 기여해야 한다.

그런데 그 주제를 계속 바라보지 않는다면 어떻게 모든 일을 정말 하나님의 손에서 오는 것으로 받을 수 있겠는가? 꼭 필요한 이 한 가지를 우리의 유일하고 궁극적인 관심사로 삼지 않는다면 말이다.

이 관심사에 대한 염려를 게을리하여 하나님의 은혜라는 목표를 놓치는 사람은 그 결과로 교통사고의 가능성, 다음번 세금 보고, 상사의 찌푸린 얼굴 등 다른 온갖 것에 대해 걱정해야 한다.

그러나 반대로 이 한 가지 관심사를 늘 염두에 두어 하나님의 손을 놓치지 않는 사람은 매사에 하나님의 주권적 통치 아래서 염려 없이 살아갈 수 있다. 언제라도 하나님께 자신의 계획과 일정을 취소하여 폐기하실 수 있는 권리를 드리기 때문이다. 매사에 그 상태로 임하는 게 그의 본분이다.

그는 아버지의 붉은 색연필이 악하고 막연하고 무서운 검열 장치가 아니라 오히려 하나님이 우리를 최고의 목표로 인도하실 수 있는 유일한 길임을 안다. 요컨대 모든 붉은색 표시는 심판의 징표만이 아니라 우리의 현혹된 근시안을 덮는 은혜의 징표다. 그것은 또한 그분이 일하고 계시며 결코 우리의 선의의 계획과 미련한 짓이 우리를 해치지 못하게 하신다는 확신이다.

이쯤 되면 왜 염려를 우상숭배라 말하는지 이해가 된다. 우리는 수많은 방식으로 채워 주시는 주님을 예배하기보다는 피조물인 빵으로 배를 불려 달라고 요구하며 그것을 숭배한다. 우리는 가시적 가치를 지닌 돈을 숭배하지만 행복을 얻지는 못한다. 좀과 동록이 돈을 삼키기 때문이다. 그것을 익히 알기에 우리는 계속 더많이 모으지만, 그럴수록 좀과 동록을 이겨야 한다는 불안도 가중된다.

니체의 말처럼 기쁨만 깊고 깊은 영원을 원하는 게 아니라 불안과 염려도 끝없이 불어난다. 인플레이션이니 물가 폭락이니 세금 같은 도둑들이 다가와 쌓아 놓은 것을 빼앗아 갈까 봐 시름이 깊어만 간다.

요컨대 하나님과의 교제가 끊어지면 그 사람이 버린 천국은 그 즉시로 온갖 도깨비와 망령의 차지가 된다. 구름만 봐도 왠지 벼락이 칠 것 같은 불길한 예감이 든다. 수평선도 긴장과 불안을 야기하는 불가사의로 가득하다. 그 너머에 무엇이 있을지, 내일 무슨 일이 닥칠지 알 길이 없다. 세상은 염려와 망령의 장으로 변한다. 독일의 조상들은 수평선에서 뻗쳐오는 위험을 끔찍한 형상으로 표현하곤 했는데 이제 그것이 조금 이해가 된다. 삶의 원초적 불안을 그들은 지구를 휘감고 있는 미드가르드 뱀으로 그렸다. 이 뱀은 그 섬뜩한 품안에 온 세상을 으스러뜨릴 수 있다. 뱀에게 에워싸인 세상, 그것이 하나님 아버지를 잃은 세상이요 염려로 가득한 세상이다.

누구든지 염려하는 사람은 거짓 신들에게 자신을 맡기는 자이다. 역사 속의 천재들, 각종 정당과 개혁 프로그램, 특히 ○○주의(主義)로 끝나는 것들에 의존하기 때문이다. 그것들이 자신을 속이리라는 것을 본인도 뻔히 알고 있다. 얼마나 비참한 악순환인가? 걱정하고 염려하는 사람은 거짓 신들을 숭배하고 거짓 신들은 그를 새로운 염려와 불안 속으로 몰아넣는다.

우리에게 꼭 필요한 한 가지 염려

염려에서 해방되는 일은 결코 삶의 균형을 높이는 기술의 문제가 아니다. 그거라면 차라리 심적인 부담이 덜할 것이다. 그보다는 거짓 신들의 굴레에서 벗어나는 문제다. 이 사실을 알아야만 예수님께서 말씀하시는 평안과 복을 바로 이해할 수 있다.

그분은 보물을 하늘에 쌓아 두면 좀이나 동록이 해하지 못한다고 말씀하신다. 신뢰라는 보물을 하나님의 은행에 투자하는 사람만이 현세에서나 내세에서나 결코 그것을 빼앗기지 않는다. 무엇이든 그분 곁에 있으면 안전하기 때문이다. 그분의 마음은 신실하여 사랑이 넘치고, 그분의 눈은 우리를 감찰하시며, 그분의 손은 영원히 풍성한 대로 우리의 모든 필요를 채워 주신다.

사람이 이 모든 사실을 더 이상 보지 못한다면 얼마나 끔찍한 일인가. 그는 자신의 눈에 속아 삶의 진정한 분별력을 잃는다. 하찮은 푼돈과 초라한 빵부스러기를 주님의 손보다 더 중시한다. 그분은 우리가 걱정하는 푼돈과 빵부스러기 정도가 아니다. 우리에게 무한히 더 큰 복을 풍성히 부어 주시기를 간절히 원하시는 분이다.

이때 꼭 필요한 것은 한 가지뿐이다. 바로 아버지의 손이다. 즉 예수 그리스도이다. 그 손만 잡고 있으면 우리는 생명과 구원과 평안을 다 가지게 되고 염려에서 해방된다. 그뿐 아니라 부수적으로 그분의 손은 돈과 양식과 물, 신발과 옷 등 우리 삶에 필요한 모든 것까지 주신다. 그것도 성경의 놀라운 표현대로 잠을 주시는 가운데 말이다(시 127:2 참조).

이 반대도 사실이다. 이 유일한 손을 놓는 사람은 염려와 불안, 좀과 도둑에 대한 두려움, 피해망상에 빠진다. 그러면 하찮은 푼돈이나 작은 빵부스러기조차도 위력을 발휘하여 악몽처럼 그의 가슴을 짓누른다. 거짓 신과 망령이 잠까지 앗아간다.

괴로운 염려의 반대는 삶의 모든 필요가 충분하고 확실하게 채워진 사람의 태평함이 아니다. 염려의 반대는 오직 하나님의 평안이다. 예수 그리스도께서 우리의 손을 잡아 아버지의 손에 쥐어 주실 때, 우리는 참된 평안을 누릴 수 있다.

인생의 배가 잔잔한 바다를 순조롭게 미끄러져 나간다 해서 염려가 사라지는 게 아니다. 오히려 삶의 파도가 거세도 주께서 배 안에 함께 계시면 어떤 염려도 없다. 바람에게 당장 명령하실 수 있는 분이 우리와 함께 계시기에 배가 가라앉을 수 없고 날씨가 우리를 해칠 수 없다.

우리에게 꼭 필요한 한 가지 염려는 주님을 향한 신뢰를 버리지 않는 것이다. 그분은 우리의 배 안에서 주무시기도 하고 능히 파도 위를 걸으실 수도 있다. 염려의 방향이 잘못되어 파도를 향하면 우리도 지독한 공포에 사로잡혀 베드로처럼 물속에 가라앉는다.

인위적이고 억지스러운 태평함으로는 잘못된 염려를 퇴치할 수 없다. 그것은 효과 없는 임시방편이며 눈 가리고 아웅 하는 결과밖에 낳지 못한다. 염려는 염려로만 치료될 수 있다. 꼭 필요한 한 가지에 대한 염려가 모든 잡다한 것들에 대한 염려를 없앨 수 있다. 이것이 하나님의 치유에 쓰이는 동종요법이다.

염려는 믿음을 자라게 하는 도구다

하지만 우리를 곤란하게 하는 마지막 질문이 하나 있다. 베드로전서 5장에는 "너희 염려를 다 주께 맡기라"고 말한다. 이는 우리에게 여전히 염려가 있고 그것을 주님께로 가져갈 수 있다는 뜻이다.

따라서 여전히 우리는 삶의 수많은 작은 일을 가지고 그분께 나아갈 수 있다. 솔직히 우리 염려의 태반은 세계 역사에 대한 거시적 안목과 무관하며 지극히 개인적이며 사소한 일이 아닌가? 그렇다면 그것도 기도로 아뢸 수 있어야 하지 않은가? 우리에게 허락된 간구는 "뜻이 이루어지이다"가 전부인가? 작은 걱정거리는 무시한 채 그냥 비현실적으로 떠밀려가야 하는가?

표현만 바꾸어 보아도 그런 뜻이 아님을 대번에 알 수 있다. 주기도문 자체도 일용할 양식, 즉 하루치의 적은 배급량을 위해 아버지께 기도할 것을 가르친다.

사실 우리는 아버지께 무엇이나 가져갈 수 있다. 우리를 그분께 데려가시는 예수 그리스도는 자식을 잃고 슬퍼하여 앞날을 걱정하는 어머니를 위로하셨고, 다음날의 생계가 막막한 가난한 사람을 도우셨으며, 결혼식장의 음료 문제까지도 진지하게 취급하셨다. 그분은 우리의 작은 염려도 세심히 예의주시하신다.

그렇기 때문에 우리는 자신이 보기에 염려를 덜 만한 방법과 수단을 기도로 아뢸 수 있다. 빵을 어디서 얻고 싶은지도 하나님께 말씀드릴 수 있다. 그분이 이 특정한 염려의 문을 여실 수 있도록 말이다. 또 유용한 인맥을 연결해 줄 만한 사람이 누구인지 그분께 아뢸 수 있다. 그분이 상대의 마음을 움직이실 수 있도록 말이다. 이런 구체적인 방법과 수단에 대한 기도를 자신에게 허용하지 않는다면 이는 자연스럽지 못한 일이다.

이거야말로 우리가 걱정하는 일이며 하나님께 맡겨야 한다. 하나님은 결코 우리가 염려를 털어놓지 않고 억압하기를 원하지 않으신다. 오히려 염려를 거리낌 없이 솔직하게 그분께 가져오기를 원하신다. 이것을 위해 우리는 예수님의 공로로 하나님의 자녀가 되지 않았는가? 아버지가 자식이 뭔가를 부끄러워하며 부모에게 숨기기를 원할 사람이 누가 있는가? 하지만 그렇게 권리를 다하여 아뢰었으면 이제 다른 간구를 강조해야 한다. "뜻이 이루어지이다." "내 원대로 마옵시고 아버지의 원대로 되기를 원하나이다."

이 기도의 의미는 다음과 같다. "사랑하는 아버지여, 지금까지 저를 힘들게 하는 모든 것을 말씀드렸습니다. 제가 생각하는 도움의 방법도 아뢰었고 주님의 자비를 따라 그 방법으로 도와달라고 기도했습니다. 하지만 아버지여, 여기서 모든 일에 선을 긋습니다. 다 잊어버리고 다 뒤로하오니 이제 주님의 뜻대로 제게 행하소서.

저의 원대로 마시고 아버지의 원대로 하소서. 온 세상과 그 역사와 참사와 수수께끼는 어느 날 주님의 보좌 앞에서 끝나기 때문입니다. 교만한 인간의 방해에도 불구하고 주께서 그리하실 것입니다. 저의 삶과 모든 필요와 염려도 주님 마음의 보좌 앞에서 끝나게 하소서.

하늘에 계신 사랑하는 아버지여, 주님은 길을 아시며 그 길을 평탄하게 하시는 법도 아십니다. 주님의 길은 다른 모든 길보다 높아서 우리의 걱정과 염려를 부끄럽게 합니다. 주님은 최악의 일과 가장 곤란한 일까지도 합력하여 선을 이루시는 분입니다."

염려가 많은 사람일수록 믿음이 자랄 수 있는 절호의 기회가 있다. 주님께 가져갈 게 그만큼 많기 때문이다. 모든 염려가 깊은 신뢰로 바뀔 수 있기 때문이다.

우리에게 필요한 게 많지만 그중 꼭 필요한 것은 한 가지뿐이다. 이 한 가지만 있으면 나머지는 "잠을 주시는" 가운데 따라온다. 이것이 하나님의 최고의 약속이자 그분의 모든 자녀들이 누리는 최고의 경험이다.

그분은 뜻밖의 방법으로 우리의 걱정을 부끄럽게 하신다. 하나님의 이러한 뜻밖의 반전이 곧 우리의 계획과 염려의 끝이다. 우리의 힘이 한계에 부딪쳐야만 하나님의 일이 시작될 수 있다. 믿음이 작은 사람들이여, 그런데 왜 그렇게 낙심하여 있는가? 하나님의 뜻이 아닌데도 벌어지는 일이 있던가?

염려란 두렵고 떨림으로 미래를 향해 던지는 질문이다. 장차 벌어질 일에 대한 무서운 질문이다. 미래에 얼마든지 험악한 일이 벌어질 수 있기 때문이다. 작물은 무심한 햇볕에 타들어가 추수를 망치게 생겼고, 국제 정치는 온갖 문제투성이이며, 세상의 기초는 삐걱거리다 못해 아예 점차 밑이 갈라지는 것 같다. 우리는 위태롭게 흔들리는 이 구조물이 붕괴될 순간만을 기다리고 있다. 그때가 되면 새로운 재앙의 맹렬한 불꽃에 모든 창문이 파열될 것이다.

우리는 이것들이 무엇을 뜻하는지 잘 안다. 그것은 굶주림일 수 있고, 집 밖으로 쫓겨나는 것일 수 있고, 사람들에게 당하는 잔인한 일일 수 있다. 집들이 화염에 무너지는 광경과 소리를 익히 안다. 인간의 모든 도움이 무력해지는 시간이다. 우리가 그것을 아는 이유는 그 시뻘건 불길을 직접 눈으로 보았고 그 부서지고 추락하고 울부짖는 소리를 직접 귀로 들었기 때문이다.

그렇다면 그런 재앙이 되풀이되거나 오히려 이전보다 더 악화될까 봐 걱정하는 게 놀랄 일인가? 세상이 가해올 수 있는 고통을 우리는 안다. 그렇다면 이런 염려가 있는 게 죄인가? 두려움을 겪어서 아는 것, 어떤 일이든 벌어질 수 있음을 아는 것이 죄인가?

그렇지 않다. 무엇보다 나는 예수님께서 염려라는 불순종과 죄를 말씀하실 때 생각하신 신비에 우리가 그런 식으로 접근해서는 안 된다고 본다. 방금 말했듯이 우리는 겪어서 앎으로서 미래를 걱정하게 되는데, 그런 모든 일은 밖에서 우리의 입과 눈과 귀를 통해 들어온다. 주께서 말씀하셨듯이 이것은 사람을 더럽게 하지 못하며 오직 마음속에서 밖으로 나오는 것만이 우리를 더러운 죄인이 되게 한다(마 15:15 이하).

우리 마음속에서 악한 생각이 독한 메탄가스처럼 늘 부글부글 피어오르는데, 그 악한 생각 중 하나가 바로 염려다. 바로 거기에 염려의 근원과 비밀이 있다. 따라서 우리가 살펴보아야 할 곳도 당연히 거기 곧 마음속이다.

마음속 자리를 예수님으로 채우다

염려와 영원한 걱정과 그에 따른 모든 불안을 없애려면 감히 임박한 겨울의 고통을 경시한 채 무조건 세상의 상황을 낙관적으로 보아서는 안 된다. 그래 봐야 잠깐 마취 상태에 빠졌다가 머잖아 서글프게 깨어날 뿐이다.

우리는 하나님께 새로운 마음을 받아야 한다. 일단 마음의 오염을 제거하면 더 이상 거기서 독가스와 불안한 망상이 피어오르지 않는다. 그래서 잠시 멈추어 마음에 대해 생각해 보아야 하는데, 알다시피 이는 반가운 주제가 아니다. 우리 마음은 거짓되고 부패한 것이며 죄책감과 두려움의 저수지이기 때문이다.

어떤 사람은 아마 이렇게 생각할 것이다. "오늘 설교에서 이런 우울한 이야기는 다 빼고 황금 길과 수정 강에 대해서 말하면 안 될까? 우울함과 두려움은 우리 주변에도 이미 충분하니 말이다."

다행히 우리는 마음에 대해 그리스도인으로서 말할 수 있다. 그러면 이것은 전혀 우울한 주제가 아니다. 하나님의 모든 약속이 우리 마음에 주어졌기 때문이다. 그중 핵심적인 약속은 마음이 평안과 용기의 자리가 될 수 있다는 것이다. 예수 그리스도께서 우리 마음을 어둠의 권세로부터 구하시고 거기에 내주하시기 때문이다.

이제 우리도 마음에 대해 말할 때 예수님께서 친히 산상수훈에 하신 것처럼 할 수 있다. "너희는 복이 있다. 이미 나의 보호 안에 있다. 이제 너희도 이 아찔한 심연을 두려움과 떨림 없이 바라볼 수 있다."

이렇게 마음은 신비롭게 변화되어 공포의 자리가 경이의 자리로 바뀐다. 따라서 이 비참한 마음을 보면 하나님이 얼마나 깊은 데서 나를 건져내셨는지 알 수 있고, 이 방탕하고 고집스런 마음을 예수 그리스도 안에서 자신의 소유로 삼으신 하나님의 사랑이 얼마나 큰지 알 수 있다. 죽음을 앞둔 병자에게 자신의 얼굴을 보여 주면 거울 속에 지독한 공포가 서릴 수 있다. 섬뜩하게 망가진 자신의 모습 때문이다. 그러나 회복기의 환자에게 병세가 최악이었을 때의 사진을 보여 주면 그에게 해롭기는커녕 오히려 뜨거운 감사의 기회가 될 수 있다.

이런 의미에서 우리는 걱정과 짐과 자책이 많은 자신의 마음속을 과감히 들여다 볼 수 있다. 예수 그리스도께서 우리를 불러 주셨고 깊은 두려움과 죄책감에서 건져내셨기 때문이다.

우리는 예수 그리스도의 임재 안에서 마음을 바라본다. 내 생각이 얼마나 불화와 논쟁으로 가득한지 평안한 가운데 본다. 그렇다면 염려는 어떻게 우리 마음속에 들어오는가? 파우스트는 이것에 대해 말했다.

> 근심은 불청객처럼 마음속 깊이 둥지를 틀고
> 근심은 늘 얼굴에 새로운 가면을 써서
> 아내와 자식으로, 집과 농장으로
> 불과 물과 독약과 강철로 가장한다
> 이제 그대는 맞지 않아도 매번 아픔을 느끼고
> 잃지도 않은 것 때문에 늘 비탄에 잠긴다

우리 마음의 본성을 잘 보여 준다. 불안한 생각은 밖에서 마음속으로 들어오는 게 아니다. 우리를 염려에 빠뜨리는 것은 가정의 위급한 상황이나 내 건강이나 총체적으로 암울한 국제 정세가 아니다. 오히려 그런 모든 문제는 우리 안에 염려와 반대되는 것을 불러일으킬 수도 있다.

즉 이를 계기로 우리는 인간의 도움에 의지하던 자세를 버리고, 절망 중에도 확신을 품고 하나님의 자비에 자신을 의탁할 수 있다. 분명히 염려는 우리 마음속에서 나온다.

나는 누가 캄캄한 데서 내게 총을 겨눠 쏠까 두렵다. 비난하는 사람이나 나를 시기하는 사람이나 기타 악한 사람이 두렵다. 하지만 총격은 결코 없다. 누전으로 집에 불이 날까 두렵지만 전선은 말짱하다. 누가 우리 집에 침입하여 아이들을 죽일까 봐 두려워하지만 그런 일은 결코 없고 아이들은 양지바른 데서 즐겁게 놀고 있다.

"이제 그대는 맞지 않아도 매번 아픔을 느끼고, 잃지도 않은 것 때문에 늘 비탄에 잠긴다."

우리 마음속에는 불안과 망상과 불화가 가득하다. 그런데 마음은 이상한 영사기처럼 그 많은 불안과 불화를 섬뜩한 영상으로 전환시킨다. 그러면 공포영화를 보는 극장의 관객에게 벌어지는 일이 내게도 똑같이 벌어진다. 관객은 착각에 빠져 마치 영상이 화면으로부터 자신에게 다가오는 실물처럼 느낀다. 자신을 등장인물의 운명과 동일시한다.

마찬가지로 나도 불안이 실물인 냥 내 안의 무서운 불안의 괴수와 더불어 산다. 이 모두가 내 마음속에서 나온다. 염려는 다 "만물보다 거짓되고 심히 부패한"(렘 17:9) 마음의 산물이다.

어떻게 그런 일이 벌어질까? 앞서 근심에 대한 파우스트의 무섭고도 아주 예리한 말을 인용했는데, 그 직전에 그는 "신의 모상(模像)인 나로다"라는 주제넘은 말로 신성을 모독했다. 그리고 곧이어 자신의 영혼을 악마에게 팔았다.

죽음보다 두려운 하나님 없는 삶

염려의 신비를 조금이라도 이해하기 위해 기억할 것이 있다. 인간이 세상과 삶을 더 이상 하나님과 화목하게 교제하는 상태에서 보지 않으면, 이제 마귀에게 지배당하는 모습밖에 볼 게 없다. 하지만 그리되면 험악한 세상만 남는다. 모든 게 결국 죽음으로 끝나지 않는가? 파우스트가 죽자 악마는 말한다. "지나간 일과 전혀 없는 일이여… 아예 처음부터 없었던 것과 같다."

결국 마귀는 가장 훌륭한 사람들도 데려간다. 삶의 의미 따위는 털끝만큼도 없다고 허무주의자인 마귀는 속삭인다. 모든 사기꾼과 악인은 사는 재미가 쏠쏠한데 착한 사람은 비참한 빈털터리가 되는 것을 보라!

바로 이런 논리로 마귀는 욥을 거의 미치게 만들었다. 그는 끝없는 재앙으로 이 의인을 치면서 협잡꾼과 악당에게는 형통을 안겨 주었고, 삶이란 우발과 우연의 뒤죽박죽일 뿐 신성이나 부성(父

性) 같은 건 조금도 없다고 욥에게 궤변을 폈다. 신의 정의를 바라는 사람은 바보이며 신상필벌을 꿈꿀 정도로 미련한 사람도 바보라는 것이다. 욥에게 닥친 이런 유혹을 우리도 다 뼈저리게 맛보지 않았는가?

"벼락은 우연히 내리친다." 야간에 폭탄이 투하될 때마다 마귀는 사람들의 마음속에 그렇게 속삭였고, 사람들도 그 말에 수긍할 수밖에 없었다. 술집은 폭격을 당하고도 멀쩡한데 성당만 잿더미가 될 때면 그들은 "다 운명이다"라며 무서운 체념에 빠졌다.

이것이 마귀의 관점에서 바라본 세상이다. 하나님을 빼면 세상은 맹목적인 주사위 놀음이요 정처 없이 떠나는 여행이다.

정말이지 이런 세상에서는 말 그대로 어떤 일이든 벌어질 수 있다. 당신은 백만장자가 될 수도 있고 쫄쫄 굶을 수도 있다. 머리에 벽돌이 떨어져 당장 죽을 수도 있고 삶에 진력이 나도록 장수할 수도 있다. 도지사가 되거나 옥에 갇히거나 동시에 둘 다일 수도 있다. 이 모든 눈에 보이는 현상에서 뜻과 의미를 찾는다는 것은 어처구니없는 일이다. 이처럼 부조리한 세상에서 당신은 그야말로 어떤 일이든 벌어질 수 있다는 사실을 인식해야만 한다.

어떤 일이든 벌어질 수 있다는 이 지식을 현대인은 삶의 불안이라는 말로 표현했다. 이전 세대들은 죽음에 대한 두려움을 알았으나 오늘의 인간은 삶을 두려워한다. 전쟁이나 야간 폭격에 대해

딱히 겁이 많아서는 아니다.

반대로 그는 아마도 이전 세대들보다 더 용감할 것이고 어떤 때는 무모하기까지 하다. 그런데 세상이 워낙 종잡을 수 없고 가능성이 무한한 곳이다 보니 행여 벌어질지 모르는 모든 일을 두려워한다. 이 모두에 직면하자니 그는 끔찍이도 외롭다.

그러나 자기와 함께하는 분이 계심을 안다면 그는 무엇이든 감당할 수 있다. 아무리 비참한 일도 그분이 보내신 것이며, 그 속에 그분의 목적과 사랑이 있음을 안다면 감당치 못할 일이 없다.

하지만 그는 그것을 알 턱이 없기에 삶의 미친 춤 속에 내던져진다. 어떤 일이든 벌어질 수 있기에 모든 일이 두려울 수밖에 없다. 섬뜩한 영상이 마음속을 점점 장악하는 것도 그 때문이다.

삶의 불안이라는 영사기가 그것을 화면에 생생히 담아내면 그는 잃지도 않은 것 때문에 늘 비탄에 잠긴다. 비탄에 잠길 수밖에 없음은 무엇이든 잃을 수 있기 때문이다. 이 마귀의 세상에 어떤 일이든 벌어질 수 있기 때문이다. 욥도 그 쓴맛을 톡톡히 보았다.

이제 알겠는가? 결국 염려의 배후는 구속(救贖)받지 못한 우리 마음이지 위험한 사건 자체가 아니다. 흉작도 아니고 동독과 서독 간의 갈등도 아니다. 바로 마음이 세상을 좀과 동록과 원자폭탄과 재앙이 가득한 곳으로 보는 것이다. 그래서 우리 마음은 예측할 수 없는 세상에 벌어질 수 있는 온갖 일을 두려워한다.

여기서 우리는 믿음의 가장 깊은 신비에 부딪친다. 시편 73편에 보면 하나님의 인도하심이 더 이상 분별되지 않아 처절한 곤경에 처한 사람이 나온다.

욥처럼 그도 상과 벌이 끔찍하고 무의미하게 전도된 현실을 보았고, 예측할 수 없는 세상 앞에서 염려와 불안에 빠졌다. 결국 최종 통제권은 마귀에게 있지 않은가? 시편 기자는 거의 그런 결론에 도달했다. 그나마 그가 그런 결론을 유보한 이유는 그것이 하나님의 모든 자녀를 정죄하고 그들의 신앙을 고작 사탄의 기만으로 전락시키기 때문이다. 절망적인 최종 결론에서 한 발짝 물러난 이유는 오직 그것뿐이다.

하지만 한 발짝 물러난 정도로는 아직 하나님의 평안으로 돌아간 게 아니다. 생각만 해도 너무 끔찍해서 그 결론을 피한 것뿐이다. 그런데 이 시의 종결부에 가면 하나님의 평안이 화해의 무지개처럼 걸려 있다. 결국 하나님의 은혜와 그분과의 화목한 관계라는 기쁜 소식이 들려온다.

시편 기자는 종잡을 수 없는 세상의 한복판에서 어떻게 평안에 이르렀을까? 묵상의 과정을 통해 의미를 발견했을까? 묵상 중에 문득 깨달음이 찾아와 이 모두는 하나님이 고난을 통해 나를 성숙시키기 원하셨기 때문이고, 제멋대로 돌아가는 미친 세상 속에서 내 믿음을 시험하기 원하셨기 때문이라고 고백했을까? 자신의 지위와 생계와 가정과 가장 사랑하는 사람마저 그분이 앗아가신 것도 무엇 때문이라고 말이다.

아니다. 이 시 전체에서 그런 논리를 찾으려 한다면 허사가 될 것이다. 세상 지식으로 생각하는 사람들이 그런 생각에 열광한다. 그들은 이런 논리로 삶의 의미를 알아낼 수 있다고 생각한다. 하지만 시편 기자는 그것을 비웃으며 단순히 이렇게 말한다. "그러나 내가 항상 주와 함께하니."

이 놀라운 말을 어떻게 이해해야 할까? 어떻게 그것이 우리를 삶의 불안으로부터 해방시켜 줄 수 있을까?

이 세상을 위해 박동하는 살아 있는 심장이 하나만 있다면, 내 불안은 일격에 사라질 것이다. 그러면 먼저 그 심장의 검열을 통과하여 내게 좋고 유익한 일로 판정되기 전에는 그 어떤 일도 나를 건드릴 수 없을 것이다. 그러면 나를 괴롭히고 두렵게 하는 모든 일 속에 사랑이라는 주제가 숨어 역사할 것이다. 지리멸렬한 세상의 불규칙한 박동 속에서 설령 내가 그것을 감지하지 못할지라도 말이다. 그러면 나는 모든 일이 나를 하나님께로 데려갈 목적으로 그분의 마음에서 기원했다는 사실만으로 족할 것이다.

이 엄청난 해방과 위로와 확신을 현실화하여 내 것이 되게 해 주는 그 심장이 바로 예수 그리스도다. 이전에 나는 확대경을 예화로 쓴 적이 있다. 물체를 더 선명하고 또렷하게 보려면 확대경의 중심부를 보아야 한다. 중심부에서 멀어져 시선이 주변부에 머물수록 물체가 더 일그러져 알아볼 수 없게 된다.

예수 그리스도의 도움으로 삶을 바라볼 때도 마찬가지다. 역사의 중심이신 그분을 통해 보아야만 삶의 신비가 본래 모습처럼 또렷해진다. 그분을 통해 보면 하나님의 마음이 들여다보이기 때문이다. 하지만 중심이신 그분에게서 멀어져 눈길이 주변부를 맴돌면 우리의 시야에 들어오는 모든 것이 더 불가해하게 뒤틀어지고 사탄처럼 된다. 주변부는 삶의 불안이 지배한다. 중심이요 초점이신 예수 그리스도 안에서만 나는 아버지를 볼 수 있고 나를 향한 그분의 뜻을 볼 수 있다. 내게 보이는 그분은 주리고 목마른 사람들을 도우신다.

내게 보이는 그분은 예수 그리스도를 통해 친히 주리고 목마르고 옥에 갇히고 빈곤하고 헐벗은 사람이 되신다. 아들 예수 안에서 내게 보이는 하나님은 내 모든 고뇌와 욕망이 그분의 심장을 통해 맥박치고 고동치게 하신다.

하나님의 아들은 광야에서 시험받으실 때 내 방탕한 마음과 그 속의 모든 유혹, 모든 술 취한 정욕, 모든 불안을 자신의 가슴에 품으셨다. 나를 그렇게까지 끔찍이 사랑하셨다! 그분은 어둠과 죽음의 그늘에 앉은 사람들을 긍휼히 여기실 뿐 아니라 친히 사탄의 어두운 권세 속에 들어와 우리 대신 죽으셨다.

염려의 반대는 믿음이다

이처럼 아버지의 심장은 나 때문에 상했고 나를 위해 뛰고 있다. 하지만 내 구주 예수 그리스도 안에서 그 심장을 본다 해도, 나는 이교도나 걱정 많은 파우스트와 다를 바 없이 내일 내가 살아 있을지 여부조차 모른다. 지금 내 입술에 감사와 찬송을 불러일으키는 저 아름다운 자연과 여름날의 풍경이 원자폭탄에 맞아 먼지와 잿더미가 될지 여부도 나는 모른다. 이웃집 남편은 집에 돌아와 다시 정답게 부부싸움을 하는데 무엇과도 바꿀 수 없이 소중한 내 사랑하는 사람은 왜 동독에서 사라졌는지, 그것을 모르기도 이교도나 파우스트와 다를 바 없다. 그리스도인인 나도 이런 질문의 답을 모른다.

하지만 신기하게도 내게서 염려와 불안이 사라졌다. 이제 모든 염려에 "예"라고 긍정할 수 있기 때문이다. 하나님이 은혜로 내게 받아들일 능력을 주셨기 때문이다. 이제 나는 더 이상 미래를 긴장된 방어의 자세로 보지 않는다. 언제 터질지 모르는 모든 예측할 수 없는 일 때문에 불안에 휩싸이지 않는다. 오히려 그냥 받아들일 수 있다. 구주께서 내게 늘 손을 내미시기 때문이다.

중병에 걸렸거나 어둠 속에 길을 잃었거나 깊은 슬픔에 빠져 있을 때, 도움의 손길이 얼마나 소중한지 모르는 사람이 누가 있겠는가? 하나님의 손이 곁에 있고 또 그 손이 내게 기쁨의 원천이 될 수밖에 없다면, 그 손안에 있는 것까지 기꺼이 받아들이지 못할 이유가 무엇인가? 그 손이 인도하는 길로 즐거이 따라가지 않을 이유가 무엇인가?

이상한 반전으로 점철된 삶의 의미를 내가 이해하는지 여부는 결국 하나도 중요하지 않다. 그분의 손만 늘 붙잡고 있으면 된다. 그러면 염려를 "예"라고 긍정하며 받아들일 수 있기 때문이다.

예수님은 나를 위해 목숨을 버려 내 모든 빚을 갚아 주셨다. 지금 내 짐이 무겁고 길이 험할지라도, 그런 분이라면 늘 내가 가장 잘되는 길만 생각하시며 내게 유익한 일만 허락하실 것이다.

그러므로 염려의 반대는 낙관이 아니다. 형편이 썩 나쁘지 않다며 만사가 어떻게든 호전될 거라는 맹신도 아니다. 소위 원칙적 낙관론자는 대개 허풍쟁이에 불과하다. 용기가 없어 진지하게 현실에 직면하지 못하는 얄팍한 사람일 뿐이다.

염려의 반대는 믿음이다. 이 믿음은 미래의 불확실성을 알면서도 삶의 모든 수수께끼와 무의미해 보이는 사건에 직면한다. 믿음은 단순히 "그러나 내가 항상 주와 함께하니"라고 고백한다.

보다시피 믿음은 "그러나 내가 항상 서 있으니 나를 쓰러뜨리지 못하는 것은 나를 더 강하게 만들 뿐이다"라고 말하지 않는다.

그런 말이야 어느 얼간이라도 할 수 있다. 뇌가 너무 작아 철학적 사고가 불가능하지 않다면 말이다. 믿음은 이렇게 말한다. "아마 저는 넘어질 것이고 종종 무력합니다. 하지만 주께서 저를 일으켜 세우십니다. 저는 이해가 턱없이 부족하여 세상의 숱한 고난 앞에서 도무지 뭐가 뭔지 모르겠습니다. 하지만 주께서 저를 버리지 않으십니다. 그래서 저도 주님의 손을 꼭 붙듭니다. 아무리 어둠이 깊어도 주님의 사랑이 결국 이길 것을 압니다." 바로 이런 의미에서 믿음은 염려의 반대다. 주님은 그것을 "두려워하지 말고 믿기만 하라"(막 5:36)고 말씀하셨다.

일단 하나님께 이런 믿음을 받으면 그때부터 우리는 하나님 자녀 됨의 최고의 자유를 조금씩 맛본다. 신기하게 미래를 향한 우리의 태도도 송두리째 달라진다. 우리의 최우선 관심사는 더 이상 "하나님이 도우실 것인가?"가 아니라 "하나님이 어떻게 도우실까?"로 바뀐다. 전자가 두려움과 절망의 질문이라면 후자는 기쁨과 확신과 간절한 궁금증의 질문이다. 파스칼은 배가 가라앉지 않을 것만 확실하다면 폭풍 속에 배를 타는 일은 아주 즐거운 일이라 말했다.

이것이 그리스도인의 삶의 주체할 수 없는 기쁨과 웃음과 유머이며, 모든 것을 이겨내는 승리의 능력이다. 우리 삶이 바로 그런 배와 같음을 알기 때문이다. 그 안에 예수 그리스도께서 주무시기에 결코 배가 가라앉을 수 없다.

내가 아는 어느 진실한 그리스도인은 비참한 고난과 큰 위험을 겪었고 지금도 겪고 있다. 그런 그가 내게 이렇게 말한 적이 있다. "전에는 하나님을 너무 조금 믿는 게 제 삶의 영적 위험이었는데 이제는 아닙니다. 그동안 그분은 끝없는 자비로, 믿어지지 않을 만큼 세밀하게 저를 도우셨습니다. 그 과정에서 저를 너무 심하다시피 담대하게 만드셔서 이제 저는 그분께 다 맡기고 그냥 따라만 갑니다. 이렇게 묻어가는 게 오히려 영적 위험으로 느껴질 정도입니다."

염려에서 해방되는 네 가지 원리

이 사람은 하나님의 보호와 하나님 자녀의 염려 없는 삶을 경험한 것이 분명하다. 이제 남은 질문은 하나뿐이다.

실제적으로 어떻게 하면 예수 그리스도 안에서 염려로부터 해방될 수 있는가?

복음이 우리에게 가져다주는 몇 가지 실행 가능한 원리에 귀를 기울여 보자.

무엇이든 주님께 가져가기

첫째, 염려를 인위적으로 피할 게 아니라 주님께 가져가야 한다. 그분은 우리의 모든 죄와 고난과 염려를 함께 져 주신다. 우리가 할 일은 관심을 다른 데로 돌리는 게 아니라 염려를 바른 방향으로 돌리는 것이다. 예수님은 "타조를 보라. 타조는 사막의 모래 속에 고개를 처박아 위험에 대한 두려움을 피하려 한다"라고 말씀하지 않으셨다. 그분은 오히려 "공중의 새를 보라. 눈을 뜨고 똑바로 서서 창공을 바라보라. 거기서 하나님이 그분의 은혜와 보호를 알려 주신다"라고 말씀하셨다.

주님께 표출하기

둘째 원리도 첫째 원리와 연결된다. 즉 염려는 억압하지 말고 표출해야 한다. 이 염려가 마귀의 조장으로 불신에서 비롯된 것인지 아니면 하늘 아버지께 가져갈 만큼 중요한 것인지 따지며 염려를 평가해서도 안 된다. 예수님은 결혼식에 포도주가 떨어졌을 때 긍휼과 자비를 베풀어 문제를 해결해 주지 않으셨던가? 또 하나님 나라에서 두 아들을 각각 그분의 오른쪽과 왼쪽에 앉혀 달라는 어리석은 세배대 부인의 염려도 해결해 주지 않으셨던가? 우리의 죄를 용서하시는 그분이 우리의 어리석음을 보며 노하시기보다 너그럽게 웃지 않으실 까닭이 무엇인가? 우리 같이 평범한 사람들을 사랑하시는 그분이 우리의 작고 평범한 부분들까지 사랑하지 않으실까? 그분은 우리의 팔팔한 혈기, 유치한 두려움, 영웅적 행위, 소심하고 어리석은 염려까지 있는 그대로 받아 주시고 긍휼로 감싸 주신다. 애초에 그분이 하늘의 영광을 버리고 우리에게 오신 것도 그 긍휼 때문이었다. 따라서 그분이 우리 형제요 친구이시기에 우리는 사랑받는 자녀가 사랑하는 아버지에게 나아가듯이 하나님과 대화해야 한다.

염려를 기도로 전환시키기

셋째, 염려와 불안 속에 갇혀 혼자 있어서는 안 된다. 밤의 한순간도 시름에 젖은 마음으로 끙끙거리지 말라. 염려가 생기자마자 아주 실제적으로 그것을 기도로 전환시켜야 한다. 염려는 너무 오래 손안에 쥐고 있으면 강력한 폭발력으로 우리 마음을 산산조각 낸다. 지하철이나 길거리에서 근심에 찌들어 우거지상을 한 사람들을 볼 때면 그들이 뭉그러진 송장임을 깨닫고 섬뜩해진다. 그들은 염려라는 수류탄을 예수님께 맡기지 못하고 그것을 손에 꼭 쥐고 있다. 한없이 좋으신 그분은 우리를 보호하기로 약속하셨으며, 그분의 마음은 염려라는 위험물도 거뜬히 막아낼 수 있다.

무엇이든 예수 그리스도께로 가져가면 다 변하듯이, 염려도 기도로 돌리면 진정한 변화가 이루어진다. 염려 덕에 우리는 염려가 없을 때보다 하나님 아버지의 마음에 더 가까워진다.

걱정이 많은 사람은 사랑도 많이 받고, 눈물이 많은 사람은 그 것을 닦아 주시는 하나님의 자상한 손길도 남들보다 훨씬 많이 느 낀다. 어머니가 자식을 위로함 같은 하나님의 위로를 받으려면 어 린아이가 되어야 한다. 아이는 두려움이 많고 무력하며 어둠에 공 포를 느낀다. 가장 강한 사람 안에도 그 아이가 여전히 존재한다.

담대히 "아바 아버지!"를 부르짖지 않는 사람은 자기 내면의 아이가 구속(救贖)을 부르짖고 있음을 결코 모른다. 그는 하나님 자 녀로서 최고의 평안을 누리기는커녕 자신의 가짜 용기를 과시한 다. 물론 날마다 모든 염려를 바로바로 기도로 전환하는 사람도 삶 의 수수께끼와 신비로운 전개에 직면해야 하기는 마찬가지다.

하지만 그는 아버지의 마음과 늘 이어져 있기 때문에 그런 수 수께끼가 더 이상 그를 괴롭히지 못한다. 기도를 통해 나를 향한 하나님 아버지의 마음을 보기 때문이다. 그 마음 안에서 삶의 모든 불가해한 신비는 사랑의 신비임이 밝혀지고, 위로와 기쁨으로 변 한다. "그러나 내가 항상 주와 함께하니."

이것은 하나님께 그냥 기계적으로 악착같이 충성하는 게 아니 라 기쁨과 행복의 표현이다. 삶의 어두운 미래와 무의미한 주사위 놀음이 더 이상 나를 해칠 수 없다. 삶은 나를 위압하거나 기를 꺾 을 수 없다.

내게는 아무리 폭풍이 몰아쳐도 고개를 누이고 편히 잠들 수 있는 안식처가 있다. 믿음 없는 제자들이 두려움에 반쯤 미쳐갈 때도 예수님이 요동치는 배 안에서 주무신 것처럼 말이다.

세상을 보는 관점 바꾸기

넷째, 세계사 전체와 모든 참사와 불확실한 미래는 장차 어느 날 하나님의 보좌 앞에서 끝난다. 환란과 탱크와 원자폭탄의 무서운 물결이 또 다시 우리를 휩쓸지도 모른다. 무슨 일이 언제 어떻게 터질지 누가 알겠는가? 하지만 그것조차도 하나님의 계획과 궁극적 목표를 좌초시킬 수 없다. 그 참사와 고생조차도 그분의 목표에 우리를 더 가까워지게 할 뿐이다.

종말이 오면 들판에 유혈이 낭자하고 땅에 연기가 피어오르고 홍수에 모든 게 삼켜지겠지만, 그 위로 찬송 소리가 울려 퍼질 것이다. 모든 천사들과 구속(救贖)받고 승리한 온 무리가 하나님을 찬양할 것이다. 예수 그리스도께서 승리자이시기 때문이다. 세상이 저무는 날 우리는 하나님의 승리를 노래할 것이다!

그러므로 염려를 이기는 마지막 원리는 이것이다. 당면한 미래에 대한 두려움, 굶주림과 추위와 전쟁과 죽음에 대한 두려움이 너무 커지거든 부르짖는 간구를 잠시 멈추라. 제자들이 감옥에서 그랬던 것처럼 폭풍의 한복판에서 담대히 하나님을 찬양하라. 하나님을 찬양한다는 것은 세상을 종말의 관점에서, 하나님의 위대한 승리의 관점에서 본다는 뜻이다. 하나님을 찬양하면 혼전(混戰) 중에 어둡고 편협해진 우리의 관점이 새로워져 방향 감각과 바른 시각을 얻는다.

주님은 이미 승리하셨다. 그것을 알기에 그리스도인에게 주어진 가장 큰 선물은 종말에만 아니라 지금 하나님을 찬양할 수 있다는 사실인 것이다. 종말이 어떠할지 알기 때문이다. 이생의 모든 신비와 외로움과 나그네 생활과 굶주림과 목마름을 관통하여 흐르는 하나의 찬란한 승리의 주제가 있음을 알기 때문이다. 그 주제는 바로 "내 주를 가까이 하게 함"이다.

종말에 완성될 하나님의 평안을 아는 사람은 깊은 데서 부르짖을 뿐 아니라 또한 깊은 데서 찬송할 수 있다. 하나님을 찬송하는 사람은 그 무엇도 두렵지 않다.

"비판을 받지 아니하려거든 비판하지 말라. 너희가
비판하는 그 비판으로 너희가 비판을 받을 것이요
너희가 헤아리는 그 헤아림으로 너희가 헤아림을
받을 것이니라. 어찌하여 형제의 눈 속에 있는 티
는 보고 네 눈 속에 있는 들보는 깨닫지 못하느냐.
보라, 네 눈 속에 들보가 있는데 어찌하여 형제에
게 말하기를 나로 네 눈 속에 있는 티를 빼게 하라
하겠느냐. 외식하는 자여, 먼저 네 눈 속에서 들보
를 빼어라. 그 후에야 밝히 보고 형제의 눈 속에서
티를 빼리라.
거룩한 것을 개에게 주지 말며 너희 진주를 돼지
앞에 던지지 말라. 그들이 그것을 발로 밟고 돌이
켜 너희를 찢어 상하게 할까 염려하라."
― 마태복음 7:1-6

5

비판을 받지 않으려거든

하나님의 재판석에서
내려오라

우리는 끝이 없어 보이는 비판의 시대에 살고 있다. 신문마다
도처에서 처리 중인 송사의 기사들이 넘쳐난다. 가까운 과거의 공
포정치를 책임질 사람들이 공판에 회부되고 있다. 정치가들과 자
본가들과 유력한 의사들이 재판을 받고 있다. 국민들은 이 나라 전
체의 집단적 죄 내지는 적어도 집단적 책임을 거론하고 있다. 전문
직 종사자들과 교육받은 이들과 국민들이 하나같이 세계적 대참

사에 일조한 각자의 역할에 대해 심문받고 있다. 군인들은 잘못된 깃발 아래서 싸운 죄로 고발당하고 있다. 우리 모두가 심문자인 동시에 심문 대상이다. 세상의 법정마다 끊임없이 앞뒤와 위아래가 바뀌고 있고, 판사석과 피고석이 쉴 새 없이 교체되고 있다. 세상은 하나의 재판정이 되었고 아마 이 상태로 계속될 것이다. 대망의 그날이 와 양분된 독일이 통일될 때, 그때 상호간에 터져 나올 살벌한 재판과 맞고소를 상상하면 그저 심란할 뿐이다.

세상에는 말 그대로 고발과 반대 심문이 난무한다. 이런 악착같은 비판의 배후에 깔린 근본 동기는 무엇인가? 맹세코 무죄를 주장하는 배후에나 그와 똑같이 엄숙하게 유죄를 자백하며 벌을 감수하는 배후는 무엇인가? 세상은 하나의 재판정이 되어 험악한 무채색 담장으로 우리를 에워싸고 있는데, 세상의 이런 운명의 배후에는 무엇이 도사리고 있는가?

비판은 절대 악을 바로잡을 수 없다

그 배후는 아주 단순하다. 세상은 가장 깊숙한 응어리에서 어긋나 버렸다. 그래서 깊은 균열이 세상이라는 건축물을 관통하고 있다. 언제 붕괴될지 모르기 때문에 더 이상 평화로운 삶이 불가능하다. 그래서 우리는 그 균열이 어떻게 생겨났고 누구의 미친 악이 기초를 허물었는지 사력을 다하여 알아내려 한다. 아울러 범인을 찾아내려는 수색의 배후에는 이런 의식도 있다. 만행이 저질러졌고 우리가 위협받고 있으며, 따라서 전말을 파헤쳐 범인을 응징하기 전에는 그만둘 수 없다는 생각이다.

이 상황은 그리스 비극의 상황과 비슷하다. 도시가 스핑크스에게 압제당하고 있으며, 누구나 알다시피 자행된 범죄에 대한 죗값이 치러져야만 한다. 우리도 삶을 계속 영위하려면 송사를 처리해야만 한다.

히로시마의 버섯구름이 먹구름처럼 온 세상을 뒤덮고 있다. 우리가 비판을 끝내지 않는 한 곧 처형이 시작될 것이고, 사실 모든 판사와 모든 피고와 처형 집행자까지 포함하여 신기하게도 온 세상의 머리가 이미 단두대에 놓여 있다. 비판이 사나운 맹위를 떨치는 배후에는 바로 이런 암울한 전조가 깔려 있다.

그러다 보니 흥분한 판사들이 선고하는 온갖 판결이 늘 우리의 귓전을 어지럽힌다. 그들이 흥분한 이유는 자신도 위협받고 있기 때문이다. 우리의 목소리와 비판도 그 속에 섞여 있다.

어떤 판결은 이런 식이다. "사람들은 권력을 가지고 범죄 놀이를 했다. 판사들에 따르면 우리는 민주적으로 새로운 세상을 건설해야 한다. 즉 권력을 적절히 분배하여 과잉 권력의 악을 저지해야 한다."

하지만 즉시 그와 반대되는 판결이 들려온다. "민주주의의 현실을 보라! 민주 국가가 권력과 잔인한 이기주의를 휘두르지 않을지는 모르나 그 대신 제도화된 집단이기주의, 경제적 이익집단, 정당, 기타 이념적 권력이 있다."

판결의 충돌은 계속되고, 비판하는 쪽과 비판당하는 쪽의 광포한 공방도 끝이 없다. 이렇게 말하는 판결도 있다. "우리가 이렇게 비참해진 원인은 인간의 존엄성을 상실하고 인간성을 저버렸기 때문이다. 그 불가피한 결과로 온 국민을 노예로 만들고 정신이상자를 제거하고 유태인을 박해했다. 그러므로 인간의 존엄성을 유린한 사람들을 단죄하고 인간성의 의미를 재평가해야 한다."

하지만 이번에도 반론이 제기된다. 이번에는 그 주체가 그리스도인이다. "당신은 하나님을 잃었기 때문에 아무리 열심히 애써도 인간성의 개념을 되찾을 수 없다. 하나님을 진지하게 대하는 사람만이 인간을 진지하게 대할 수 있다. 그러므로 본연의 인간상을 회복한다는 말은 공허한 궤변에 불과하다. 당신의 힘으로는 불가능한 일이다. 문제는 온 세상이 하나님을 피하여 달아나고 있다는 것이며, 그분을 도피하는 무리의 한복판에 바로 인본주의자인 당신이 있다. 당신에게 맡겨 둔다면 본연의 인간상은 알맹이 없는 껍데기로 해체되고 말 것이다. 요컨대 당신은 본의 아니게 세상이라는 건축물의 균열을 더 벌려 놓고 있다."

세상에 계속되는 비판이라는 주제는 좀처럼 그칠 줄 모른다. 비난의 공방이 계속 밀려온다. 재판과 판결은 거리에서도 계속된다. 사람들은 점령군에게 몸을 파는 독일인 여자들을 쳐다본다. 그들은 화장과 옷차림과 머리를 각양각색으로 꾸며 얼굴이 이상해 보인다. 이때 우리 안의 판사는 인간적 멸시를 억누르느라 애를 먹고, 그들에게 "창피한 줄 알라!"고 냉소적으로 야유하고 싶어진다.

하지만 이번에도 반대의 판결이 끼어들어 우리를 피고석에 세운다. 그 여자들은 대꾸한다. "당신들은 여자가 남자보다 훨씬 남는 현실을 모르는가? 기회를 놓칠까 봐 두려운 우리의 심정을 모르는가? 신랑감들이 다 전쟁터에서 죽어 절망에 처한 우리의 운명을 모르는가? 윗세대인 당신들이 누린 만족과 태평함과 재미와 좋은 것들을 우리도 조금은 얻고 싶다는 것을 모르는가? 우리의 등을 떠민 사람들이 누구인가? 우리의 행복을 앗아간 사람들을 고발하고 싶다. 우리는 범죄자가 아니라 피해자다. 그러니 이 불운한 시대에 조금이나마 행복을 찾으려는 우리를 단죄하지 말라. 당신들만 그 행복을 누리고 우리에게서는 빼앗아 가지 않았는가?"

이 모든 비판 속에서 누가 누구의 말을 들어야 하는가? 살해자와 피살자 중 잘못은 어느 쪽에 있는가? 세상이 재판정으로 변한 뒤로 무서운 불확실성이 세상을 뒤덮고 있다. 우리는 비판의 절대적 파산에 부딪쳤다. "비판을 받지 아니하려거든 비판하지 말라!"

하나님은 비판이 얼마나 비참한 것인지 우리가 조금이나마 깨닫고 있음을 아신다. 요즘 들어 우리가 무섭도록 피부로 절감하고 있듯이 인간의 비난과 비판은 절대로 악을 바로잡을 수 없고 오히려 더 가중시킬 뿐이다. 비판은 즉시 자동으로 역비판을 부르며 무서운 보복의 법칙에서 벗어날 수 없다. 그렇다면 마태복음 7장 1-6절에서 예수님이 명백히 지적하신 이 저주가 인간의 모든 비판에 서려 있는 이유는 무엇인가?

하늘의 목소리를 빙자한 위선적 광기

인간의 모든 비판은 늘 이기주의에 물들어 있다. 비판할 때 나는 상대보다 높은 자리에 올라서서 그를 본다고 생각한다. 이것이 비판자 안에 본질상 거하는 은밀한 바리새주의다. 비판하는 사람은 자신을 높이고 상대를 낮춘다. 그래서 비판은 상대에게 도움이 되기는커녕 오히려 더 완고하게 적의를 품게 한다. 이런 본능적 비판은 대개 그에게 정의로 느껴지는 게 아니라 비판자 쪽의 이기심과 자만심으로 느껴진다. 그러니 인간 비판의 배후에 잔인하기 짝이 없는 심판이 숨어 있음은 놀랄 일이 아니다.

그래서 우리는 비판의 저주를 알리시는 예수님의 말씀에 귀를 쫑긋 세운다. 우리가 살고 있는 재판정 같은 세상에서 이 말씀이 구속(救贖)과 해방의 메시지임을 느끼기 때문이다.

그런데 만일 다음과 같은 회의가 일어나지 않는다면 우리의 상식이 부족하다고밖에 볼 수 없다. 비판이 저주를 부르는 것도 물론 맞지만, 비판의 반대인 "일관된 자비" 역시 똑같이 불가능하지 않은가? 응보와 벌이라는 냉엄한 법칙 대신 정말 용서와 사랑으로 세상을 통치할 수 있는가? 그러면 모든 질서가 무너지고 무서운 해이에 빠져 악이 통제 불능으로 날뛰지 않겠는가? 우리가 연합국에게 나치 정권을 단죄할 게 아니라 자기들 눈의 들보나 빼라고 훈계해야 옳은가? 독일이 먼저 나서서 바리새인처럼 비판해야 하는가? 그들에게 우리를 단죄할 권리가 없고 오히려 자비로 정의를 이루어야 한다고 말할 것인가?

앞서 우리는 원수를 사랑하라는 예수님의 말씀을 살피며 같은 질문에 부딪쳤었다. 그때 보았듯이 비판을 금하시는 주님의 말씀을 해이함과 우유부단의 빌미로 해석한다면, 이는 그분의 진의를 완전히 오해하는 것이다. 예수님은 추호의 타협도 없이 악을 악이라 하시고 선을 선이라 하신다. 돼지 앞에 진주를 던지지 말라거나 인간을 양과 염소로 가르시는 발언보다 더 신랄한 정죄가 있을 수 있는가?

예수님께서 명하시는 자비를 감상적으로 해석한다면 완전히 잘못된 방향으로 가는 것이다. 예수님은 지금 변호사나 판사나 검사 제도에 반론을 펴시는 게 아니다. 법적 질서나 제재 같은 엄격한 법치에 반대하시는 것도 아니다. 그분의 관심은 전혀 다른 데 있다.

그분은 인간의 비판으로 하나님의 최종 심판을 예단하려는 모든 경우에 반대하신다. 그럴 때 우리는 최후의 심판이 우리 모두를 기다리고 있음을 망각한다. 어느 날 우리가 하나님의 심판대 앞에 서야 함을 망각하는 것이다. 그 무흠한 위엄의 자리에 스스로 판사로 앉으면 우리의 비판에 독선과 월권이 끼어든다. 그러면 자기 눈 속의 들보는 보이지 않는다. 그러면 정죄당하는 측은 자신이 그런 취급을 당해서는 안 됨을 대번 느낀다. 거만하게 판사 노릇을 할 권리가 우리에게 없음을 상대는 안다.

다시 말해서 우리가 그렇게 고자세로 말하는 것은 정당하지 못하다. 그래서 상대는 적의를 품고 저항한다. 판사 자신도 용서가 필요한 죄인인데 그것을 인식하지 못한 채 상대를 농단하려 들기 때문이다. 판사와 피고 사이에 궁극적 연대감이 사라질 뿐 아니라 오히려 상대에게 이것은 하늘의 목소리를 빙자한 위선적 광기로 느껴진다.

그래서 나치당 출신들의 태도가 오히려 더 완고해지는 일이 빈발한다. 정작 절실히 필요한 것은 그들을 회심으로 이끌어 주는 일인데 말이다. 그들이 느끼기에 자신에게 비판의 손가락질을 하는 사람들이나 직업상 자신을 재판해야만 하는 사람들까지도 다음 사실을 지독히도 모를 때가 비일비재하며, 불행히도 그런 느낌은 거의 매번 옳다.

즉 정식 판사들까지 포함하여 우리도 심판받아야 한다는 사실이다. 우리 모두 타협하고 침묵했으며 눈 속에 지독한 들보가 들어 있다. 어떤 사람들이 이 비참한 운동의 열광과 위세에 가담하지 않은 이유는 순전히 자신의 게으름과 옹졸함과 무기력 때문이었다. 그런데 그런 사람들까지 이제 와서 나치당 출신들에게 비판의 손가락질을 해대니 그들이 적의를 품는 것은 당연한 일이다.

계속 비판한다면 은혜 밖으로 나갈 것이다

주님이 우리에게 이런 부류의 비판을 철저히 금하신다. 이는 하나님의 보좌를 찬탈하는 비판이기 때문이다. 어떤 인간도 감히 그 보좌에 앉을 수 없다. 심지어 장차 그 앞에 출두해야 한다. 감히 나는 죄가 없다고 말하거나 마치 그런 것처럼 행동하는 사람은 하나님이 하실 최후의 심판을 자신이 수행한다고 주장하는 것이다. 이것이 바로 우상숭배이며, 세상의 기초를 허무는 균열을 더 심화시키는 일이다.

하지만 이 모든 말이 우리에게 무슨 소용인가? 신성을 모독하는 이런 비판에 저주가 잔뜩 실려 있다는 예수님의 말씀이 우리에게 무슨 소용인가? 매일 보다시피 세상이 재판정이다 못해 점점 광란의 도가니가 되어 예수님의 이 말씀을 극악무도하게 예증하고 있는 마당에, 이것이 무슨 소용인가? 내 작은 자아조차도 비판에서 벗어날 줄 모르는데 이 모두가 무슨 소용인가? 비판이 내 마음에서 시작됨은 피할 수 없는 분명한 사실이다. 성경 도처에 기록되어 있듯이 세상의 모든 악은 나의 마음, 나의 배교, 나의 불순종에서 비롯된다. 그러므로 먼저 넓고 넓은 세상의 작고 작은 지점인 내 마음에서부터 일을 바로잡아야 한다.

그래서 우리는 아주 단순하고도 실제적인 질문을 해야 한다. 예수님께 마음의 지점에서 문제의 건설적 측면에 대해 우리에게 해주실 유익한 말씀이 있는가 물어야 한다. 말씀뿐만 아니라 뭔가 우리에게 주실 것이 있는가? 그분만이 주실 수 있는 그것으로 비판의 어두운 벽을 허무시고 우리를 바깥으로 이끌어내, 다시 하나님의 세상에서 맑은 공기를 호흡하게 하실 수 있는가?

예수님의 말씀 속에서 그런 치유를 감지할 수 있다. "너희가 비판하는 그 비판으로 너희가 비판을 받을 것이요 너희가 헤아리는 그 헤아림으로 너희가 헤아림을 받을 것이니라"(마 7:2).

얼마나 무서운 위협인가! 이웃을 비판하는 가혹한 기준을 자신에게도 그대로 적용한다면 누가 감당할 수 있겠는가? 하지만 우리는 이 말씀을 예수님의 입에서 나오는 말씀으로 들어야 한다. 화자가 다름 아닌 그분임을 기억해야 한다. 우리에게 이렇게 말씀하시는 분이 우리를 심판하러 오신 게 아니라 용서하러 오셨으며 우리를 향한 크신 사랑으로 십자가에서 피를 흘리셨음을 기억해야 한다. 그러면 갑자기 이 무서운 위협의 이면에서 전혀 다른 말씀이 마치 캄캄한 껍질 속의 뽀얀 낟알처럼 불쑥 그 모습을 드러낸다. 그러면 이 말씀은 위협의 정반대가 된다. "너희가 비판받는 그 비판으로 너희도 비판할 것이요 너희가 헤아림을 받는 그 헤아림으로 너희도 헤아릴 것이니라"(마 7:2).

우리가 어떤 헤아림을 받고 있는지는 너무도 분명하다. 그것은 자비의 헤아림, 무한한 긍휼의 헤아림, 십자가에서 우리를 위해 치르신 희생의 헤아림이다. 우리는 비유 속의 그 빚진 자들과 똑같다(마 18:21-35). 법대로라면 당연히 마지막 한 푼까지 다 갚아야 하지만 모든 것을 탕감 받았다. 그래서 이 비유의 의미처럼 우리가 무자비한 종처럼 되어서는 안 된다. 그는 주인이 자기를 수렁에서 건져 주었는데도 이웃에게 거만하게 굴었다.

이렇듯 우리는 비판을 금하시는 분이 누구인지부터 알아야 한다. 그분의 입에서 나온 말씀이기에 이것은 율법주의적 금령 그 이상이며, 우리도 심판을 면제받고 용서받은 죄인이라는 사실을 일깨워 준다.

이것을 알고 나면 마태복음 7장 2절에서 주님의 위협에 담긴 의미가 한층 두려워진다. "네가 계속 남을 비판한다면 내가 너를 용서할지라도 너 스스로 내 은혜 밖으로 나가는 것이다. 내 용서가 너와 네 이웃의 관계에 미치는 영향을 너 스스로 부정하는 것이다. 그러면 너는 다시 계산과 보복의 차원으로 돌아가 네 그런 태도의 첫 피해자가 될 것이다. 하나님의 모든 은혜에도 불구하고 심판을 원한다면 네가 구하는 대로 될 것이다. 하지만 정작 심판이 임하면 그때 가서 '제가 뜻하고 원했던 것은 이게 아닙니다. 저는 이것이 이웃에게만 적용되기를 바랐습니다'라고 말하지 말라. 너를 비난하는 네 이웃도 십자가의 용서를 받도록 부름 받았음을 모르겠느냐? 나는 그를 위해서도 죽었다."

심판의 세계, 은혜의 세계

당신이 이웃에게 조금도 복을 베풀지 않는데 어떻게 그 복이 당신에게 임할 수 있겠는가?

심판의 세계와 은혜의 세계 중 어느 쪽에서 살 것인지는 당신이 정하기 나름이다. 당신이 이웃을 어떻게 대할 것인지도 그 선택에 따라 좌우된다. 당신이 택하는 세계는 이웃과의 관계 속에 드러날 뿐 아니라 또한 하나님이 당신에게 어떤 분으로 다가오실지도 결정짓는다. 그분은 심판자로 오셔서 당신의 입을 막으실 수도 있고, 십자가의 구주로 오셔서 "저에게 자비를 베푸소서"라는 당신의 간구를 들으실 수도 있다.

요컨대 비판적 풍조를 배격하시는 주님의 말씀을 우리 속에 그런 생각이 일어날 때마다 모조리 억제하고 억누르고 억압해야 한다는 뜻으로 해석한다면, 이는 그분의 진의를 완전히 오해하는 것이다.

예수님은 우리를 도덕군자로 만드실 의향이 없다. 우리 마음속에 가득한 악한 생각이 부단한 훈련을 통해 행동으로 표출하지 않는 인간이 되길 원치 않으신다. 그것은 우리를 위선과 자멸로 이끌 뿐이다.

악한 생각은 억누르기만 할 때 마음속을 계속 휘저어 상상력을 더럽히고 꿈을 어지럽힌다. 게다가 이런 식의 도덕 훈련을 위해서라면 굳이 예수님이 죽으실 필요도 없었다. 결국 그분의 목적은 우리의 억압을 도우시는 게 아니었다. 그분이 원하신 일은 우리를 건져내 구속(救贖)하시고 해방시키시는 것이었다.

그러므로 앞서 말했던 거리의 여자를 비판하는 마음이 들거든, 하나님이 그 여자로 인해 슬퍼하신다는 사실과 예수님께서 "다 이루었다"라고 부르짖으실 때 그 여자도 생각하셨음을 기억해야 한다.

내 지위와 성공을 시기하며 자꾸 들볶는 동료를 나도 비꼬아 주고 싶어지거든, 당장 멈추어 내가 그 상황에 처했다면 내 머릿속에 어떤 음흉한 생각이 들지 자문해야 한다.

우리 마음속에 질투와 미움의 사악한 충동이 있음에도 예수님은 우리를 불러 주시고 자비를 베푸셨다. 그래서 저절로 나는 비판의 충동에 맞서 싸울 필요조차 없어진다. 하나님의 손이 그 충동을 꺾기 때문이다. 그래서 내 마음속에서 긍휼이 자연스럽게 흘러나온다. 이때 일어나는 기적은 하나님이 모세를 통해 이루신 기적과 같다. 굳은돌에서 구원의 물이 나올 줄 아무도 예상하지 못했으나 모세가 반석을 치자 그것이 열리면서 경이의 물줄기가 솟아올랐다.

나도 굳은돌 같은 마음을 하나님의 사랑과 긍휼의 수원 쪽으로 열기만 하면 된다. 그러면 저절로 수많은 실개천이 흘러나온다. 마음이 갑자기 남다른 덕을 이루어서가 아니라 하나님의 수원이 그만큼 위력이 있기 때문이다. 그 물은 마음속을 관통하여 다른 사람들에게 흘러나가려 한다. 비판과 가해의 모든 악한 풍조는 날마다 그 물속에 익사해야 한다.

저절로 해결되는 것이 더 있다. 이 긍휼은 그저 무르고 해이한 무엇으로 변질되지 않는다. 다 이해하면 다 용서한다는 미련한 격언의 의미와는 다르다. 전지하신 하나님보다 더 잘 이해할 사람이 누가 있겠는가? 그런데 그분은 모든 것을 속속들이 이해하시고 행위의 동기와 배경까지 다 아시므로 그대로 다 용서하시는가?

시편 139편의 저자는 그렇게 생각하지 않고 오히려 정반대의 결론을 내렸다. 하나님은 내 모든 생각과 말과 행위를 익히 아시고 이해하시는데, 시편 기자에 따르면 그 사실에 마주서는 것은 무서운 일이다. 분명히 그의 고백에는 두려움의 기색이 역력하다.

그는 결코 "주께서 다 아시므로 또한 다 용서하실 것입니다"라고 말하지 않는다. 오히려 정반대로 이렇게 말한다. "주께서 다 아시므로 저를 추적하십니다. 그래서 저는 주께 아무것도 숨길 수 없습니다. 제가 어둠 속에 있어도 주님의 심판이 저를 찾아냅니다."

이해한다고 해서 모두 용서해서는 안 된다. 그것은 그 문란한 여자나 그 괘씸한 동료에게 이롭지 못하다. 어쩌면 나는 차라리 면전에서 그들을 꾸짖고 책망할 수도 있다.

요지는 내가 그 일을 이전과는 완전히 다르게 대하리라는 것이다. 이제 나의 책망과 비판은 긍휼에서 비롯되며 상대도 그 사실을 안다. 나 자신도 전혀 무방비 상태로 심판을 받았으나 오직 하나님의 은혜와 그리스도의 십자가 덕분에만 그것을 면한 사람이다.

따라서 함께 정죄당하고 용서받은 자로서 상대와 동일한 수준에서 연대를 이룬다. 결국 나는 그에게 유익하고 긍정적인 해방의 메시지를 말해 주는 사람이다.

재판과 맞고소가 난무하는 이 세상에서 하나님의 판사석에 앉아 있지 않은 사람들만이 그 유익한 메시지를 선포할 수 있다. 자신도 심판을 받고 망하게 되었으나 불현듯 판사인 그분의 모습 속에서 예수 그리스도의 얼굴을 본 사람들만이 그 일을 할 수 있다.

우리의 눈이 새로워지는 기적

주님의 제자가 된 그리스도인은 점점 더 긍휼이 많아진다. 자신의 마음을 점점 더 깊이 알아가기 때문이고, 자아에 대한 망상이 전혀 없이 점점 더 자유롭고 용감하게 자신의 실상을 보기 때문이다. 이렇게 자기 눈 속의 들보를 보고 빼냈기 때문에 이제 그는 이웃의 눈 속의 티를 빼내려 할 수도 있다. 그러려면 민감하고 긍휼에 찬 손이 필요하다.

또 가장 민감한 기관인 눈 속에 이물질이 들어간 고통과 그것을 빼냈을 때의 해방감을 먼저 자신부터 경험했어야 한다. 상처를 입어 본 사람만이 남의 상처를 싸매 줄 수 있고 용서를 경험한 사람만이 이 세상에 치유력을 흘려보낼 수 있다.

그들은 숨 막힐 듯 공기가 고약한 재판정에서 형제를 바깥으로 이끌어내 숨을 쉬게 해준다. 바깥에는 하나님의 해가 악인과 선인에게 고루 비친다. 영원히 비판받고 비난당한다는 것이 얼마나 끔찍한 일인지 그 새로운 대기를 호흡하는 사람만이 비로소 깨닫는다. 그뿐 아니라 끝없는 강박에 이끌려 남을 비판하고 비난하는 것도 끔찍하기는 마찬가지다. 그런 사람은 절박한 욕구에 못 이겨 늘 거만하게 군다. 자칫 잘못하여 자신의 비참한 실상을 사람들에게 내보이지 않기 위해서다.

여기서 우리는 이 풍성한 본문의 마지막 섬세한 요지에 다다른다. 예수님은 인간의 허물을 들보나 티로 표현하신다. 이는 이물질이라는 뜻이다. 즉 사람의 가장 민감한 기관 속에 외부에서 뭔가가 침투했다. 기관 자체와 그 속의 이물질을 구분할 줄 모르는 사람은 영혼의 유능한 의사나 목사가 아니다.

하지만 보라. 예수님은 언제나 인간을 그렇게 보셨다. 창녀, 세리, 가엾은 인생, 귀신들린 사람, 정신질환자를 만나실 때 그분은 이 사실을 아셨다. "이것은 결코 이 사람의 본모습이 아니다. 아버지 하나님의 손에서 빚어질 때는 이렇지 않았다. 뭔가 이질적인 것이 그의 속에 들어왔다. 근본적 실체와 이질적 요소를 구분해야 한다."

최악의 인간조차도 하나님의 눈에는 구제불능으로 타락한 게 아니라 여전히 그분의 자녀다. 이질적인 무엇이 그를 장악했을 뿐이며, 그를 일그러뜨리는 도덕적 환부는 그 속에 침투한 이물질 탓이다. 그러므로 모든 치유는 사실상 축출이고 축사(逐邪)다. 그것을 가장 극명하게 보여 주는 게 귀신들린 사람들의 이야기다. 치유란 본모습과 이질적 요소를 갈라내는 일이며 이물질을 제거하는 수술이다.

예수님은 병자와 죄인을 그렇게 바라보셨고, 그분의 눈길을 느끼는 순간부터 그들은 잘 자라갔다. 그 눈길은 특별한 데가 있다. 이것은 감성적으로 하는 말이 아니다. 다시 말해 예수님은 사람들 속의 본모습을 보심을 그들이 즉각 감지했다는 것이다.

우리 인간들은 늘 착시에 빠지지만 그분은 그렇지 않으셨다.

우리는 사람을 마치 하나의 커다란 티처럼 볼 뿐 아예 눈을 보지 않는다. 반면에 예수님은 맨 먼저 눈부터 보신다. 사람을 방황하는 자녀로 보신다. 세리와 창녀와 귀신들린 사람들이 예수님을 만나고 깨달은 것이 있다. "예수 그리스도는 우리를 보신다. 우리 안의 본모습을 보신다. 우리를 하나님이 돌보시고 사랑하시는 자녀로 보신다."

그래서 그들은 예수님을 만나고 난 후 본모습을 찾았다. 예수님의 제자가 되면 우리 눈도 변한다. 들보가 제거된다는 의미에서만이 아니라 무엇이든 지금까지와는 다르게 본다는 의미다. 이제 우리는 상대의 눈 속의 티만 보는 게 아니라 눈 자체를 본다. 그 눈 속에 하나님은 자신의 지고한 형상을 빚으셨다.

이제 우리는 그 여자를 창녀로만 보지 않고 불행한 자녀로 보며 슬퍼한다. 나쁜 동료나 험담하는 사람을 교활한 악인으로 보지 않고 하나님의 자녀답게 최고의 자유를 누리도록 부름 받았으나 미움의 노예로 살아가기를 더 좋아하는 인간으로 본다. 이제 우리 눈에 비치는 모든 인간은 주께서 피로 값 주고 사셨으나 그 값진 영혼을 잃을 위험에 처한 존재다.

이런 시력을 선물로 받은 사람은 비판을 그만둔다. 티 외에 다른 것을 보는 복을 받았기 때문이다. 그는 하나님 사랑이 이루어내는 기적을 본다. 우리가 무자비한 비판적 자세로 악착같이 막지만 않는다면 그분의 사랑은 어디서나 활짝 피어난다.

그리스도인은 하나님의 자녀들을 찾아 나서는 사람이고 어디서나 그들을 찾아낼 수 있다. 물론 티도 보일 것이다. 사랑은 우리의 시력을 예리하게 해주기 때문이다. 상대를 사랑하면 그의 가장 작은 변화까지도 눈에 띈다. 하지만 우리의 사랑 자체도 구원의 수술을 거쳤기에 이제 우리가 남의 티를 식별하는 이유는 부드러운 손으로 그것을 빼내 주기 위해서다. 자신의 들보를 망각한 채 실컷 고소해 하려고 남의 티를 찾아내는 게 아니다.

예수 그리스도는 만물을 새롭게 하신다. 우리 마음과 눈뿐만 아니라 모든 것을 새롭게 하신다. 그런 사람들에게는 세상이 말 그대로 달라 보인다. 원자폭탄은 세상을 저지할 뿐이지만 속에는 멸망의 나락이 몰래 입을 벌리고 있다. 그러나 마음과 눈이 새로워지면 세상도 구속(救贖)되어 새로워진다. 우리 삶은 바로 이 기적 덕분에 지금도 지속되고 있다. 우리는 하나님 앞에 가만히 있기만 하면 한다. 그래야 이 기적이 우리 안에 벌어질 수 있고, 그리하여 구속자이신 그분의 치유력이 이 어둡고 열뜬 세상 속으로 흘러들 수 있다.

나더러 주여 주여 하는 자마다 다 천국에 들어갈 것이 아니요
다만 하늘에 계신 내 아버지의 뜻대로 행하는 자라야 들어가리라
그 날에 많은 사람이 나더러 이르되
주여 주여 우리가 주의 이름으로 선지자 노릇 하며
주의 이름으로 귀신을 쫓아 내며
주의 이름으로 많은 권능을 행하지 아니하였나이까 하리니
 그 때에 내가 그들에게 밝히 말하되 내가 너희를 도무지 알지 못하니
불법을 행하는 자들아 내게서 떠나가라 하리라
마태복음 7:21-23

PART 3

좁은 문으로,
좁은길로

"구하라 그리하면 너희에게 주실 것이요 찾으라 그
리하면 찾아낼 것이요 문을 두드리라 그리하면 너
희에게 열릴 것이니 구하는 이마다 받을 것이요 찾
는 이는 찾아낼 것이요 두드리는 이에게는 열릴 것
이니라. 너희 중에 누가 아들이 떡을 달라 하는데
돌을 주며 생선을 달라 하는데 뱀을 줄 사람이 있
겠느냐. 너희가 악한 자라도 좋은 것으로 자식에게
줄 줄 알거든 하물며 하늘에 계신 너희 아버지께서
구하는 자에게 좋은 것으로 주시지 않겠느냐. 그러
므로 무엇이든지 남에게 대접을 받고자 하는 대로
너희도 남을 대접하라. 이것이 율법이요 선지자니
라."
― 마태복음 7:7-12

구하는 이마다 받을 것이요
구하고 찾고
두드리라

마태복음 7장 7절을 읽으면 현실주의의 시원한 바람이 부는 것을 느낄 수 있다. 이것을 감지하지 못하는 사람은 분명 생각이 둔하고 마음이 경직되어 있을 것이다. 이 구절이 우리에게 하는 말은 단순하고도 간명하다. 구절 그대로 "구하고, 찾고, 문을 두드려야" 한다. 그때 뭔가 일이 벌어질 거라고 간결하고 장중하게 확언한다. 즉 구하는 것을 받고, 찾는 것을 찾아내고, 두드리는 문이 열릴 것이다. 그래서 본문은 이제부터 말씀처럼 시도해 보라고 권한다.

거창한 사고 과정에만 돌입해서는 소원을 이룰 수 없다. 하나님을 만나고 싶은 소원이나 평안을 얻고 싶은 소원, 전화선 저쪽에서 누군가 관심을 갖고 내 말을 듣고 있음을 확인하고 싶은 소원 역시 마찬가지다.

세상을 통치하고 나를 사랑하는 신이 과연 존재하는지 아무리 찬반양론을 머릿속으로 따져 보아도 소용없다. 또 이것은 감정의 문제나 기도할 기분이 내키는 문제도 아니다. 가장 사랑하는 이의 감옥 출소를 환영하거나 그의 사망 통지를 받는 것처럼 인생의 특별한 전환점을 맞는 것도 아니다. 음악회에서 깊은 감동을 받거나 어린아이의 취침 기도를 듣고 가슴이 뭉클해져 경건하게 기도할 기분에 젖는 것도 아니다.

생각만으로는 아무 일도 일어날 수 없으며, 감정은 다음 순간의 냉엄한 현실 앞에서 어느새 사라진다. 이것은 행동의 문제다. 지극히 단순한 일이 명확히 규정되어 우리 앞에 제시되어 있으니 곧 구하고 찾고 두드리는 일이다.

우리는 새로운 사업을 시작하거나 책을 쓰거나 연구 과정에 착수하는 등의 큰일을 앞에 두면, 쉽게 엄두를 내지 못하고 지레 겁을 먹기 쉽다. 앞으로 헤쳐 나가야 할 모든 문제가 갑자기 한 지점으로 수렴되어 보이기 때문이다.

그러면 온갖 의문이 마음속에 싹튼다. 새로운 사업을 시작할 공간과 필요한 시설을 어디서 얻을 것인가? 운영을 위한 충분한 자본을 어디서 확보할 것인가? 이러한 문제들을 해결한다면 성공할 것인가? 이런 혼돈과 위기의 시기에는 자신의 에너지와 의욕은 어차피 가장 작은 요인에 불과하다. 예상치 못한 이외의 요인들이 끼어들 수도 있기 때문이다. 갑자기 통화 시세가 변동되어 내 모든 계산이 무산될 수도 있고 전 세계의 환경이나 경제 상황이 변할 수도 있다.

이런 여러 가지를 한참 생각하노라면 내 의욕이 시들어 온통 한숨과 낙심으로 변하는 것도 당연하다.

삶의 기초를 바로잡고 싶으면

하나님과의 관계를 바르게 하는 중대사에 임할 때도 똑같은 현상이 벌어질 수 있다. 나는 마음이 너무 불안하고 만족이 없기 때문에 주님과 올바른 관계를 진심으로 맺고 싶다. 내 삶은 구심점이 없고, 내 일이 성공적일 때조차도 깜부기를 타작하는 것처럼 느껴진다. 복과 은혜가 없으며 따라서 기쁨도 없다. 나는 이러한 이유로 삶의 기초를 바로잡고 싶고, 하늘 아버지를 만나고 싶으며, 분망함과 불안함 속에서 평안을 얻고 싶다.

하지만 온갖 어려움이 길을 막으며 내 눈앞에 거대한 모습을 드러낸다. 나는 그리스도인의 삶을 능히 살아낼 수 있을까? 총력의 훈련으로 날마다 필요한 시간을 떼어 하나님과의 대화에 집중하며 그분의 음성을 들을 수 있을까? 차라리 하나님의 엄위하신 눈길을 날마다 대면하지 않아도 된다면, 내 삶의 많은 일을 더 쉽게 관리하고 조종할 수 있지 않을까? 그냥 내 무른 양심을 따르는 게 더 쉽지 않을까? 내 양심은 늘 느슨한 편이라 꺼림칙한 일에도 언제든 타협하여 동조할 수 있으니 말이다. 끝으로 핵심 질문이 있다. 중요한 기본 전제가 정말 사실일까? 다시 말해 하나님이 정말 존재하기는 할까? 내 평생 겪어 온 종교적 고생이 모두 사상누각의 망상은 아닐까? 다 헛수고가 아닐까?

모두 이런 생각을 알고 있으며, 그때 얼마나 낙심이 되는지도 안다. 그런데 예수님은 우리가 이런 불안한 상념의 한복판에 있음을 간파하신 듯 처음부터 특효의 처방을 내리신다. 예수님은 당면한 일이 너무 버거울 때는 그 일을 부분별로 또는 단계별로 잘게 나누는 게 최선이라 말씀하신다. 그러면 일 전체가 당장 달라 보인다.

그분에 따르면 당신의 일은 구하고 찾고 두드리는 것이고 하나님의 일은 응답하시고 만나 주시고 문을 여시는 것이다. 그러니 당신은 전혀 염려할 이유가 없다. 하나님께 정말 능력이 있는지, 그분이 당신의 필요를 정말 아시는지, 당신의 간구가 정말 그분의 귀에 상달되었는지 불안해할 필요가 없다. 그것은 다 하나님이 이미 보장하셨다. 당신은 그것을 염려해서도 안 되고 염려할 필요도 없다.

복음의 공식

복음을 이렇게 간단한 공식으로 정리할 수 있다. 복음은 우리의 염려가 필요 없는 모든 것을 알려 준다.

우리는 자신이 구원받을지, 평안을 얻을지 염려할 필요가 없다. 장래의 일을 알려고 염려할 필요도 없고, 한없이 절망스러워 보이는 정치적 상황에서 헤어날 길이 있을지 염려할 필요도 없다. 그것은 다 우리의 소관이 아니다. 그것은 하나님이 예수 그리스도를 통해 즐거이 우리의 형제가 되셔서 고난과 죽음과 부활을 통해 우리의 운명에 동참하신 이후로 이미 다 해결되었다.

지금부터 마지막 날까지 예수 그리스도는 파도가 높게 쳐도 기꺼이 우리의 작은 배 안에서 주무시며 함께하신다. 우리가 파도를 이겨내고 마지막 날에 도달할지는 전혀 우리의 소관이 아니다. 그거라면 우리의 배 안에서 주무시는 예수님이 이미 다 이루셨다. 바다도 그분의 손안에 든 잔잔한 연못에 불과하다.

그러므로 기도라는 문제의 모든 이론적 답을 찾아내는 것도 우리의 일이 아니다. 우리의 일은 단순히 간구하는 것이다. 이것은 생각할 일이 아니라 실행할 일이다. 예수님은 늘 우리에게 곧바로 일을 맡기신다. 기도라는 일도 실제로 하면서 배운다. 기도도 자꾸 해보고 또 해보아야 한다.

물론 예수님은 기도의 실험을 처음 해보는 연구자처럼 말씀하지 않으신다. 예컨대 원자력을 통한 파괴를 처음 실험하는 과학자는 결과를 모른다. 거기에 개입되는 모든 자연법은 실험 자체를 통해 밝혀진다. 반대로 예수님은 기도의 실험을 백 번도 더 해본 교사로서 말씀하신다. 따라서 그분은 기도에 작용하는 하나님 나라의 모든 자연법은 물론 그 내막과 결과까지 훤히 보고 아신다. 그 결과란 곧 구하는 자는 풍성히 받고, 문을 두드리는 자에게는 하나님의 신비라는 육중한 문이 열린다는 것이다.

물론 기도할 때 우리는 감히 이 말씀의 주체가 그분이심을 잊지 않는다. 모든 법칙은 예수 그리스도께서 임재하신다는 이 한 가지 전제 하에서만 성립되기 때문이다. 우리가 기도의 실험을 감행함은 그분이 권위자로서 말씀하셨기 때문만이 아니라 정말 그분이 임재하시기 때문이다. 그렇다면 그분은 누구인가?

예수 안에 길이 있다

그분은 자신을 아버지께로 가는 길이요 아버지와의 교제로 들어서는 문이라 칭하셨다. 다시 말해 하나님 아버지께로 가기 위해서는 길이 존재하며 그 길을 알아야 한다.

삶이란 그저 뒤엉킨 덩굴, 악몽 같은 소음, 낯선 목소리, 불안한 공포 따위로 이루어진 길 없는 정글이 아니다. 예수 그리스도 안에 길이 있다. 높고 캄캄한 절망의 벽만 있어 끊임없이 거기에 부딪치는 게 아니다. 이 길과 문이 존재하기에 기도가 가능하다. 그래서 의식 혹은 무의식 중에 기도는 늘 예수님의 이름으로 드려진다. 그래서 실험의 개념조차도 결국 무효가 된다.

실험이란 늘 신중한 사고와 꼼꼼한 추적을 통해 자연을 향해 던지는 질문인데, 그 답을 통해 나의 기대가 확증될 수도 있고 부정될 수도 있기 때문이다. 하지만 기도의 경우는 질문이 있기도 전부터 답이 존재한다. 찾기도 전부터 길이 존재하고, 두드리기도 전부터 문이 존재한다.

평안, 정답, 복, 아버지와의 교제 등 모든 것이 예수 그리스도 안에서 당신에게 이미 주어져 있다. 이제 당신은 그것을 찾아내기만 하면 된다. 아니, 받아들이기만 하면 된다. 포기하지 않고 그 길과 문을 활용하기만 하면 된다. 나머지는 다 당신의 소관이 아니다. 모든 것이 이미 해결되었다. 당신이 시작했다는 사실은 틀림없이 그분이 먼저 당신을 찾으셨다는 뜻이다. 그러므로 당신은 기쁘게 찾고 결연히 그 문을 두드릴 수 있다. 두드리지 않고는 문을 열 수 없기 때문이다.

하지만 벌써 당신이 이에 대해 뭐라고 답할지 짐작이 간다. 이 교도들과 예수님의 제자들이 공히 경험하는 일이 당신의 말로 잘 대변된다. "우리는 다 수백 번도 더 문을 두드려 보지 않았는가? 조롱하는 자와 회의론자와 무신론자까지도 한번쯤 기도해 보지 않은 사람은 없다. 하지만 '들어오라'는 말을 단 한 번도 듣지 못했다. 아무것도 들리지 않고 무서운 침묵뿐이었다. 그러니 문을 계속 두드려야 할 까닭이 무엇인가? 지치고 공허한 얼굴로 지하철을 기다리는 사람들은 왜 계속 두드려야 하는가? 오늘 아침에 이 자리에 모인 우리 중에도 정말 계속 두드리는 사람이 있는가? 우리는 문 저편의 침묵을 하도 자주 들어서 결과를 훤히 알고 있다. 즉 아무 일도 없을 것이다. 우리에게 들려온 거라고는 자신의 숨소리와 독백뿐이다."

릴케는 어느 편지에서 예수님과의 전화 통화에 대해 말한 적이 있다. 사람들이 늘 "여보세요. 누구 있습니까?" 하고 전화를 걸지만 아무도 받지 않는다는 것이다. 하지만 당신에게 묻겠다. 우리는 정말 수화기를 들고 정확한 번호를 눌렀는가? 아니면 자기 전화 번호를 눌렀을 뿐인가? 제대로 전화를 걸지 않는다면 당연히 제대로 받지 못할 것이다.

다시 말해서 기도할 때 내 생각만 한다면 곧 자신의 번호를 누르는 것이다. 빵, 승진, 실종된 아들의 생환, 부족한 재물의 시급한 공급 등 내가 원하는 것만 생각하고 내가 대화하려는 대상이 누구인지도 생각하지 않으면 그렇게 된다. 무한한 자비와 전능하심과 높은 지혜를 가진 예수님께 방법과 수단을 맡기지 못하는 것이다. 그렇게 되면 우리의 기도는 이기적인 주문(呪文)을 벗어나지 못하며 하늘로 상달되지 못한다. 그러면 "내 자녀야, 내가 여기 있다"라는 하나님 아버지의 위안과 응원의 말씀은 결코 들려오지 않는다.

이렇게 문을 두드리고 전화를 거는 일은 아주 독특하고 특별한 일이다. 그런데 어떤 사람들은 그 일을 잘못했다가 "들어오라"는 말이 들리지 않자 두드리는 것을 포기한다. 그뿐 아니라 아예 두드릴 필요가 없다고 다른 이들에게 강변하기도 한다. 그들은 소위 종교적인 사람들이다.

물론 자연이나 베토벤의 교향곡에서 하나님을 체험하려면 문을 두드리거나 그와 비슷한 일을 할 필요가 없다. 그냥 하나님의 충만하심 속으로 뛰어들기만 하면 된다. 그것이 모든 나무, 파도의 물거품, 붉게 물든 산, 불멸의 음악의 선율 속에 있기 때문이다.

이런 종교적인 사람은 '원시림 속으로 돌진하듯' 신에게로 내달린다. 그 신은 아주 너그러워서 굳이 그리스도라는 전화가 없이도 날마다 우리를 대한다. 먼저 두드리거나 문안으로 들어갈 필요조차 없다는 말이다.

두드릴 때 기적이 시작된다

나는 문밖의 외부인들을 비난하고 싶은 마음은 없다. 그 이유는 문밖을 보아야 예수님께서 말씀하신 '두드림'의 특별한 의미에 대한 귀중한 단서를 얻기 때문이다. 문을 두드린다는 것은 결국 존중의 표시다. 다시 말해 무턱대고 '들어갈' 권리가 내게 없다는 뜻이다. 내 집이라면 두드리지 않고 마음대로 드나들 수 있지만, 남의 집이나 사무실에 대해서는 동일한 권리가 없다. 따라서 들어가기 전에 먼저 문을 두드려야 한다. 거기는 타인의 관할을 받는 타인의 영지 내지 구역이기 때문이다. 그러므로 감히 그냥 들어가지 않고 일단 멈추어 두드려야 한다.

예수님이 말씀하신 두드림이 바로 그런 뜻이다. 자연 속에는 그냥 들어가면 그만이지만 하나님께는 그렇게 값싸게 접근할 수 없다. 내가 들어가도 된다는 것은 결코 기정사실이 아니다.

하나님은 거룩하신 분이므로 내 더러운 입술과 손으로 주님의 임재 안에 들어가면 나는 그분의 뜨거운 눈빛 아래서 소멸할 수밖에 없다. 그런데도 내가 그 안에 들어갈 수 있다는 사실과 그분의 임재 안에서 소멸되지 않아도 된다는 사실, 친구이자 귀한 손님으로서 그분과 식탁에 마주앉을 수 있다는 사실은 모두 다 그분의 덕이다. 그분이 내게 문을 열어 주셨고 또 친히 길이 되셔서 하나님의 임재로 이끄시기 때문이다.

분명히 이것은 하나님께 접근할 수 있는 당연한 권리와는 정반대다. 이는 하나님의 선하신 마음이 이루어낸 기적이다. 우리를 위해 독생자를 세상에 보내 주시고 피 흘리게까지 하신 그 사랑의 기적이다. 들어가기 전에 일단 멈추어 문을 두드려야 한다는 사실은 내게 이 기적을 상기시킨다. 안에서 기다리시는 분은 그저 친절하고 너그러운 신이 아니라 살아 계신 거룩하신 왕이기 때문이다.

그분은 극진히 사랑하는 아들을 자신의 품에서 떼어 내셨다. 나를 그 품으로 이끌어 그분의 평안을 누리게 하시기 위해서였다. 먼저 문을 두드려야 한다는 사실은 거룩하신 하나님과 나 사이의 그 괴리를 상기시킨다. 나를 안에 들이시려고 예수님이 당하셔야 했던 모든 고난과 흘리신 피와 십자가를 상기시킨다. 그래서 이제 나는 안에 들어가 하늘 아버지의 기쁨과 충족에 동참할 수 있다.

요컨대 문을 두드리는 행위는 기적의 상징이다. 그 기적이란 곧 문이 존재하고, 문이신 분이 계시며, 내가 들어가 아버지와 대화할 수 있다는 사실이다.

물론 "노크 없이 들어오시오"라고 쓰여 있는 문도 있다. 특히 정부기관의 사무실에 그런 데가 많다. 들어가 보면 대개 아무도 없는 대기실이나 복도가 나온다. 어차피 존중해야 할 프라이버시가 없는 것이다.

이는 종교적인 사람들을 연상시킨다. 그는 엄위하신 하나님의 영역을 인정하지 않고 그냥 마음대로 활보한다. 헌신은 없고 종교적 자유만 있는 이런 사람은 우리 안에도 있다. 그는 아름다운 노을을 보며 종교적 감흥에 젖기도 하고, 미사나 기타 의식(儀式)을 지켜보며 전율을 즐기기도 한다. 다분히 우발적일 뿐 결코 신자로 헌신하는 일은 없다. 성지를 찾거나 마태 수난곡을 감상할 수도 있지만 그 후에도 결국 달라지지 않는다. 그는 이렇게 문을 두드리지 않는 삶을 표현할 유행어를 찾아냈다. 소위 실존주의자들과 대도시의 지식인들이 자주 쓰는 말이다. "나는 곧 내 자유다."

사르트르의 유명한 희곡 《파리떼》에서 오레스테스가 한 이 말은 이런 뜻이다. "나는 문을 두드릴 필요가 없다. 세상은 신의 것이 아니라 나의 것이다. 세상은 나의 사냥터다. 아무도 나를 건드리거나 벌하거나 지배하거나 제한할 수 없다."

그러나 문마다 "노크 없이 들어오시오"라고 적혀 있다고 단정하는 이 자유인은 모든 문을 태연하고 교만하게 침범한 데 대한 대가를 치른다. 온 세상을 찬탈한 대가로 그는 물불 가리지 않는 잔학무도한 초인의 대재앙에 빠질 뿐 아니라 더 이상 진정한 길과 올바른 문을 찾을 수도 없다. 아무도 없는 텅 빈 대기실과 어둡고 황량한 복도만 운명처럼 방황해야 한다. 거기서 그는 자유를 누리지만 그것은 빙설의 무인지대에만 존재하는 끔찍한 자유다. 그는 질식할 듯한 고독 속으로 추방당한 채 더 이상 아무와도 또는 무엇과도 소통하지 못한다. 이것이 더 이상 문을 두드리지 않는 인류의 섬뜩한 초상이다. 문 저편에 우리를 기다리는 분이 계시건만 그들은 더 이상 그 문을 모른다.

두드리면 문이 열린다는 단순한 진리의 힘

"노크 없이 들어오시오"를 구호로 살아가는 이 실존주의 철학 속에 또한 무서운 핵심 단어가 숨어 있음은 우연이 아니다. 고아처럼 캄캄한 복도를 방황하는 사람의 기본 감정이 그 단어로 잘 표현된다. 그것은 바로 불안이다.

세상에서 우리는 환난(불안)을 당한다. 예수님의 말씀 중 사람들이 지금도 되풀이하는 것은 그 부분뿐이다. 우리가 불안을 겪는 이유는 세상을 이기신 분이 더 이상 우리와 함께 계시지 않기 때문이다. 하지만 그 말의 뒷부분은 더 이상 되풀이되지 않고 망각되었다.

내 생각에 우리 그리스도인은 주변 사람들에게 더 긍휼을 품어야 한다. 그들은 세상살이가 못내 두려우면서도 자유에 대해 헛소리를 한다. 큰 복을 받아서 문을 알고 있는 우리가 그들을 위해 아버지께 훨씬 자주 간절히 중보해야 한다. 그 문을 두드리면 날마다 열리고 그 안으로 들어가면 하나님과 화목하게 기쁨을 누린다.

두드리면 열리는 문이 있고 거기 우리를 기다리는 분이 계시다니 이거야말로 뒤숭숭한 슬픈 꿈에서 깨어나는 것과 같지 않은가? 그렇다면 무턱대고 들어가지 말고 일단 멈추어야 한다는 것이 정말 우리의 자유를 제약하는가? 우리가 정말 자녀와 친구로 받아들여져 아버지 집이 내 집이 될 수 있다는데 그것이 제약인가? 아버지의 눈길과 훈육 아래서 그분께 순종하는 것이 정말 구속(拘束)인가? 정녕 이것이 제약인가? 오히려 이런 삶이 우리에게 허락되는 것 자체가 하나님 자녀의 영광스러운 자유가 아닌가? 거기 계시는 그분은 우리를 위해 모든 것을 희생하시고 고난당하셨으며, 그렇게 비싼 값을 치르고 사신 존엄성을 우리가 내버리지 않기를 바라신다. 거기 계시는 그분은 이 끝없는 캄캄한 복도의 두려움과 외로움을 우리에게서 가져가시고, 그리스도인의 삶과 평안이라는 잔칫집으로 우리를 불러들이신다.

우리가 두드리면 문이 열리고 거기 당신과 나를 기다리는 분이 계신다. 이보다 더 큰 기쁨이 있는가? 이 단순한 사실보다 더 큰 기쁨이 있는가? 하지만 문이 열려 아버지를 만나는 그 방은 복된 대화와 신령한 기쁨만 있는 골방으로 끝나지 않는다.

방에 들어온 우리에게 곧바로 일이 맡겨진다. 여기에도 행동으로 실천해야 할 일이 있다. 이웃과의 관계까지 포함하지 않는 아버지와의 관계란 있을 수 없기 때문이다. 내 이웃이자 형제를 아우르지 않는 기도는 기도가 아니다. 내 형제를 동시에 섬기지 않는 예배는 하나님께도 섬김이 되지 못하며 오히려 아편과 영적 흥분제에 지나지 않는다. 하나님은 그런 기도의 엄숙한 미사여구, 소리로만 끝나는 위대한 개혁 찬송가, 가장 정확하게 풀어내는 설교까지도 들으실 마음이 없다.

그러니 다른 길은 없다. 이웃의 모습이 우리 앞에 즉각 떠올라야 한다. "무엇이든지 남에게 대접을 받고자 하는 대로 너희도 남을 대접하라"(마 7:12).

여기서 당신은 이런 생각이 들지도 모른다. "뭐 그렇게 특별한 말은 아니다. 이 계명을 알고 그대로 행하는 데 굳이 예수님까지 없어도 된다. '남이 너한테 하지 말았으면 하는 일은 너도 남한테 하지 말라'. 이거야말로 인간이라면 누구나 본능적으로 아는 말이 아닌가?"

하지만 당신에게 이렇게 묻고 싶다. 이웃에 대한 예수님의 말씀은 그 의미가 전혀 다르지 않은가? 역시 이 말씀의 주체가 누구인지를 단단히 명심해야만 그 의미를 이해할 수 있지 않은가? 다시 말해서 산상수훈의 모든 어구 속에서 우리는 설교자이신 그분 자신을 보아야만 한다.

사랑, 인간다운 대우, 이웃 간의 수용 등을 내가 남들에게 바라는 만큼 나도 남들에게도 그대로 베풀어야 한다. 그런데 바로 그것을 예수 그리스도께서 가장 깊은 차원에서 내게 베푸셨다. 내가 반항해도 그분의 마음은 사랑으로 나를 향하신다. 내가 사랑받을 자격이 없어도 그분은 나를 사랑하신다. 내가 그분 앞에 티끌과 재처럼 보잘것없는 존재여도 그분은 나를 존중하신다. 나는 스스로 존엄성을 내버렸으나 그분은 큰 값을 치르시고 나를 사셨다.

그 일이 내게 벌어진 뒤로 내가 아는 사실이 있다. 인간은 오직 사랑받기 때문에만 살 수 있다. 위대한 기적이 일어나 하나님이 내 아버지가 되셨기 때문에만 살 수 있다. 그 외에는 무엇도 삶이라 불릴 가치가 없다. 그 외에는 다 헛수고요 황량한 폐허이며, 캄캄한 복도를 헤매는 딱하고 시시한 방황일 뿐이다.

자신이 하나님께 한없이 소중한 존재이며 큰 값을 치르고 사신 사랑받는 존재임을 망각하는 순간 인간의 삶은 무한한 가치를 잃는다. 그런 사람은 인간의 이용 가치가 무엇인지, 사회에 기여할 게 있는지, 생산적 노동력인지 아닌지 등만 따진다. 그리하여 용도가 다한 사람은 쓰레기 더미에 버려지고, 제거되고, 굶주림 속에 유기된다.

우리가 직접 겪은 지난 역사와 또 철의 장막 저편의 형제들에게서 들려오는 소식은 인간이 자초한 존엄성 상실의 생생한 예다.

인간은 더 이상 자신이 사랑받는 존재임을 모르며 따라서 삶의 의미와 가치를 상실했다.

이웃이 하나님께 한없이 소중한 존재임을 아는 사람만이 진정 이웃의 불가침성을 존중한다. 그것을 망각하는 사람은 이웃을 함부로 대하며 한낱 놀림감으로 전락시킨다. 오늘 인류에게 닥친 무서운 대재앙은 우리가 더 이상 동료 인간을 하나님의 사랑과 거룩한 보호 아래에 있는 존재로 보지 않는다는 확실한 증거다. "무엇이든지 남에게 대접을 받고자 하는 대로 너희도 남을 대접하라"(마 7:12).

남이 우리를 어떻게 대접해야 하고 우리가 형제를 어떻게 대접해야 하는지 이제 알겠는가? 내가 받고 싶은 대접이든 형제에게 베풀어야 하는 대접이든, 우리는 예수 그리스도로부터 받은 대로 반사하고 전수할 수밖에 없다. 우리가 그분께 받은 것은 무엇인가?

하늘 아버지의 마음이 우리에게 열려 있으며, 무슨 일이 있어도 우리가 그분의 사랑받는 자녀임을 배웠다. 또 우리가 이 살벌한 세상에 홀로 버려진 고아가 아니라 아버지 집이 곧 우리 집임을 배웠다. 그 문을 두드리면 그분은 먼 나라에서 돌아온 아들을 반기시듯 기쁘게 우리를 받아 주신다.

이 모든 일을 이루신 그분은 우리를 외롭게 버려두지 않으시고 우리와 함께 사신다. 그분은 우리의 길이요 문이요 형제요 친구이시다. 그분께 영광과 찬송과 감사를 드린다!

"좁은 문으로 들어가라. 멸망으로 인도하는 문은 크고 그 길이 넓어 그리로 들어가는 자가 많고 생명으로 인도하는 문은 좁고 길이 협착하여 찾는 자가 적음이라."

— 마태복음 7:13-14

좁은 문으로 들어가라
과감히 더 힘든 길을
택하는 신비

종전(終戰)과 함께 이 나라가 붕괴된 뒤로 나는 붕괴의 참된 원인에 대해 인생관과 연령층과 직업이 각기 다른 많은 사람들과 대화할 기회가 있었다. 우리의 대화는 삶 자체의 궁극적 의문들로 귀결되었다. 진지하게 생각하는 사람치고 세계에 되풀이된 대재앙과 붕괴의 궁극적 원인을 현대인의 종교적 위기라는 아주 뿌리 깊은 위기에서 부득이 찾지 않는 사람을 나는 한 명도 보지 못했다.

최소한 그들은 원인의 일부라도 그쪽에 있다고 추정했다. 모두의 일치된 진단에 따르면 인류는 종교적 외경의 모든 속박을 벗어던졌으나 이제 그 자유를 행복으로 누리기보다 오히려 점점 더 저주로 느끼고 있다.

그러나 대부분의 그런 대화에 명백히 드러나는 경악스럽고도 우려스러운 사실이 있다. 기독교가 하나의 일시적 유행으로 전락할 위험에 처해 있다는 것이다.

사람들은 대규모로 기독교로 회귀함으로서 폭넓은 기반 즉 넓고 쉬운 길을 능히 만들어낼 수 있다고 생각한다. 그러면서 그 길을 통해 진보가 이루어지기를 희망한다. 정직한 납세의 붕괴, 결혼의 붕괴, 젊은 층의 해이한 도덕성 등을 기독교적 정치, 기독교적 사회 질서, 기독교적 도덕이라는 세력과 구조를 통해 타개할 수 있다는 것이다. 그들에 따르면 우리는 이 넓은 길을 토대로 위대한 새 출발을 향해 전진할 수 있다.

이렇게 기독교로 도피하는 것은 심히 의뭉스러운 일이며, 서구 기독교라는 이념을 등에 업고 기독교의 넓은 길을 제시하려는 시도다. 그것은 회개나 쇄신과 하등 관계가 없기 때문이다.

따라서 예수님의 메시지에서 가장 중요한 결정적 핵심과도 무관하다. 오히려 일종의 종교적 공황 상태일 뿐이다. 그러므로 우리는 처음부터 다음 사실에 유의하는 게 좋다. 마태복음 7장에 비

유된 넓은 길은 그저 중죄인들이 득실대는 길이 결코 아니다. 온갖
강도와 간음한 사람과 고발자와 게으름뱅이가 살고 있는 대로(大
路)가 아니다. 오히려 넓은 길에 세워진 표지판에는 영생, 하나님,
기독교와 같은 단어와 성경 본문이 적혀 있을 수도 있다. 이런 문
제에 대한 대화는 늘 거의 똑같은 형태를 띠었다.

영생을 얻고 싶은가? 좁은길에 서길 결단하라

나는 어느 한 도시에서 독일의 비극에 대해 강연한 뒤에 토론
시간을 가졌다. 그때 아주 진지하고 젊은 현역 사업가가 이런 말을
했다. "현재의 세상이 붕괴하여 비참해진 원인에 대해 이렇게 신학
자의 강연을 들을 수 있어 좋습니다. 도덕 분야의 전반적 붕괴, 국
제 조약의 파기, 불안정을 조장하는 정치적 위협, 권력 싸움, 제국
주의 등 이 모두는 정치인들과 국가들과 개인들이 더 이상 신의 질
서를 존중하기 않기 때문입니다. 그래서 나의 부친과 조부가 사업
할 때는 직원들을 믿을 수 있었지만 나는 더 이상 믿지 못합니다.
다들 자신에게 당장 유리해 보이면 무엇이든 일단 움켜쥡니다.

냉혹한 사리사욕이 시대의 풍조입니다. 이 말이 믿어지지 않
거든 혼잡한 전차에서 벌어지는 싸움을 보시면 됩니다. 그러므로
궁극의 종교적 가치와 법을 우리가 다시 존중하지 않는 한 세상은

결코 평안을 얻지 못할 것입니다.

그런데 그 일을 하도록 우리를 도울 수 있는 것은 기독교뿐입니다. 그래서 나는 교회로 돌아왔습니다. 교회의 교리를 개인적으로는 잘 모르지만 외경과 사랑이라는 이상(理想)과 함께 기독교의 도덕성만은 인정합니다. 이런 것들만이 우리 사회에 도움이 될 수 있습니다. 결론적으로 우리는 서구 기독교로 돌아가야 합니다."

꽤 다양한 사람들이 청중 가운데 섞여 있었는데 강연을 들은 대부분이 고개를 끄덕이며 수긍했다. 화자는 호감을 주는 점잖은 사람이었고 정말 진지했다. 의심의 여지없이 그는 여러 모로 핵심을 찔렀다. 게다가 사람들은 한때 교회를 떠났던 그 사람의 이런 공적인 간증도 좋게 보았다.

그러나 그의 말은 틀린 부분이 있었고 우려스럽기까지 했다. 결국 그가 한 말은 다음과 같이 해석할 수 있다. "정치가들과 과학자들이 각종 현대 철학으로 우리를 이 잔혹한 광야에 데려다 놓았으니 이제 우리는 기독교적 이념의 힘을 빌려야 합니다!"

마귀도 유혹의 시간에 예수님께 세상 나라들을 제시하지 않았던가? 예수 그리스도의 이름과 성품과 가르침을 그는 거대한 세계 정부를 재건하고 구성하는 프로그램으로 이용할 심산이 아니었던가?

마귀는 말했다. "나사렛 예수여, 너의 기독교는 문화 전반을 위한 정치적 이념이자 기초가 되고 예술과 과학을 떠받치는 철학이 되어야 한다. 그러면 너의 기독교는 만인이 걸을 수 있는 넓은 길을 내놓을 수 있다. 어차피 너는 십자가에서 죽기에는 너무 선한 존재다. 나사렛 예수여, 너에게는 세상을 통치할 소양이 있고 이 프로그램이 있다. 그래서 내가 너에게 세상을 주어 그것을 실현하게 하려는 것이다."

우리는 마귀의 제안에 예수님께서 어떻게 답하셨는지 잘 알고 있다. 그분께 이것은 말 그대로 마귀의 제안일 뿐이었다! 광명의 천사로 가장할 수 있는 마귀라면, 오늘날 계속되고 있는 서구 기독교에 대한 토론에서 아주 효과적으로 설득력 있게 말하는 진지한 인간의 탈을 쓸 수도 있지 않겠는가?

그 젊은이의 말에는 뭔가 옳지 못하고 미심쩍은 데가 있는데, 그런 찜찜한 느낌이 드는 이유가 갑자기 밝혀졌다. 그 자리에 참석한 다른 젊은이가 일어나 열띤 발언을 쏟아냈던 것이다. "앞선 토론자가 지당하게 말했듯이 모든 재난의 원인은 우리가 영원한 기초를 저버린 데 있습니다. 하지만 그 결론이 나에게 무슨 소용이 있으며 우리 모두와 민족에게 무슨 도움이 됩니까? 나와 여러분과 우리 모두가 어떻게 그 기초로 돌아갈 수 있습니까? 아주 실제적으로 말해서 그것은 내가 어떻게 그리스도인이 될 수 있느냐는 뜻입니다."

그 학생은 회중 가운데서 애타게 절규했다. "기독교적 관점과 기독교적 이상에 대한 두리뭉실한 말은 뜬구름 잡기에 불과합니다. 물론 충절, 정직, 준법, 인간의 존엄성은 다시금 하나님 앞에 서서 그분을 경외하고 사랑하고 신뢰하며 그분께 기도하는 법을 배운 세상에서만 활짝 피어날 수 있습니다.

하지만 그것이 아무리 맞는 말일지라도 단 하나의 가련한 영혼에게도 도움은 되지 못합니다. 내가 이 하나님을 인격적으로 믿지 못한다면 그 말이 아무리 옳아도 내게 아무 소용이 없습니다. 그러면 나는 여전히 기독교적 기초를 놓는 데 일조하지 못합니다.

나는 한 달 후면 결혼할 예정입니다. 만약 내가 앞선 토론자처럼 결혼의 전반적 붕괴와 각 부부의 난관을 해결하려면 종교적 기초로 돌아가야 한다고 정답을 말한다고 칩시다. 그러면 제가 그리스도인으로서 결혼하는 겁니까? 하나님을 믿지 못해도 그리스도인으로서 결혼하는 겁니까? 그분을 믿어야 함을 뻔히 알면서 믿지 못해도 말입니다. 이 민족과 나라를 정말 도우려면 우리 모두 그분을 믿어야만 합니다.

그러므로 진짜 문제는 어떻게 내가 이런 그리스도인, 인격적 그리스도인이 될 수 있느냐는 것입니다. 내 생각에 이것은 길을 찾는 우리 세대 전체를 대변하는 질문입니다."

이어 그는 그날의 강사인 나를 보며 말했다. "목사님은 인간이 그리스도를 통해서만 그렇게 될 수 있다고 말씀하셨지요. '나로 말미암지 않고는 아버지께로 올 자가 없느니라'(요 14:6). 하지만 바로 그게 문제입니다. 저는 그렇게 못하거든요. 그런 좁은 문을 찾거나 그런 병목을 뚫고 지날 수는 없습니다. 그래서 이런 재난의 궁극적 원인과 이 민족의 소위 종교적 쇄신에 대한 앞선 토론자의 모든 훌륭한 통찰이 제게는 전혀 도움이 못 됩니다. 아무리 옳은 말일지라도 말입니다."

발언을 마친 그에게 나는 "네가 하나님의 나라에서 멀지 않도다"(막 12:34)라고 말해 주고 싶었다. 일찍이 주 그리스도께로부터 그 말씀을 들은 사람도 사랑에 대해 아주 옳은 말을 했으나 그 사랑이 자기 앞에 서 계신 분 안에 있음을 미처 몰랐다. 또 자기가 마음과 목숨을 다하여 힘써 그분을 찾아야 함도 몰랐다.

물론 설교자가 이런 토론을 설교에 재연하는 것은 흔치 않은 일이다. 다만 내 취지는 좁은 문과 쉬운 길에 대한 예수님의 말씀을 우리 시대, 우리 상황에 대입할 만한 접점을 찾으려는 것이다. 그래야 그 말씀이 우리를 꿈과 망상에서 고통스럽게 깨움과 동시에 우리에게 위로와 약속을 들려줄 수 있다.

확신컨대 그 젊은 학생은 정확히 정곡을 찔렀다. 과연 기독교는 일종의 유행으로 전락할 위험에 처해 있다. 기독교가 필요하고 유익하다는 생각에 사람들은 서구 기독교라는 넓은 길을 회복해야 한다고 열변을 토한다.

물론 그리스도가 신이자 곧 인간이라는 교의는 구시대의 유물로 통한다. 더 이상 그것은 일반 대중을 이끌 힘이 없으므로 현대 인류의 폭넓은 기반이 될 수 없다는 것이다.

하지만 정작 회복해야 할 것은 기독교에서 말하는 하나님을 경외함이다. 그것이 살짝 변질되어 '종교적 외경'으로 바뀌었기 때문이다. 이런 회복은 사랑과 인간에 대한 기독교적 개념이 없이는 요원한 일이다.

이 젊은이의 관점은 철저히 신약에 부합한다. 즉 예수 그리스도 없이는 아무도 새로워질 수 없다. 우리를 기독교적 개념의 사랑, 인간, 경외로 인도할 넓은 길과 두리뭉실한 신념이란 존재하지 않는다. 모든 인간이 신기하게 동행하며 의기투합할 수 있는 넓은 길이란 존재하지 않는다. 그 학생이 아주 정확히 지적했듯이 누구든지 이런 기독교적 이상에 도달하려면 반드시 예수 그리스도를 받아들여야 한다. 아주 좁은 문으로 들어가 좁은길을 걸어야만 한다. 그러려면 결단이 불가피하다. 즉 다수의 행로를 따라가지 않고 교차로에서 예수님과 함께 좁고 외로운 길을 택해야 한다.

"내가 곧 길이요"(요 14:6). 이것은 십자가에서 버림받고 외로이 죽으신 그분이 하신 말씀이다. 그 길은 아주 좁고 협착한 길일 수밖에 없다.

그런데 오늘날 기독교적 이상도 "내가 곧 길이요"라는 말로 일반 대중을 끌어들인다. 기독교적 문화의 정치, 서구 기독교, 기독교적 색채의 종교도 하나같이 "내가 곧 길이요"라고 말한다. 하지만 그것은 너무 넓은 탄탄대로일 수밖에 없다. 멸망으로 인도하는 길일 수밖에 없다.

"나로 말미암지 않고는 아버지께로 올 자가 없느니라." 여기서 나는 가장 외롭고 멸시받는 인간이었다. 가시관을 쓰고 침 뱉음을 당한 슬픔과 죽음의 사람이었다. 바로 이것이 좁은 문이고 좁은길이다. 이 시간 내가 구도자들과 탐구자들에게 가리켜 보이고 싶은 길도 오직 그 길뿐이다. 주께서 그렇게 명하시기 때문이다.

그렇다면 이것은 무슨 뜻인가? 무엇보다 예수님께서 좁은길과 넓은 길을 대비하시며 우리에게 결단을 요구하신다는 뜻이다. 일상생활 속에서 우리는 감히 이전과 똑같은 길을 답습하지 않는다. 욕심나는 시시한 쾌락, 약간의 사랑과 영화관, 좋은 음식과 일의 진척을 쫓아다니지 않는다. 그보다 우리는 목표에 집중해야 한다. 이렇게 자문해야 한다. 나는 정말 무엇을 위해 살고 있으며, 영생을 얻으려면 무엇을 해야 하는가(막 10:17)?

새롭고 낯선 모험의 좁은길을 가다

대체로 인간은 가장 편한 법대로 살아간다. 쉽게 말해 다수를 따라간다는 뜻이다. 우리는 다분히 그냥 되는 대로 살아간다. 이러한 삶을 가장 편한 길, 넓은 길이라 한다. 사회생활을 그런 식으로 지속할 때 우리는 이미 본질상 그 길에 들어서 있다. 그런데 바로 여기서 예수님은 정지를 명하여 우리를 깜짝 놀라게 하신다. 중요한 것은 특정한 입구를 찾는 일인데 그게 편하지 않다. 그 입구로 인도하는 길은 좁고 불편하다. 길 양쪽에 구렁텅이가 있어 아무데나 마음대로 배회할 수 없다. 예수님의 이 말씀은 그리스도인의 인생길이 간단하지 않다는 뜻이다.

그리스도인이 아닌 사람이 대체로 훨씬 더 편하다. 그는 이 거짓된 세상을 훨씬 쉽게 통과할 수 있으며, 장애물도 적고 양심의 가책도 훨씬 덜하다.

반면에 그리스도인은 이 세상에서 예외가 되어야 하고, 다른 나라의 빛나는 표상으로 살아야 한다. 살벌한 세상에서 남들이 별로 양심의 가책 없이 쉽게 성공할 때 그리스도인은 사랑을 실천해야 한다. 두려움의 세상에서 평안의 통로가 되어야 한다.

애초에 이 모두를 원하지 않는다면 당신은 좁은길을 갈 수 없다. 처음에 예수님은 언제나 우리에게 걸림돌이고, 언제나 불편하고 거추장스러우며, 언제나 제동을 거는 존재다. 그것을 인정하지 못하겠다면 우리는 그분을 왜곡하여 감상적인 그림들에 나오는 부드럽고 다정다감한 나사렛 사람으로 탈바꿈시키는 것이다.

그러나 좁은길과 그분을 택하는 이 결단에는 이전의 길을 떠난다는 의미만 있는 게 아니라 기꺼이 자신을 그분께 의탁한다는 의미도 있다. 즉 그분이 이끄시는 대로 우리는 전혀 새롭고 낯선 모험의 길을 가야 한다.

아울러 이 결단에는 다른 사람들과 헤어진다는 의미도 있다. 일찍이 예수님이 주신 어려운 말씀처럼 제자들은 부모마저 등질 각오가 되어 있어야 한다. 사실 그분은 이 맥락에서 "미워한다"는 단어까지 거침없이 쓰셨다(눅 14:26). 또한 제자들 자신도 미움 받을 각오를 해야 한다고 말씀하셨다(눅 6:22). 그렇지 않으면 제자가 될 수 없다.

이렇듯 제자도란 박해(마 5:10)와 조롱을 받으며 십자가를 진다는 뜻이다(막 8:34). 제자도를 진지하게 대할수록 그런 일을 더 많이 당한다. 이 길은 우리를 수많은 죽음과 이별과 고독 속으로 인도한다. 가장 사랑하는 사람마저 떠나보내며 그와 점점 멀어지고 낯설어짐을 느껴야 할 때도 많이 있다. 하나님 나라의 위대한 사람들은 모두 피와 눈물과 처절한 고독을 통과해야 했다.

요컨대 우선 그리스도는 자신의 이상을 위해 서구 기독교와 일반 대중을 얻으실 분이 아니다. 무슨 대단원의 신화처럼 만인을 포근히 감싸실 분도 아니다. 사실 그분은 일반 대중과 함께하신 적이 없다.

오히려 무리를 피하시고 죄와 궁핍 속에 외로이 버림받은 사람들을 찾아가셨다. 정작 그들은 그분을 거들어 세상을 얻으시게 하거나 대규모의 선전 운동을 조직할 수 없는 사람들이었다. 어쨌든 일단 그분은 인간들과 나라들의 파도 속에 방파제처럼 서 계신다. 성난 듯이 그 방파제에 부딪쳐 높이 치솟으면서 그들은 양쪽으로 갈라질 수밖에 없다.

좁은길은 치유의 시작이다

사실 그 파도의 물방울인 우리는 누구나 다 그 방파제를 지나가야 한다. 세상의 한복판에 예수 그리스도라는 방파제가 세워진 이래로 인생의 물길에 순탄한 항해란 없다. 그 물길은 우리를 결단과 이별, 죽음과 고독으로 데려간다. 어쨌든 무리의 뻔한 시류를 따라가지는 않는다.

지금까지 그분을 만난 모든 사람은 고독을 통과해야 했다. 처음부터 교회는 외로운 사람들의 공동체였고 '불러냄'을 받은 사람들의 공동체였다. 그들은 먼저 그분의 눈앞에서 원초적 고독 속에 선 사람들이었다.

그들은 누구였던가? 혼인 잔치에 청함 받은 사람들이다(마 22:2-10). 그들은 밭과 소와 심지어 아내를 두고 오도록 부름 받았다. 사업과 직업 등 자신의 마음과 생각을 차지하고 있던 것을 다 내려놓아야 했다. 단순히 그 모든 것으로부터 떨어져 나와야 했다. 예수님께 쓰임 받으려면 누구나 혼자가 되어야만 한다. 어느 날 영원속에서 하나님의 보좌 앞에 설 때 우리는 그런 것들을 하나도 가져갈 수 없다. 그때도 우리는 철저히 혼자다.

또 각종 병자, 나환자, 맹인, 생각이 혼미하고 영혼이 무너진 사람도 있다. 그들도 그 모습으로 예수님 앞에 혼자 선다. 똑같은 운명의 사람이 수없이 많을지라도 우리는 다 원초적 고독 속에서 각자의 짐을 홀로 진다. 나처럼 쫓거나 집 없이 유랑하는 고아가 수없이 많을지라도 그것을 경험하고 겪고 당하는 방식은 사람마다 다 다르다. 방식이 전혀 다르기 때문에 각기 혼자가 된다. 이렇듯 고난 속에서 우리는 혼자다. 모든 고난은 사람을 외롭게 한다. 그래서 우리는 하나씩 무리에서 나와 혼자 구주께로 가고, 그러면 그분도 나만의 구주가 되신다.

또 세리와 죄인, 간음한 사람과 강도도 있다. 죄가 그들을 얼마나 외롭게 만들었던가! 당신과 내가 알다시피 죄는 우리를 고립시키는 무서운 위력이 있다. 그래서 그들도 예수님의 눈앞에 혼자 선다. 그러면 그분은 마치 온 세상에 잃어진 영혼이 딱 하나뿐인 것처럼 그들 각자의 곁에서 온전히 자신을 내주신다.

끝으로 지적, 종교적 문제를 끌고 다니는 사람들이 있다. 밤중에 몰래 찾아온 니고데모가 좋은 예다. 그를 이해하는 사람이 더 이상 아무도 없었다. 내면의 긴장과 의문도 우리를 고립시키기 때문이다. "친구들은 나를 이해하지 못해요. 부모님도 내 속을 몰라요." 그렇게 말하는 남녀 아이들이 얼마나 많은가?

예수님은 이런 외로운 사람들에게도 말씀으로 도움을 주신다. 시간과 사랑과 개별적 관심을 각자에게 단독으로 베푸신다. 주께서 니고데모와 대화하시던 그 밤에 가룟 유다는 속으로 이런 생각을 했을지도 모른다. "아 이분은 왜 주무시지 않고 이 한 사람에게 힘을 허비하시는가! 왜 체력을 아끼지 않으시는가? 왜 숙면으로 기력을 보충하여 내일 예루살렘 장터에서 위대한 연설을 준비하지 않으시는가? 그러면 세상을 기독교화 하는 일이 더 빨라질 텐데 말이다. 그런 전략적 목표만이 메시아로서 애쓸 가치가 있다."

이것이 그 밤에 유다의 생각이었을 수 있다. 그는 큰 것만 생각했고 그래서 하나님 나라를 이해하지 못했다. 이제 좁은길에 대한 말은 충분히 할 만큼 했다. 예수님의 눈빛 아래에 설 때 따라오는 결단과 이별과 외로움에 대해서도 마찬가지다.

하지만 그 모든 말을 하는 사이에 우리는 이미 놀라운 사실을 깨닫지 않았는가? 사망의 음침한 자리를 지나는 좁고 힘든 길에 대해 들으면서 문득 그 좁음 속에서 넓음을, 그 사망 속에서 생명을, 이토록 삶을 힘들게 만드시는 듯한 그분 속에서 위대한 해방자를 보지 않았는가?

이미 나는 행간에서 줄곧 복음을 전한 셈이다. 예수님을 말하면서 그분이 계신 곳이면 어디에나 존재하는 기쁨과 위로와 약속과 해방에 대한 말을 한시라도 빼놓을 수는 없기 때문이다. 심지어 좁은길을 말해야 할 때도 그렇다. 방금 언급한 사람들이 결국 경험한 것은 무엇인가? 그들은 각자의 죄와 고통을 안고 예수님 앞에 철저히 홀로 섰고, 인간과 사물로부터 멀리 떨어져 딱 한 사람씩만 지나갈 수 있는 좁은 문으로 들어섰다. 그 순간 그들은 우울하게 바닥에 쓰러졌던가? 오히려 그 시각 이후로 그들은 하나같이 치유된 새사람이 되어 새로운 미래를 맞이했다. 이 대답만으로 충분하다. 앞서 보았듯이 내 고생과 떠돌이 생활, 내 몸속의 절망적인 암, 내 불행한 결혼생활, 아무도 모르는 내 죄를 나 홀로 져야 한다. 누구의 도움도 없이 이 모두를 홀로 감당해야 한다. 그럴 때 나는 둘만의 인격적 교감 속에서 예수 그리스도를 대면하여 만날 수 있고, 그때 주님이 주시는 엄청난 해방과 사면을 경험할 수 있다.

예수님이 무리 속에 계실 때 한 중풍병자의 친구들이 그를 데려와 용케 그분 앞으로 달아 내렸다. 귀한 친구들과 무리가 곁에 있었지만 치료자이신 주님은 그 순간 온전히 이 환자를 독대하셨다. 마치 세상 만민은 간곳없다는 듯 그 순간 그분은 이 한 사람만을 위해 존재하셨다. 고통당하는 한 죄인을 충분히 가치 있게 보시고 긍휼을 베푸시며 온전히 자신을 내주셨다.

우리도 이렇게 예수님과 단둘이 인격적으로 대면해야 한다. 좁고 협착한 문으로 들어가 그분과 대화해야 한다. 그러면 그분이 각 사람을 일대일로 만나 주신다. 독대의 자리, 은혜의 순간에는 어떤 인간이나 사물도 따라올 수 없다.

예수님 앞에 철저히 홀로 설 때 모든 문제가 해결된다

그렇다면 내 앞에 그분이 계시는지 어떻게 아는가? 불쑥 마주친 문이 좁은 문인지 어떻게 아는가? 그분은 좀처럼 눈에 보이지 않는데다 섬뜩하고 무서운 침묵이 늘 내 영혼을 짓누르는데 말이다. 그분의 임재를 정말 경험하고 싶어도 아무것도 없는 것처럼 느껴진다.

답은 비교적 간단하다. 뭔가 내적 감격과 계시와 느낌을 얻으려는 사람은 실망할 수밖에 없다. 그런 것들이 그에게 유익하다면 바라지 않아도 주님은 부수적으로 더하실 것이다. 그러기 위해 먼저 당신의 삶 속에 결정적인 일이 벌어져야 한다. 그것은 당신만을 위해 존재하시는 그분을 철저히 홀로 대면하는 것이다.

그 지점에 도달하려면 이 교회의 모든 무리를 잊어야 한다. 어쩌면 당신은 많은 회중의 광경, 몰두하는 분위기, 기운을 북돋는 힘찬 찬송 소리에 휘몰리고 있는지도 모른다. 수백 명의 인파 속에 숨어 그냥 파도에 휩쓸리는지도 모른다. 각종 모임의 매력에 빠져 이 교회의 주님께, 이 회중의 주님께 정말 뭔가가 있는 것처럼 느낄 수도 있다. 만약 당신의 생각이 그렇다면 당신은 아직도 하나님 나라에서 멀다. 여전히 평안으로 인도하지 않는 넓은 길에 있기 때문이다.

이미 말했듯이 멸망으로 인도하는 넓은 길은 악당, 사기꾼, 협잡꾼, 허풍선이만의 대로(大路)가 결코 아니다. 아니, 남들도 다 간다는 이유로 무조건 무리를 따라 집단으로 행진하는 곳이면 어디나 넓은 길이다. 그러므로 짜릿한 감격만을 원한다면 심지어 교회 예배도 넓은 길이 될 수 있다. 무리의 들뜨고 흥분된 분위기에 휩쓸려 새 힘을 얻으려 한다면 그렇다.

예수님의 설교를 다수가 동시에 듣고 있지만 그중 딱 한마디라도 당신의 것으로 다가와야 한다. 그리하여 당신에게서 이런 고백이 나와야 한다. "꼭 나를 두고 하는 말이다. 설교자가 내 환부를 알 턱이 없는데도 내 삶의 곪은 환부를 건드리는 말이다. 내 삶의 은밀한 죄를 건드리는 말이다. 이 죄 때문에 평안을 얻지 못하면서도 나는 악착같이 거기에 고집하느라 여태 좁은 문을 피했다."

또는 이런 고백이 터져 나올 수도 있다. "내 상처, 내 숨은 고통, 내 은밀한 절망을 치유해 주는 말이다. 다른 사람들은 다 아무일 없이 이 자리를 떠나도 좋다. 설교자의 말이 다른 사람들을 다비켜갔을지 몰라도 나에게만은 심장을 정통으로 찔렀다."

그럴 때에만 예수 그리스도께서 이 말씀을 통해 당신에게 친히 말씀하신 것이 된다. 그러면 당신의 발치에 하나님의 벼락이 번쩍 내리치면서 삶의 어둡던 풍경이 갑자기 환해진다. 아울러 잠시후에 다함께 주기도문으로 기도할 때 당신은 사방에 울려 퍼지는무리의 장엄한 기도 소리를 망각해야 하고, "우리 죄를 사하여 주시옵고"라는 대목을 온 세상의 죄악이 아니라 철저히 자신의 죄악에 적용해야 한다.

그때 당신은 예수님이 당신만을 위해 곁에 계심을 확신할 수있다. 또 그분이 당신에게 "네 죄 사함을 받았느니라"는 주권적 용서의 말씀을 들려주심도 확신할 수 있다. 보다시피 세상의 죄가 사해지는 게 아니라 당신만의 죄가 사해진다. 이 좁은길과 외로운 골방에서만 당신은 어린아이가 될 수 있다. 이 큰 교회의 한 외진 구석에서만 교회 용어로 "인격적 그리스도인"이 탄생할 수 있다.

그렇다고 내가 종교적 개인주의를 전한다고 생각하고 우려할필요는 없다. 이것은 "ㅇㅇ주의"와는 무관하며, 악마의 불경한 도가니에서 나오는 온갖 실없는 개념과도 무관하다. 방금 언급한 구석은 주님의 공동체 전체가 모여 있는 큰 예배당의 한복판에 있다. 형제자매여, 당신이 예수 그리스도를 홀로 대면하여 회계(會計)할 때에 두고 가야 하는 모든 것은 도로 당신에게 주어진다. 다만 이번에는 그 의미가 새롭게 변한다.

다시 말해서 예수 그리스도의 회중의 일원이 되려면 아름다운 예배에 몰두하거나 용감한 설교자의 말에 감동하거나 이 환경 속에서 안정감을 느끼는 것으로는 안 된다. 그 모두는 넓은 길에 불과하다. 그냥 무리를 따라가는 것에 불과하다.

예수 그리스도의 공동체에 들어가 지옥문이 당해낼 수 없는 교회를 안전한 집으로 삼으려면 먼저 예수님 앞에 철저히 홀로 서야만 한다. 그래야만 교회의 성도들이 진정 예수님이 당신에게 허락하신 형제자매가 된다. 그때 그들이 죽음과 종말의 날을 넘어서까지 당신과 영원한 연합을 이룬다. 이전까지는 그들은 기껏해야 좋은 친구와 동지에 불과했다.

당신은 기독교 전통이라는 관성의 법칙에 휩쓸렸고, 종교 교육에 평생 짓눌렸으며 교회를 습관처럼 다니는 버릇을 영영 떨치지 못할 것이다. 하지만 이 모두는 당신을 전혀 지켜 주지 못한다. 그것은 순식간에 지옥문에 제압당할 수 있고, 공산주의 앞에서도 박살나고 만다. 거기에 생사를 걸 수는 없다.

하지만 일단 좁은길에 들어서면 홀로 계신 그분이 당신을 그냥 지나가게 두지 않으시고 당신의 모든 것을 가져가신다. 그 뒤에야 당신은 모든 것을 돌려받는데 이제는 그것들이 당신에게 복이 된다.

당신이 좁은 문으로 들어서면 아내나 남편도 완전히 달라 보인다. 결혼할 때부터 당신이 그리스도인이었고 교회의 복을 누렸던 경우라도 마찬가지다. 이제 남편은 더 이상 당신이 사랑하는 대상, 당신에게 잘해 주는 사람만이 아니다.

반대로 그는 옥살이 중에 부부 사이가 한없이 멀어지고 위태로워져 어떻게 관계를 회복해야 할지 모르는 대상도 아니다. 이제 당신에게 남편은 예수님이 그를 위하여 죽으셨고, 그를 위하여 사시며, 그를 위하여 천국의 삶을 버리신 사람이 되었다.

그를 보는 당신의 눈이 달라졌다. 이제 당신의 삶은 온갖 새로운 선물, 새로운 일, 새로운 관점으로 충만하다. 새사람으로 태어나 모든 것을 새롭게 본다. 세계의 긴장된 상황도 다르게 본다. 동독과 서독, 동양과 서양이 그분의 손안에 있음을 알기 때문이다. 그런 그분이 또한 당신에게 온전히 임재하신다. 초라하고 외롭고 죄 많은 당신에게 말이다. 그래서 미지의 어두운 미래와 속수무책의 모든 절망도 이제 달라 보인다. 그 먹구름 속에 그날의 여명이 희미하게 빛나기 때문이다.

그날 그분이 오시면 모든 것이 그분의 계획대로 성취되고 하나도 잃어지지 않을 것이다.

우리에게 새롭게 주어질 모든 것을 일일이 다 생각하자면 한이 없다. 이제 우리는 모든 것을 해방되고 구속된 새로운 눈으로 본다. 죽을 각오가 되어 있는 사람만이 생명을 받는다. 좁은 문으로 들어가 좁은길을 걷는 사람만이 탁 트인 넓은 삶을 새로운 선물로 얻는다.

우선 넓은 교회의 많은 형제자매를 얻는다. 좁은 문으로 들어서면 또한 넓은 세상도 당신에게 새롭게 주어지되, 당신이 사랑하는 것들만 아니라 고통과 낙심의 원인들까지 다 주어진다. 사랑과 슬픔, 내게 필요한 사람과 나를 필요로 하는 사람, 선물과 일, 기쁨과 아픔 등 모든 것이 우리가 만난 그분의 손에서 오기 때문이다. 전부 그분의 손을 통해서 오기에 우리는 확신과 위로를 얻고 담대해진다. 그분은 마치 세상에 나밖에 없는 것처럼 그 손을 뻗어 내게 복을 주신다. 동시에 바다와 지구 자체도 그 주권적 손안에 안전하고 무사하게 붙들려 있다.

어떤 사람이 여짜오되 "주여, 구원을 받는 자가 적으니이까." 그들에게 이르시되 "좁은 문으로 들어가기를 힘쓰라. 내가 너희에게 이르노니 들어가기를 구하여도 못하는 자가 많으리라. 집 주인이 일어나 문을 한 번 닫은 후에 너희가 밖에 서서 문을 두드리며 '주여, 열어 주소서' 하면 그가 대답하여 이르되 '나는 너희가 어디에서 온 자인지 알지 못하노라' 하리니 그때에 너희가 말하되 '우리는 주 앞에서 먹고 마셨으며 주는 또한 우리를 길거리에서 가르치셨나이다' 하나 그가 너희에게 말하여 이르되 '나는 너희가 어디에서 왔는지 알지 못하노라. 행악하는 모든 자들아, 나를 떠나가라' 하리라."

— 누가복음 13:23-27(마태복음 7:13-14 참조)

3

시간이
얼마 남지 않았다

우리는 모두 다 하나님 앞에 단독으로 부름 받았다. 내 인생의 궁극적 결단을 아무도 대신해 줄 수 없다. 누구나 홀로 죽음을 맞이해야 하듯이 하나님의 보좌 앞에도 홀로 서야 한다. 혼자서만 좁은 문을 통과할 수 있다. 물론 그 후 하나님은 우리에게 형제자매를 주시고 우리는 예수 그리스도의 공동체 안에서 함께 호흡하며 살아간다. 그리스도인들이 모인 곳마다 다 내 집이라는 사실은 측

량할 수 없는 선물이다. 하지만 먼저 우리는 철저히 혼자 좁은길을 통과해야 한다. 아무도 이 결단의 짐을 덜어 줄 수 없다. 예수님에 대해 씨름하면서 마음을 정하지 못하는 사람을 보면 우리는 그 결단의 짐을 덜어 주고 싶을 때가 얼마나 많은가? 할 수만 있다면 병든 자녀의 고통을 즐거이 대신하려는 어머니와 같다.

하지만 인생에는 결코 남에게 위임하거나 남이 대신할 수 없는 상황이 있다. 어떤 일은 누구나 직접 겪어야 한다. 어떤 일은 하나님이 은혜로 도우셔서 형제자매가 잘 감당하도록 기도하는 수밖에 없다. 새롭게 태어나는 일은 가장 가까운 사람들마저 물러나야 하는 힘들고 고통스러운 시간이다.

누구도 나 대신 살아줄 수는 없다

우리는 철저히 자기만의 결단으로 부름 받았다. 하지만 좁은 길과 넓은 길의 비유에는 다른 측면도 있다. 이 비유는 또 바깥을 내다보게 하며, 우리에게 몇 가지 아주 진지하고 엄숙한 생각을 강권한다. 그러나 젊은 그리스도인들은 그런 생각을 귀찮아한다.

종이 울리는 일요일에 교회에 가는 사람은 얼마나 극소수이고 나머지는 다 자기 일로 바쁜가! 그나마 교회에 다니는 드문드문 적은 무리 중에도 정말 자신이 하나님의 평안 가운데 살고 있으며 예

수 그리스도만이 인생의 유일한 위안이라고 고백할 수 있는 사람
은 또 얼마나 적은가! 주님께 다가와 "주여, 구원을 받는 자가 적으
니이까"라고 여쭌 사람의 머릿속에 그런 불길하고 어둡고 침울한
생각이 맴돌지 않았을까?

그는 예수님의 순회 설교 중에 벌어지는 일을 보았을지도 모
른다. 어떤 사람들은 눈길을 떼지 못하고 그분의 말씀을 경청하며
마음에 감동을 받았다. 하지만 돌아서서는 하루 만에 깨끗이 다 잊
어버렸을지도 모른다. 소수의 사람들만 남았으나 그들도 골고다의
전야에 흩어졌다. 듣고 있던 무리의 뒤편으로 길을 오가는 다른 사
람들이 그분께 보였을 것이다. 소를 모는 농부들, 물동이를 들고 우
물로 가는 처녀들, 시시덕거리는 연인들, 우스갯소리를 주고받는
청년들, 잡담하는 여자들, 정치를 논하는 남자들이 보였을 것이다.

이 모든 일이 벌어지고 있던 그 시각과 그날과 그 몇 해 동안에
세계는 거대한 지각 변동을 겪고 있었다. 그분을 통해 우리의 이생
은 물론 영원한 운명이 결정되고 있었다.

오늘도 마찬가지다. 길모퉁이에서 구세군이 노래하고 전도할
때면 자동차는 빵빵거리고 전차는 딸랑딸랑 지나가고 사람들은
급히 스쳐간다.

그곳에 일순간 임한 하나님 나라를 알아차리는 사람은 거의
없다. 무리의 시선은 팔을 들어 시간을 정하는 교통순경에게 일제

히 쏠려 있다. 저만치서 들려오는 찬송가의 아름다운 선율은 거리에 가득한 온갖 음파 속에 파묻힐 것만 같다. 시간만 아니라 모든 영원을 정하시는 분을 생각하는 사람은 누구인가? 영원한 심판과 영원한 은혜가 담겨 있는 말씀에 귀를 기울이는 사람은 누구인가?

소수의 청중 뒤편으로 저마다 갈 길이 바쁜 무리는 예수님의 말씀과 행위에 무관심해 보인다. 그러다 무심코 우리의 시선이 그들을 떠나 우리 자신의 상황을 향한다. 우리도 마찬가지로 하루하루 대중의 시대를 살아가고 있다.

이 무리에게 심판이 선고되었을까? 예컨대 생업과 장사의 문을 유유히 드나드는 이 모든 사람에게 심판이 선고되었을까? 누가 능히 그들의 귀를 사로잡아 자신의 말을 경청하게 할 수 있을까? 그들은 다 끝난 것인가? 가망 없이 잃어진 존재인가? 그렇다면 저 소수의 독실한 무리는 어째서 택함을 받았는가?

본문의 사람은 자신의 마음을 점점 더 무겁게 짓누르는 생각에 못 이겨 주께 다가갔다. 그분께 관심이 깊었던 게 분명하다. 그런데 예수님은 좁은 문에 우리의 시선을 고정시켜 그런 생각을 더 가중시키지 않으셨던가? 소수밖에 들어가지 못할 그 문은 오늘의 우리에게 얼마나 무서운 은유인가! 결국 겁에 질린 수많은 대기자들이 서로 들어가려고 어깨로 밀치며 드잡이할 것이다.

지붕 위로 섬뜩한 사이렌이 죽음과 파멸을 알릴 때마다 모두가 폭격을 피해 우르르 방공호로 밀려들던 것과 비슷하다. 종말의 날을 알리는 사이렌이 울리면 그제야 모든 사람은 자신이 무방비 상태이며 철저히 잃어진 존재임을 퍼뜩 깨달을 것이다. 다 끝난 종말의 날에 보면 모든 게 완전히 달라 보일 것이다. 매일 오가던 거리나 사무실 의자나 공장의 선반(旋盤)에서 보던 것과는 섬뜩할 정도로 다를 것이다.

우리도 다 똑같은 일을 겪지 않았던가? 도시의 큰 석조건물과 견고한 주택은 평소와 같이 안전의 상징인데, 갑자기 그곳이 우리 위로 와르르 무너질 수도 있는 못내 불확실한 곳으로 느껴지지 않았던가? 그래서 퍼뜩 세상이 무너질 수도 있음을 깨달은 우리는 서로 밀쳐가며 안전한 문 앞에 모여든다.

그런데 보라, 문은 꼭 닫혀 있다. "주님, 이럴 거라면 누가 들어가겠습니까?" 그것이 이 사람의 질문이다. "20세기의 대중이 보이지 않으십니까? 그들은 아직도 바깥에 있는데 아무도 사이렌이 울리고 있음을 말해 주지 않습니다. 세계 역사가 결국 이렇게 풀리는 겁니까? 99퍼센트는 망하고 1퍼센트만 구원받는 겁니까? 그러면 하나님의 구원 활동에 이토록 값비싼 대가를 치르신 이유가 무엇입니까? 소수만 입장권을 얻어 들어가고 나머지는 아무리 입구를 찾으려 떠밀어도 헛수고에 지나지 않는다면, 결국 끔찍하고 불가해한 예정론의 문제로 귀결되지 않습니까? 예수 그리스도여, 대중이 불쌍하지도 않습니까? 당신은 모든 사람을 위하여 죽지 않았습니까? 세계 역사가 이렇게 무의미하게 끝날 거라면 오실 그이가 진정 당신입니까, 우리가 다른 이를 기다려야 합니까?"

그 사람의 마음과 생각이 어땠는지 우리는 안다. 우리 마음과 생각도 똑같기 때문이다. 그런데 이상하게도 예수님은 그의 초조한 질문에 답하지 않으시고 그냥 "좁은 문으로 들어가기를 힘쓰라"는 명령으로 대응하신다. 마치 이런 말씀과 같다. "너는 전혀 네 소관이 아닌 질문으로 계속 걱정하며 네 마음을 상하게 하고 있다. 세계 역사가 어떻게 풀리고, 장부가 어떻게 결산되고, 천국과 지옥에 갈 사람이 각각 얼마나 될지는 다 네 소관이 아니라 하나님의 지혜 속에 숨어 있다.

그런 문제로 고민해 봐야 진짜 질문, 즉 하나님이 네게 맡기신 일에서 더 멀어질 뿐이다. 너의 주제(主題)는 너 자신이니 너는 들어가기를 힘쓰라!"

허황된 인생 계획을 버리고 하나님께 초점을 맞춰라

아무리 진지하고 진실한 질문일지라도 놀랍게도 예수님이 답하지 않으시는 질문들이 있다. 어떤 사람들은 예수님이 자신에게 요구하시는 중요한 일을 질문으로 비켜가려 한다. 어떤 사람들은 질문으로 특정한 결단을 회피하고 그리스도의 전체 계획을 악의 없이 고치려 한다.

마태복음 22장 23절 이하에 나오는 실없는 질문이 좋은 예다. 한 여자가 일곱 형제와 차례로 결혼하여 매번 과부가 된다면 훗날 부활할 때 일곱 중 누구의 아내가 될 것인가? 마치 이런 질문보다 더 요긴하고 절박한 걱정거리는 없다는 듯이 말이다. 루터는 하나님이 우주를 창조하시기 전에 무슨 일에 힘쓰셨느냐는 심오한 질문에 이렇게 답했다. "그분은 꼬치꼬치 캐묻는 사람들을 때릴 회초리를 만들고 계셨다."

잘못된 질문 방식이 가장 명백히 드러난 예는 제자들이 예수님께 세상의 종말이 올 시점을 여쭈었을 때다(마 24:3). 예수님은 그들이 원하는 대로 날짜로 답하신 게 아니라 "너희는 인자가 올 그 날과 그때를 알지 못하니 깨어 있으라"며 이번에도 명령으로 답하셨다(마 25:13).

분명히 그분의 말씀은 이런 것이다. "세상의 시계바늘이 어디쯤 와 있는지는 너희가 고민할 문제가 아니다. 언제 자정이 되어 괘종시계가 열두 번을 칠지는 하나님만이 아신다. 그러므로 이런 질문으로 끙끙대 봐야 진짜 질문에서 더 빗나갈 뿐이다. 너희에게 맡겨진 정작 중요한 일은 매순간 깨어 있어 장차 오실 주님을 바라보며 살라는 명령이다."

미련한 다섯 처녀가 막판에 왜 잠들었는지 누가 알겠는가? 어쩌면 바로 신랑이 언제 올지 토론하다 지쳐서 잠들었는지도 모른다. 종교적 문제로 대화하다 보면 금방 잠들기 쉽다. 사실 그런 토론은 어김없이 자장가로 변한다. 이 미련한 처녀들이 등에 기름을 채우지 않은 이유는 또 누가 알겠는가? 역시 그 문제로 토론하다 정작 중요한 일을 깜빡했는지도 모른다. 오늘날 서구의 쇠퇴를 생각하며 늘 고민하는 사람이 얼마나 많은가. 대신 그들은 하나님을 통해 잘못된 질문 방식을 버리고 새사람으로 빚어져야 한다. 이 쇠퇴하여 몰락하는 문명의 광야 속으로 그들에게서 생수의 강이 흘러나와야 한다. 그리하여 그 생수의 위력으로 늘 세상을 새롭게 해야 한다.

날마다 되풀이되는 이 모든 무기력한 토론을 향해 내가 외치고 싶은 말이 있다. 우리는 임박한 미래, 다음번 전쟁, 의식주의 문제 등 온갖 미지의 세계에 홀린 듯 몰두해 있다. 이 모든 한복판에서 내가 외치고 싶은 말은 이것이다. "사람아, 주께서 선한 것이 무엇임을 네게 보이셨나니 여호와께서 네게 구하시는 것은 오직 정의를 행하며 인자를 사랑하며 겸손하게 네 하나님과 함께 행하는 것이 아니냐"(미 6:8).

알겠는가? 주께서 당신에게 구하시는 것이 이렇게 밝혀져 있다. 당신은 새로운 전쟁과 화마와 죽음이 언제 닥칠지 고민하지만 그래 봐야 자신을 지치게 할 뿐이다. 우리는 온갖 잘못된 질문으로 자신을 망치고 비참한 무기력에 빠진다.

그러니 잘 들으라. 하나님은 당신에게 원하시는 바를 보이셨다. 이를 아주 실제적으로 말하면 다음과 같은 의미가 된다. 내일 대재앙이 닥쳐도 될 만큼 당신의 삶을 정리하라. 사나 죽으나 우리가 주님의 것이라는 말씀을 힘써 실천하라. 짧은 인생을 선용하여 기회 있는 대로 사랑을 연습하라. 무기력과 절망과 쓰라린 환멸이라는 광야의 한복판에 기쁘게 흐르는 샘이 되라. 그리고 하나님 앞에서 겸손하라. 그분이 주시는 대로 받아들이고, 당신의 잘못되고 허황한 인생 계획을 아버지의 신비로운 뜻에 복종시키라.

"사람아, 주께서 네게 구하시는 것을 보이셨나니." 오직 이런 행군 명령이 주어졌기에 우리는 불안으로부터 해방될 수 있다. 모든 떨림과 푸념, 모든 침울함과 초조함으로부터 벗어날 수 있다. 그분이 구하시는 것은 분명히 서구의 쇠퇴나 종말의 시점이나 세상이 완전히 멸망할 날에 대한 변론이 아니다.

그보다 우리는 아주 명백하게 밝혀진 일을 실행해야 한다. 날마다 성경 본문만 읽어도 그날 몫의 할 일을 알 수 있다. 당신의 도움이 필요한 젊은 전쟁 과부만 보아도 되고, 힘들게 지내며 유익한 말이나 도움의 손길을 바라는 난민만 보아도 된다.

예수님은 늘 우리에게 맨 먼저 해야 하는 일을 알려 주신다. 잘못된 질문의 버릇과 잘못된 관점을 고치라 명하신다.

좁은 문의 경우도 마찬가지다. 들어갈 사람이 누구일지 고민하는 것은 우리의 일이 아니다. 우리의 일은 자신이 들어가는 것이다. 행동을 낳지 않고 하나님의 명령과 무관한 모든 질문은 우리를 곧장 문제가 뒤엉킨 덤불 속으로 데려가 그 자리에 놓아둔다.

본문에 제기된 예정론의 문제도 마찬가지다. 구원받도록 예정된 사람은 소수인가? 예수님은 이 질문을 그냥 무시하신다. 하나님만의 몫인 엉뚱한 주제를 건드리기 때문이다. 그래서 그분은 "ωνζεθε"(아고니제스테)라고 답하시는데, 이는 문자적으로 "들어가기를 죽도록 힘쓰라"는 뜻이다. "죽도록"이라는 말은 목숨을 걸라는 뜻이다. 무엇보다 당신의 삶을 가장 좌우하는 것, 가장 즐기는 죄, 가장 뜨거운 열정의 대상, 가장 버리기 싫은 것을 과감히 내걸라는 뜻이다. 당신의 삶 속에서 그런 것들이 무엇인지는 본인이 잘 안다. 그것이 "친척과 재물과 명예와 생명"일지라도 말이다.

기꺼이 목숨을 거는 사람만이 하나님을 알 수 있다. 자원하여 그분의 나라에 모집되고 동원되는 사람은 이삿짐 트럭을 가져갈 수 없다. 모든 것을 버려야 하며 설령 있더라도 마치 없는 것처럼 해야 한다. "들어가기를 죽도록 힘쓰라"는 예수님의 말씀에는 바로 이런 모든 의미가 들어 있다.

이어 그분은 "들어가기를 구하여도 못하는 자가 많으리라"고

하셨는데, 여기 "구하여도"에 쓰인 다른 단어는 원어로 다음과 같은 뜻이다. 어떤 사람들은 단지 아쉬운 동경이나 향수(鄕愁)에 마음이 이끌릴 것이다. 주관적 평안을 얻으려는 소위 종교적인 사람들이다. "달콤한 평화여, 내 마음에 오라."

하지만 아버지 집에 대한 약간의 향수나 한낱 동경으로는 전투에 임할 수 없다. 그것으로는 먼 나라의 주문(呪文)을 깨뜨릴 수 없고 십자가를 질 수 없다. 종말의 날을 알리는 사이렌이 울릴 때, 바로 그렇게 "동경하던" 사람들이 내세의 좁은 문 앞에 서서 애원할 것이다. "우리가 그런 동경에 이끌려 교회에 가지 않았습니까? 우리가 식사할 때 당신을 손님으로 초대하지 않았습니까?"

그때 그분은 말씀하실 것이다. "나는 너희를 알지 못하노라."

보다시피 예수님의 임재 안에서 예정론이라는 비밀의 질문에 접근하는 유일한 길은 이 부름을 듣는 것이다. 죽도록 힘쓰라. 신령한 동경과 종교적 다변을 조심하라. 하나님의 신비를 엿보아 수다를 떨려는 사람은 안전한 아버지 집에 들어가기를 전력으로 구하는 사람이 아니다. 그는 그 집의 불 밝힌 창에 머리를 들이박는 윙윙대는 파리나 나방에 불과하다. 막연한 본능과 동물적 갈망에 이끌려 불빛을 향해 달려들지만 유리벽에 가로막혀 다가갈 수 없음을 모른다.

그러므로 "죽도록 힘쓰라"는 말씀은 어려운 말씀이 아니고 해

방의 말씀이다. 이제 우리는 이 모두의 핵심이 무엇이며 우리의 목
표가 무엇인지 안다. 그것은 하나님의 길을 아무 생각도 없이 눈을
질끈 감고 걷는 게 아니다. 공허한 얼굴과 절망의 눈빛을 한 사람
들을 보고만 있는 것도 아니다. "이 사람들은 다 어떻게 되겠습니
까?" 이것은 우리에게 금기된 질문이 아니다.

예수님은 우리의 질문을 막아 속에 답답하게 쌓아두게 하실 뜻
이 없다. 마음을 괴롭히는 문제를 매번 외면해야 하는 통에 우리의
목이 굳아지기를 그분은 원하지 않으신다. 아니, 이 모든 질문은 유
효하다. 다만 신비롭게 변화된다. 그분의 임재 안에서 질문은 일이
되고 명령이 된다. 갑자기 창의적이고 긍정적인 것으로 바뀐다.

이런 질문을 예수님께서 친히 어떻게 하셨는가만 보아도 안다.
겟세마네 동산에서 그분도 앞일이 두려워 마음이 흔들리지 않으셨
던가? 암울한 십자가를 앞두고 한순간 괴로워하지 않으셨던가?

그러나 그 시각에 그분은 자신이 십자가를 어떻게 당해낼 것
이며 다른 탈출구는 없는가 따위의 질문 속에 함몰되셨던가? 천만
의 말이다. 오히려 그분은 아버지의 뜻대로 자신에게 맡겨진 일을
힘써 찾으셨고, 아버지의 명령대로 벌떡 일어나 그 일을 향해 곧장
걸어가셨다. 이 순종의 순간은 또한 위로의 순간이 되어 천사가 그
분의 곁에 동행했다.

우리의 고민과 상념 속에는 천사가 살지 않는다. 하지만 순종

하여 벌떡 일어나 "자신의 운명을 향해 뚜벅뚜벅 걸어간" 사람치고 위로의 하나님이 동행하지 않으신 예는 한번도 없다. 뒤러가 말한 "죽음과 마귀에 대항하는 기사"(騎士)처럼 우리도 순종하여 하나님의 길을 가면 그 길 양옆에 보이지 않는 신비의 수호자들이 서 있다. 비록 내면의 흉측한 망령들과 길가의 끝없는 위험이 우리를 위협해 올지라도 말이다.

그뿐 아니라 예수님도 멸망의 넓은 길을 가는 절망적 무리를 보지 않으셨던가? 그들이 어떻게 될 것인가 하는 질문이 그분의 마음까지도 괴롭히지 않았던가? 목자 없이 가시덤불에 걸려 이리의 밥이 되는 이 가련한 양 떼에 대해 그분이 말씀하지 않으셨던가? 사실 구원받는 자가 적겠느냐는 본문의 괴로운 질문도 본질상 같은 의미가 아닌가?

하지만 이 질문이 당신과 나에게 힘들고 고통스럽다면 그분께는 오죽 더했겠는가? 세상 모든 사람을 위하여 친히 피 흘려 목숨을 버리실 분이니 말이다(요일 2:2). 이 사람들은 자신을 위해 치러진 중대한 희생을 모른 채 모두 죄 가운데 비참하게 멸망할 것인가? 아버지 집에 환하게 불 밝힌 방들이 기다리고 있고, 그들의 복된 귀향을 위해 최고의 값이 이미 치러졌는데도 말이다.

하지만 예수님의 눈길은 넓은 길의 비참하고 번드르르한 행렬에 비관적으로 머물러 있지 않았다. 아니, 그분은 직접 나가 그 길에 서서 무리에게 걸음을 멈추어 돌이키라고 외치셨다. 그분은 고통당하는 사람들에게 안수하셨고, 이로써 그 광경을 보는 다른 사람들에게 그들도 성하고 온전하지 못하며 속으로 병들었음을 알리셨다. 그분은 죄를 용서하셨고, 이로써 우리도 하나님과 멀어져 있음을 모두에게 알리셨다. 결국 그분은 대중의 손에 자신을 내주어 죽임을 당하셨다. 세상이 그분의 것임에도 세상과 넓은 길이 그분을 이해하지 못했기 때문이다.

그분은 차마 생각에서 멈추실 수 없어 즉각 대책을 세워 비참한 무리를 도우셨다. 그래서 이리 가운데로 양을 보내듯이 제자들을 보내셨다. 이것은 지극히 절망적인 선교 사역을 위한 엄청난 희생을 의미할 수밖에 없다! 생각해 보라. 이리떼 속으로 양을 둘씩 보내다니 정말 어처구니없는 일이 아닌가?

그런데 신약에 이를 절망적 사업으로 암시하는 말이나 생각이나 계산이 하나라도 있는가? 그들이 다음과 같이 물었다는 단서가 하나라도 있는가? 무방비 상태인 우리의 희생과 섬김을 통해 이리떼가 조금이라도 영향을 받을까? 오히려 울부짖으며 돌아서서 마치 아무 일도 없었다는 듯이 우리를 사납게 찢어놓지 않을까? 세상은 말씀의 종들의 희생과 순교자들의 피에 조금이라도 주목할 것인가? 이런다고 세상이 조금이라도 변할까? 과연 지금까지 변하기는 했는가? 게다가 좁은 문으로 들어갈 사람이 어차피 소수라면 이 모든 수고와 대가가 왜 필요한가? 모든 피와 눈물이 왜 필요한 가? 십자가가 왜 필요한가?

하지만 신기하게도 그런 말은 한마디도 없다. 반대로 그들은 나가서 순종했다. 나가서 순종하자 위로도 따라왔고, 순종을 통해 가장 놀라운 결과가 나타났다. 그들이 전하는 말씀 앞에서 어둠의 세력이 물러갔다(눅 10:17). 그들은 섬김의 기쁨, 잃어버린 한 영혼 을 찾아내는 기쁨을 경험했다. 그 한 영혼을 인해 하늘의 천사들도 기뻐했다. 그거면 모든 수고의 보상으로 충분했다.

말씀은 '나'를 위해 준비되었다

예수님의 말씀에 대해 당신이 어떤 태도를 취하는가에 따라 모든 것이 달라 보인다. 예컨대 당신은 예수님의 구원 사역으로 과 연 어떤 결과가 가능할지 비판적 평가를 시도할 수 있다. 모두 헛 수고가 아닐까? 아직도 그 메시지에 이 대중의 시대를 되돌려 놓 을 만한 생명력이 있을까? 차라리 이리의 소굴로 들어가는 이 위 험한 탐험을 그냥 그만두는 게 낫지 않을까?

반대로 당신은 그분의 말씀을 붙들고 나가 그분이 명하신 일 을 할 수도 있다. 지금부터 당장 사랑을 실천하고, 이웃에게 말씀 을 전하고, 이 광야 같은 세상에서 오아시스가 될 수 있다!

그렇게만 한다면 모든 것이 얼마나 달라지는가! 행동으로 순종하는 사람에게는 많은 격려와 반전과 기적이 기다리고 있다. 우리는 뒤로 물러나 불안하게 계산할 게 아니라 그분께 자신을 의탁해야 한다. 그분은 음침한 골짜기에서 우리의 지팡이와 막대기가 되실 것과 세상 끝 날까지 항상 우리와 함께 계실 것을 약속하셨다.

이렇듯 예수님의 제자도 안에서는 모든 것이 변한다. 염려는 기도로 변하여 더 이상 우리를 끌어내리지 않고 하나님의 평안으로 들어올린다. 그리하여 우리를 자유롭고 긍정적인 사람이 되게 한다. 무기력한 사고는 능동적 순종으로 변하여 우리 삶에 만족과 의미를 가져다준다.

좁고 험한 길에는 천사가 기다리고 있고, 음침한 골짜기에는 선한 목자의 음성이 들려오며, 광야에는 하나님의 위로인 영원한 샘이 흐른다. 소심한 생각과 불안한 동요 대신 예수님의 이름으로 섬기는 모든 사람에게 약속된 기쁨이 흐른다.

"들어가기를 힘쓰라"는 명령이 우리를 불안한 생각에서 해방시키는 이유는 무엇인가? 예수님은 미지의 목표를 향해 우리를 내보내시며 그저 괴테처럼 "구원은 아무나 원하여 힘쓰는 자의 것이다"라고 말씀하시는 것인가? 그렇다면 그것은 아주 모호하고 불확실한 일이다.

신약에 분명히 나와 있듯이 중요한 것은 힘씀과 수고 자체가 아니다. 수고의 근거와 목표와 동기를 중시해야 한다. "경기하는 자가 법대로 경기하지 아니하면 승리자의 관을 얻지 못할 것이며"(딤후 2:5). 힘씀 자체는 한낱 타산적 추구가 될 수 있다.

야심찬 씨름도 다음과 같은 허황한 생각에서 비롯된 모험에 불과할 수 있다. 즉 하나님이 인생의 이런 투사(鬪士)와 거친 반골과 활동가를 기뻐하시며, 그들이 무엇을 위해 힘쓰고 수고하든 관계없이 결국 그들을 받아 주신다는 생각이다. 위로와 긍정적인 새 일은 예수님 안에 있다. 그분이 우리에게 이렇게 말씀하시기 때문이다. "너희는 힘쓰기 위해 힘쓰는 게 아니라 좁은 문이 정말 너희 앞에 제시되어 열려 있기 때문에 힘쓰는 것이다. 나 나사렛 예수가 너희 가운데서 이 메시지를 선포하고 있는 게 확실하듯이 내가 곧 그 문이요 길인 것도 확실하다."

그렇다면 "들어가기를 힘쓰라"는 이 명령이 곧 당신에게 제시된 것임을 알겠는가? 이것은 그분이 당신에게 주시는 말씀이며, 그분 안에서 성취된다.

어떤 사람들은 예수님의 말씀을 멀리서 울리는 종소리처럼 듣고 감동하지만, 그곳이 어디이며 그 소리가 자신을 위한 것인지조차 모른다. 어쩌면 당신도 그중 하나일지 모른다.

파우스트처럼 "나는 말씀을 듣기는 잘하는데 믿음은 없다"고 겉으로든 속으로든 침울하게 말하는 사람이 얼마나 많은가? 그리고 그것은 이런 말이 아니고 무엇인가?

"나도 전에 어머니한테 배운 대로 기도하며 살고 싶다. 하지만 옛날의 그런 말은 타버린 재처럼 변해 더 이상 생명력이 없다. 나와는 전혀 무관하다. 그래서 나는 이 행운의 소수에서 제외된다. 그들은 신비의 문을 찾아내고 종소리가 자신을 위한 것임을 느낀다. 나도 평안을 얻고 싶다. 나와 함께 참호를 지켰던 동지, 나와 함께 포로수용소에서 굶었던 남자, 나와 함께 무서운 폭격을 당했던 여자는 그 평안을 아주 생생히 누렸다. 그런 사람들은 왠지 용감하고 안전해 보인다. 나도 그런 평안 속에 산다면 얼마나 좋을까?

하지만 그것은 내 몫이 아니다. 교회에서 목사가 모두의 평안을 빌어 줄 때, 나도 그 말뜻은 알겠는데 거기에 다가갈 수 없다. 평안이 내게 다가오지 않기 때문이다. 어쩌면 나는 영영 문을 찾지 못하는 다른 운명의 무리 중 하나인지도 모른다."

예수님께서 지금 여기서 당신에게 "좁은 문으로 들어가기를 힘쓰라"고 말씀하고 계시며 당신이 지금 그 말씀을 듣고 있다는 사실은 이 문이 당신에게 열려 있다는 뜻이다.

당신에게 주어진 질문은 이것뿐이다. 당신은 죽기까지 싸울 의향이 있는가? 정말 진지한가? 당신에게 이것은 한낱 동경이나 파우스트처럼 진리의 추구에 약간 취한 정도가 아니라 그 이상인가? 당신이 지금 예수님의 말씀을 듣고 있기에 이 문은 당신에게 열려 있다. 그게 아니라면 그분이 당신을 속이려는 사기꾼이라도 된단 말인가? 그분이 숨바꼭질로 당신을 계속 유인한 뒤에 면전에서 문을 쾅 닫아 버리는 냉소적 인물로 보이는가?

그렇게 생각한다면 당신은 하나님의 아들을 마귀로 둔갑시키는 것이다. 반대로 당신은 작정하고 그분께 달려가 이렇게 약속을 주장해야 한다. "주님이 약속하셨습니다. 주님이 하신 말씀입니다. 제가 이렇게 왔으니 저는 주님의 것입니다!"

아직 기회가 남아 있다!

누가복음 13장 23-27절의 말씀은 하루가 저무는 엄숙한 장면으로 마무리된다. 아무도 일할 수 없는 밤, 문이 닫히는 시각, 세상의 자정이다. 예수님은 가나의 혼인 잔치에서처럼 "내 때가 아직 이르지 아니하였나이다"라는 말씀도 하실 수 있지만, 또한 "내 때가 이미 지났고 시간이 다됐다"라는 말씀도 하실 수 있는 분이다. 그런데 우리는 자신의 삶이 영원할 줄로 알고 그런 생각을 싫어한다.

그때가 되면 적막한 침묵이 세상을 덮을 것이다. 그나마 남아 있는 설교자가 있다면 강단을 무언의 그림자처럼 오갈 것이다. 더 이상 말씀이 들려오지 않을 것이다. 이미 능력과 성령이 떠났고, 받아들여질 수 있는 시간이 끝났기 때문이다. 설교자가 손으로 하늘을 가리켜 보여도 하늘이 있던 곳에 먹구름뿐이며 "구름 위에 인자와 같은 이가 앉아" 계실 것이다. 세상은 "기독교 시대가 다 지나고 이제부터 하늘 보좌는 새로운 신들의 차지다"라고 말할 것이다.

하지만 사실은 정반대다. 그때가 되면 세상의 시대는 다 지나고, 하나님이 세상을 찾아오실 일도 없을 것이다.

이 끔찍한 가능성 앞에서 우리는 다시 묻는다. 그때가 이미 지나갔는가? 복음의 일시적 소나기가 독일을 지나간 지 오래이며 복된 비구름이 이미 수평선 너머로 사라졌는가? "너도 오늘 평화에 관한 일을 알았더라면 좋을 뻔하였거니와 지금 네 눈에 숨겨졌도다." 예수님의 그 비통한 말씀이 이 나라를 향해, 어쩌면 저번의 풍파와 재난에 흔들린 온 세계를 향해 들려오지 않는가? 기습 폭격, 붕괴의 공포, 전쟁의 위협, 비참한 피난 생활은 다 끝나고 모든 게 정상으로 돌아오지 않았는가? 그래서 우리는 묻는다. 그때가 이미 지나갔는가? 종말의 사이렌이 이미 울리고 있지 않은가? 세상의 자정이 이미 우리를 덮쳐오고 있지 않은가? 프랑스의 작가 조르주 베르나노스는 유명한 소설 《어느 시골 신부의 일기》(*Journal D'UN Cure De Campagne*)에 그 마지막 때를 이렇게 묘사했다. "기다려 보라. 첫 15분의 침묵만 기다리라. 그러면 인간에게 들려올 말이 있다. 그들이 거부했던 '나는 길이요 부활이요 생명이라'라는 세미한 음성이 아니라 지옥에서 새어나오는 이런 소리다. '나는 영원히 닫힌

문이요 정처 없는 길이요 거짓이요 영원한 어둠이라.'" 오늘밤, 이 밤이다!

하지만 예상과 달리 그분은 "과거에 알았더라면"이라고 말씀하신 게 아니라 여전히 "너도 오늘 평화에 관한 일을 알았더라면"이라고 말씀하신다! 아직 시간이 있다. 지금도 기회가 있다. 아직 말씀이 전해지고 있고, 사람들이 "들어가기를 힘쓰라"는 예수님의 메시지를 듣고 있다!

지금도 그분은 복을 주시려고 온 땅을 다니신다. 여전히 그분은 열린 문이시다. 하지만 우리가 들어가는 지금, 하나님은 이미 손잡이를 잡고 계시며 마지막 나팔 소리가 울리고 있다. 밤 열두 시면 시계가 멎는다. 아 인간이여, 영원을 기억하라.

따라서 우리는 하루가 저물었다 해서 절망에 빠져서는 안 된다. "다 무슨 소용인가?" 그렇게 말하는 사람은 종말의 신비를 모른다. 아니, 자정이 임박했기에 우리는 더 깨어나 마지막 노력을 기울이고 마지막 명령을 받들어야 한다. 다시 거리로 나가 주께 이렇게 부르짖어야 한다. "우리와 함께 유하사이다. 때가 저물어가고 날이 이미 기울었나이다."

우리는 마지막 초청의 시대에 살고 있다. 오늘밤 주께서 당신의 영혼을 도로 찾으실 것이다. 당신은 어디에 있는가? 어느 자리에 서 있는가?

"그러므로 누구든지 나의 이 말을 듣고 행하는 자는 그 집을 반석 위에 지은 지혜로운 사람 같으리니 비가 내리고 창수가 나고 바람이 불어 그 집에 부딪치되 무너지지 아니하나니 이는 주추를 반석 위에 놓은 까닭이요 나의 이 말을 듣고 행하지 아니하는 자는 그 집을 모래 위에 지은 어리석은 사람 같으리니 비가 내리고 창수가 나고 바람이 불어 그 집에 부딪치매 무너져 그 무너짐이 심하니라."
— 마태복음 7:24-27

4

나의 이 말을 듣고 행하는 자는

예수 반석,
삶의 폭풍을 이긴다

　　우리는 누구나 지혜로운 사람이 되기를 원하고, 누구나 자기 인생의 집을 제대로 짓기를 원한다. 이 두 가지 소원은 우리 모두에게 공통된 것이다. 따라서 지금 예수님이 말씀하시는 대상은 정말 모든 사람을 말한다. 지금까지 예수님은 주로 제자들을 향해 말씀하셨다. 그러나 예수님께서 지혜와 각자의 집에 대한 말씀을 꺼내시자 맨 멀리에 있던 사람들도 귀를 쫑긋 세운다. 말씀에 따르면 인간은 자신의 인생과 사업과 일을 지혜롭고 분별력 있게 처리할 수도 있고, 반대로 그 모두를 어리석고 서투르고 엉성하게 할 수도 있다.

예컨대 집의 외관과 실내장식에는 거액을 들이면서 가장 단순한 전제조건인 탄탄한 기초를 망각한다면 한없이 미련한 사람이다. 그러면 아무리 좋은 저택도 무너질 수밖에 없다. 미련하게 굴다가 자기 집에 깔려 죽는 사람은 바보다. 실속 없는 부분에 돈을 허비하고 정작 각별히 주의하여 예산을 아끼지 말아야 할 기초에 재정을 긴축하는 사람은 바보다. 기초야말로 건물의 핵심이기 때문이다.

두 부류의 사람 모두 이런 생각이 든다. "저 앞에 서신 분의 말씀은 정말 일리가 있다. 뜬구름 잡기가 아니라 지극히 현실적이다. 인생의 건축 실무에도 일가견이 있는 것 같다. 저분이 입에 달고 사시는 하나님은 분명히 종교나 내세 신앙과만 상관이 있는 게 아니다. 현세에 지혜롭게 성공할 것인가 아니면 바보처럼 제일 중요한 것을 무시하다가 망할 것인가와도 상관이 있다."

무너지지 않는 안전한 집을 찾고 있는가

그렇다면 예수님이 말씀하시는 집은 무엇을 뜻하는가? 두말할 것도 없이 인생의 집을 뜻한다. 우리는 모두 인생의 집을 짓고 있으며 그 과정에서 사람들의 도움을 받는다. 우리를 낳아 튼튼하게 기르려 애쓴 어머니의 사랑은 인생 건물의 첫 벽돌이 된다. 우리는 옹알이나 손 모으고 기도하는 법을 어머니에게 배웠다. 처음부터 사랑으로 우리 인생의 벽을 올린 사람은 어머니다. 사랑이 없이는 결코 벽돌을 쌓을 수 없다.

점차 자라나 우리가 직접 집을 지어야 할 때가 왔다. 학교에 다녔고 처음으로 책임을 맡았다. 이것저것 배우지 않으면 성공할 수 없다는 말도 들었다. 그래서 인생의 집에 쌓을 벽돌을 직접 모으기 시작했다.

처음에는 연약한 고사리 손으로 잔돌을 모으다가 나중에 남녀 성인이 되어서는 더 강해진 어깨로 무거운 자재를 날랐다. 이것저것 성공하면서 기쁨과 자부심을 맛보기도 했다. 내 실적에 만족하는 상사를 보았고, 직업에 실력을 발휘했고, 상인의 역할에 충실했고, 가정에서 아내로서, 어머니로서 사랑을 뿌리고 거두었다. 내 인생의 집을 지금의 상태로 짓기까지 부모, 친구, 동지 등 얼마나 많은 사람들의 수고가 뒤따랐는가!

하지만 건축 상태에 흠과 결함도 있다. 역경과 시련의 때에는 별로 진척이 없었고 계산 착오와 부실 공사도 있었다. 그래도 어쨌든 우리 인생은 집이다. 문짝이 고급스럽고 정원과 주변 경관이 멋진 저택일 수도 있고, 작고 초라한 오두막일 수도 있다. 하지만 어떤 집이든 우리는 그 안에 살면서 이 집을 비바람을 막아 주는 안전한 곳으로 유지하려 한다. 그리고 한동안은 성공한다.

하지만 모든 인생에는 폭풍이 닥치게 마련이다. 그러면 갑자기 기초와 지하실의 상태가 중대한 문제가 된다. 갑자기 자신의 집을 보는 관점이 완전히 달라진다. 평시에는 편안한 거실과 좋은 경관으로도 마냥 즐거웠다. 일정한 수입, 사업의 재미, 사이좋은 친구나 이웃 등 인생의 모든 잘 풀리는 일들로 충분했다. 그러다 갑자기 전쟁이 터지고 사이렌이 울리고 하늘이 번쩍번쩍하면서 불과 유황이 쏟아진다.

그러면 지하실과 기초가 초미의 관심사가 된다. 인생의 집이 말쑥하고 편안하여 남의 선망을 사는가는 더 이상 중요하지 않다. 그런 것들은 다 한순간에 날아갈 수 있다. 이제 모든 것은 지하실이 탄탄하고 안전하여 방공호 노릇을 할 수 있는지에 달려 있다. 어쩌면 동네의 저 볼썽사납고 꾀죄죄한 집이 훨씬 나을 수도 있다. 기초와 지하실이 확실하기 때문이다.

어쩌면 자기를 내세울 줄 모르는 저 평범하고 내성적인 사람, 이웃의 눈에 잘 띄지 않고 아무도 친구하려 하지 않던 그가 재난의 때에 이상하게 안전한 사람으로 돌변한다.

어쩌면 볼품없이 생긴 여기 이 사람이 말없는 격려로 주변 사람들을 지탱시킨다. 그래서 많은 사람들이 그를 기둥처럼 의지한다.

심지어 한 동네에 멋진 집이 있었던 사람도 그를 의지한다. 그 멋진 집은 이미 폭격이라는 폭풍에 날려간 지 오래이며, 이제 주인은 허무의 벼랑 끝에 아주 무력하게 매달려 있다.

우리도 다 이와 비슷한 일을 겪었다. 우리 세대는 큰 폭풍을 여럿 통과했고 지금도 빽빽한 먹구름이 몰려드는 지평을 향해 가고 있다. 여기 우리 중에도 실제로 집이 붕괴된 사람들이 많이 있다. 목석으로 지은 집만 아니라 인생의 집도 붕괴되었다.

예컨대 동독에서 온 난민들이 있다. 그들은 집과 가정과 전 재산을 두고 와야 했다. 그게 무슨 의미인지 알겠는가?

중조할머니 때부터 쓰던 낡은 서랍장, 계단이 삐걱거리던 낯익은 소리, 큰 드럼통을 두드리던 빗방울 소리가 사라졌다. 가지런히 정돈된 옷장에는 수십 년에 걸친 공들인 수제품이 가득했고 언제나 희미한 라벤더 향이 풍겨났다. 그밖에도 아늑한 집 냄새와 분위기를 만들어내던 소소한 것들이 많이 있다. 어떤 것들은 말로 표현할 수도 없다. 그 모두가 이제 완전히 사라졌다.

아마도 실향민에게 이 모든 붕괴는 자기 인생의 집이 붕괴되었다는 의미일 것이다. 이 모두를 떠나 무엇이 남아 거기서 삶의 가치를 찾을 것인가? 흔들려 산산이 부서지지 않은 기초가 있는가? 의미 있는 실존을 이어갈 수 있는 곳, 뭔가 가치 있는 존재가 될 수 있는 곳이 있는가? 집과 가정과 아내와 자녀가 파괴되거나 실종되거나 죽었음에도 불구하고 그와 무관하게 안전하고 행복해질 수 있는 곳이 있는가?

어떤 땅 위에 서는가가 문제다

예수님께서 본문에 지적하신 인생의 집의 기초가 여기서도 문제가 되고 있다. 자기 집의 침대에서 일어나 하늘을 보고 밤에 같은 방에서 불을 끄던 때만 해도 난민은 훗날 자신이 이런 질문 앞에 내던져질 줄 꿈에도 몰랐다. 삶의 중요한 요소들이 그 당시에 날마다 시시각각 걱정하던 일들과 완전히 달라질 줄도 몰랐다.

추크마이어(Carl Zuckmayer)의 희곡 《악마의 장군》(Des Teufels General)에 나오는 하라스 장군을 생각해 보라. 그는 박력이 넘치는 진짜 사나이였고 모두가 그를 좋아했다. 그런 공감과 열광의 분위기가 내 집처럼 편안한 삶은 얼마나 놀랍고 유쾌한가! 많은 사람들의 마음속이 내 집처럼 느껴지니 얼마나 든든한가!

그들은 그를 사랑하다 못해 우상으로 여겼고 그를 위해라면 불속에라도 뛰어들 것 같았다. 그야말로 안전한 집이었다. 무엇보다 하라스 장군은 비행에 대한 열정으로 불타올랐다. 창공을 날아본 사람이면 누구나 비행이 얼마나 신나고 멋있고 박진감 넘치는 일인지 안다. 그러니 하라스 장군이 조종사와 공군 장성이 되기로 작정한 것은 당연한 일이다.

다만 그는 그것이 누구를 위한 비행이고 누구를 위한 싸움인지는 상관하지 않았다. 악마를 위한 비행일지라도 말이다. 끝없이 펼쳐진 푸른 창공과 지칠 줄 모르는 묘한 쾌감이 곧 그의 집이었다.

그런데 그의 삶에도 갑자기 폭풍이 닥친다. 유태인들에게 벌어지고 있는 참상이 눈에 들어온 것이다. 그는 불의와 만행과 온갖 어두운 세력을 보았다. 우리도 다 그 속에서 살았으므로 여기서 굳이 그 내용을 다시 언급할 필요는 없다. 하라스 장군은 그 세력의 우두머리에게 자신의 영혼을 팔았기에 거기서 헤어 나올 가망이 없었다.

그의 비행기, 제복, 광활한 창공, 의기투합한 좋은 동료들은 모두 그 우두머리에게서 받은 것이었다. 갑자기 그는 가장 곤혹스러운 의문에 부딪친다. "너의 성취감과 직업적 만족감은 정말 네가 거주할 수 있는 집인가? 네 동지들과의 멋진 우정은 정말 인생의 태풍에도 끄떡하지 않을 집인가?

하라스여, 너는 어떤 기초 위에 집을 지어야 하는지 잊었는가? 네 모든 뛰어난 삶으로 이런 질척한 늪에 정착하지 않을 수도 있음을 아는가? 아마 너는 누구를 위하여 일하며 누구의 이름으로 기꺼이 살고 죽을 것인가의 문제를 아예 무시했을 것이다. 한번도 이런 의문이 든 적이 없는가? 너는 인생을 제멋대로 살지 않았는가? 핵심 요인인 하나님을 빠뜨려 결국 악마의 하수인이 되지 않았는가?"

실제로 그에게 열광적으로 헌신된 극중의 한 젊은 장교가 가장 암울한 최후의 시간에 "장군님은 하나님을 믿으십니까?"라고 주뼛주뼛 묻는 장면이 나온다. 그러나 결국 이 장군은 어두운 세력에 삼켜지고 만다.

한때 그를 그토록 멋지게 떠받치던 비행기가 그를 토해냈고, 한때 그가 마냥 설레서 신나게 제 몸을 맡겼던 광활한 창공이 그를 추락시켰다. 바닥에 널브러진 기체의 잔해에서만 연기가 피어오른 게 아니라 그 자신도 잔해가 되었다. 더불어 그의 인생, 화려한 이력, 멋진 제복과 훈장도 다 부질없이 허망하게 사라져 버렸다.

우리 중 수없이 많은 사람들에게 닥친 재앙도 그와 같다. 그들은 최선의 성과를 이루려 노력했고 군대나 사회에서 일을 잘하고 싶었다. 교사나 정치가로서 어느 정도 성공과 만족도 얻었다. 그들은 자신이 인생을 영위할 만한 견고한 집을 지은 줄로 알았다.

다만 딱 한 가지 실수가 있었다. 자신이 누구의 이름으로 그렇게 하고 있고 누구의 일에 협력하고 있는지 묻지 않은 것이다. 예컨대 사랑과 지극한 희생으로 자녀를 기른 어머니가 있다. 자신은 굶어가며 아이들에게 먹였고, 자신은 누더기로 버티며 아이들만은 깔끔하게 입혔다.

그런데 이 어머니는 자녀에게 인생의 궁극적 기초를 주지 않았거나 아예 잘못된 목표를 주었다. 한 손으로 현세의 물질(음식, 물, 옷, 신발)을 주면서 다른 손으로 내세를 박탈한 것이다.

요컨대 결국 남녀 인생에 중요한 것은 머리가 똑똑하냐가 아니라 그 똑똑함의 기준이 무엇이냐는 것이다. 그 기준은 영생인가 아니면 사탄의 유황불인가? 다시 말해서 우리는 결국 악마의 장군이 될 것인가? 활력과 야망이 넘치는 강한 사람이냐가 중요한 게 아니다. 땅만 딛고 선다고 되는 게 아니라 어떤 땅 위에 서느냐가 문제다. 땅이 꺼지면 아무리 강한 다리도 무용지물이다. 오히려 강할수록 더 빨리 덤불과 늪 속으로 빠져든다.

말씀의 땅은 폭풍을 이긴다

지금 예수님께서 지적하시는 것이 우리 삶의 바로 그 부분이다. 즉 인생의 기초가 걸려 있는 부분이다. 그분에 따르면 그 기초는 우리가 듣고 행하는 하나님의 말씀이다. 이것은 무슨 의미인가? 하나님의 말씀은 폭풍 지대를 떠받치는 기초이자 우리의 피난처다. 그래서 우리는 살면서 한시도 말씀을 저버려서는 안 된다. 말씀이 우리 삶과 무관할 때가 한시도 없기 때문이다.

물론 우리는 괴테의 《파우스트》(*Faust*)나 셰익스피어의 희곡도 애지중지할 수 있고 거기서 삶에 큰 자극을 얻었을 수도 있다. 하지만 당신이라면 병원의 암 환자에게 그런 책을 읽어 주겠는가? 대폭격 후의 집단 매장지나 난민촌의 영적 기류에 그런 책이 어울릴 것 같은가?

분명히 그런 책은 삶이 순탄하게 절정을 구가할 때에나 읽는 것이지 삶과 앞날에 대한 지독한 두려움, 무의미, 집단 살상, 굶주림 따위의 폭풍 속에서 우리를 지탱하고 보호해 줄 기초는 될 수 없다.

하지만 하나님의 말씀은 삶의 어느 상황에나 적절하다. 말씀은 요람에서 무덤까지 우리 곁을 지킨다. 결혼식장과 고난의 밤에도 말씀이 있다. 창조의 아침에도 "빛이 있으라"는 말씀이 울려 퍼졌고, 천지가 없어져 우주의 거대한 무덤 속으로 쓰러질 때도 말씀은 없어지지 않는다.

말씀은 언제나 그 자리에 있다. 우리가 알아듣기도 전부터 늘 복된 말씀이다. 요람 곁에도, 세례를 받을 때도, 어머니의 기도 속에도 말씀이 있다. 자라서 자각이 생길 때도 우리는 말씀이 이미 그 자리에 있음을 깨닫는다. 그러다 마지막 때가 되면 우리를 부여잡는 사랑의 손길은 더 이상 느껴지지 않고, 꿈은 다 사라져 사랑하는 이들을 이쪽 강가에 남겨 두어야 하며, 새들의 노랫소리도 잦

아들고 햇빛마저 어두워진다.

그때도 말씀은 우리를 버리지 않는다. 오히려 "나 세상 떠날 때에도 주 날 떠나지 마소서"라는 지난날의 기도를 말씀이 실현시켜 준다. 말씀은 우리를 떠나기는커녕 건너편 강가로 우리를 마중나온다. 죽어가는 이들을 대면하는 목사라면 누구나 거듭 확인하듯이 말씀은 인간의 어떤 말로도 다다를 수 없는 심연의 폐부에까지 파고든다. 말씀은 미지의 사선(死線)을 넘는 우리의 마지막 길벗이자 강 건너에서 우리를 영접하는 첫 친구다. 거기서도 말씀은 여전히 참되고 유효하다.

말씀은 또 우리 인생의 행복한 시간에도 함께한다. 말씀은 조촐한 식사와 푸짐한 식사에 골고루 복을 주고, 우는 자들과 함께 운다. 말씀은 죽음에 생명을, 가난에 풍요를, 절망에 희망을 준다. 어찌 그렇지 않겠는가? 수많은 고생과 기쁨과 희망과 낙심의 자리를 지나는 우리네 모든 길이 결국 하나님의 보좌에서 끝나니 말이다. 그 보좌는 말씀의 시원이자 최후 승리와 성취가 이루어지는 곳이다.

또 어찌 그렇지 않겠는가? 그 모든 자리마다 그분이 우리를 기다리고 계시니 말이다. 그분은 나인 성 과부의 슬픔에 가슴 아파하시며 함께 우셨고, 가나의 혼인 잔치에서 하객들과 함께 즐거워하셨으며, 마침내 모든 사람을 대신하여 죽으신 분이다.

이 모두를 통해 우리는 하나님의 말씀이 왜 인생의 기초인지 알 수 있다. 단순히 말씀이 영원하기 때문이다. 신실하고 참되기 때문이다. 말씀이 적절하고 유효하지 않은 때가 인생에 한시도 없기 때문이다.

정말 한순간도 예외가 없다. 죄를 지었을 때는 말씀이 나를 판단한 뒤 용서를 베푼다. 무의미한 재앙이 사납게 덮쳐올 때는 말씀이 하나님의 더 높은 생각을 일깨워 준다. 그분께는 우리 인생을 향한 계획이 있다. 우리의 믿음을 위로하는 그분의 모든 약속이 어느 날 우리 눈앞에서 성취될 것이다.

결국 천지는 없어진다. 천지가 우리에게 위안과 힘과 괴로움과 혼란과 유혹을 주던 다른 모든 매개물도 없어진다. 파우스트의 빛나는 흔적도 현세에 사라지고, 셰익스피어의 리처드 3세와 역사 속의 모든 피 묻은 살인자와 고문자도 잊히고, 아름다운 엘렌도 기억에서 지워진다. 감미롭기만 하던 이런 저녁 노래도 잠잠해진다.

산등성이마다
적막감만 감돌고
나무 우듬지 위로
숨소리 하나
들리지 않는 지금

지금은 해질녘의 산등성이와 나무 우듬지의 적막을 예찬하지만, 장차 그마저도 생사의 분수령의 이편에 남기 때문이다. 그때는 불타 버린 세상을 그 분수령이 벽처럼 두를 것이다. 분명히 천지는 없어지지만 그분의 말씀은 없어지지 않는다. 따라서 그분의 말씀대로 살고 죽은 사람들도 없어지지 않는다. 말씀을 주신 분이자 말씀 자체이신 그분 편에 전심으로 섰기 때문이다.

> 주께서 죄와 사망과
>
> 세상의 슬픔 이기시고
>
> 지옥의 어둠 헤치셨으니
>
> 주 어디 가시든
>
> 나 거기 거하리
>
> 날 품으시는 주님 품에

그래서 하나님의 말씀은 폭풍을 이기는 탄탄한 기초이며, 흘러 떠내려가는 모래가 아니다. 그런데 예수는 한 가지 중요한 단서를 덧붙이신다. 우리의 탄탄한 기초가 되는 것은 하나님의 말씀 자체가 아니라 우리가 행하는 말씀뿐이다. 즉 삶 속에서 진지하게 대하는 말씀뿐이다.

그러니까 날마다 기계적으로 식사 기도를 할 때 중얼거리는 말은 아니다. 급히 외우는 주기도문이나 매일의 성경 읽기도 아니다. 아마 이런 것들은 다 나머지 전부와 함께 이 덧없는 세상의 쓰레기 더미에 버려질 것이다.

하나님의 말씀을 짓밟고 모독한 우리를 그것들이 일어나 고발할 수도 있다. 오직 실천된 말씀만이 영원히 거한다. 그렇다면 하나님의 말씀을 "행한다"는 말은 무슨 뜻인가?

나를 절대 놓지 않으시는 손에 현실의 문제를 맡기다

단순히 말씀과 함께 "산다"는 뜻이다. 그러려면 우선 내 삶의 염려라는 현실을 진지하게 대해야 한다. 예컨대 재정 위기를 어떻게 타개할 것인가, 적은 연금으로 어떻게 살아갈 것인가, 최악의 경우에 어디로 피난할 것인가 등의 지극히 현실적인 문제를 똑바로 직시해야 한다. 그 후에 하나님의 말씀을 이 모든 염려라는 현실보다 더 큰 현실로 삼아 진지하게 대해야 한다.

말씀에 따르면 내가 그토록 염려하는 내일이 하나님의 손안에 안전하고, 그분이 미리 알고 허락하지 않으시면 내게 어떤 일도 일어날 수 없으며, 내 삶을 그분께 맡기고 사랑이 식어지지 않으면 하나님이 모든 것을 합력하여 내게 선을 이루신다.

말씀과 함께 살려면 순종이 인간적으로 어리석어 보일 때도 그저 과감히 순종해야 한다. 진리를 말하기가 위험하거나 미련해 보여도 하나님이 진정 요구하시기에 진리를 말해야 한다. 또 하나님이 당신을 저버리지 않으시고 약속을 지키실 것을 마음을 다하여 신뢰해야 한다.

말씀과 함께 살려면 내게 어떤 운명이 주어지든 다 받아들여야 한다. 삶의 모든 문제를 기도와 간구와 감사로 하나님께 가져가야 한다. 그러면 나는 말씀을 행하는 것이고 말씀 위에 집을 짓는 것이다.

물론 하나님의 말씀은 탄탄한 기초이므로 그 위에 내 삶을 지을 수 있다. 하지만 그러려면 내 삶의 모든 상황 속에서 하나님의 말씀을 붙들어야 한다. 내게 중요한 모든 일, 그야말로 모든 일에서 말씀에 닻을 내려 정박해야 한다.

일요일에 말씀을 듣거나 아침에 말씀을 읽고 나서 내 멋대로 산다면 과연 말씀이 내 친구와 길동무, 지팡이와 막대기가 될 수 있겠는가? 마치 이웃의 질병은 순전히 의사가 고칠 일이고, 크렘린 회담은 오직 정치적 문제라는 듯이 말이다. 마치 만물의 근원과 주권이 철저히 그분께만 있는 게 아니라는 듯이 말이다.

하지만 그분은 능히 사람의 마음을 봇물처럼 임의로 인도하시고, 폭풍을 지배하시고, 병자를 고치시고, 죽은 사람을 살리시고, 짐과 염려를 순전한 복으로 바꾸시는 분이다.

말씀이 탄탄한 기초가 되려면 당신이 실제로 그 위에 서야만
한다.

물론 역설처럼 들리지만 사실이 그렇다. 하나님의 말씀은 모
래처럼 보인다. 검증될 수 없는 것에 인생을 걸다니 얼마나 위험한
일인가? 선사시대의 신화 따위는 집어치우고 눈앞에 보이는 주먹
과 팔뚝, 본능과 상식을 믿어야 하지 않겠는가?

그렇게 생각하는 사람에게는 말씀이 정말 모래에 불과하다.
말씀을 삶의 부속물 정도로 취급하는 사람에게는 말씀이 모래처
럼 흩날린다. 이제 폭풍이 한번만 호되게 불면 그나마 남아 있던
'모래 기독교'마저 날아가 버린다. 전쟁의 폭풍에 결딴난 '모래 신
자' 즉 이름뿐인 그리스도인이 얼마나 많은가! 그나마 얼마 안 되
던 믿음까지 낙엽처럼 다 떨어지자 그들은 식물인간처럼 무기력
한 허무주의자가 되어 피폐해질 대로 피폐해졌다.

그러나 과감히 말씀 위에 서서 예수 그리스도와 함께 사는 모
험에 나서는 사람에게는 모래 같던 땅이 갑자기 반석으로 굳어진
다. 이제 그는 넘치는 확신으로 그 위에 서서 폭풍과 바람을 일소
에 부칠 수 있다. 폭풍과 바람도 하나님의 음성에 순종할 뿐이기
때문이다.

땅을 진동시키고 산에 연기를 피워 올리는 그분의 음성이 당
신을 이름으로 부르신다. 그분의 반석이 당신을 서 있게 하고 그분

의 손이 당신을 안전하게 붙드신다.

영원 속에 안전한 사람은 삶에 닥쳐올 일을 두려워할 필요가 없다. 모든 지각에 뛰어난 평안을 누리는 사람은 머릿속에 미래의 끔찍한 가능성을 망령처럼 떠올리며 겁낼 필요가 없다.

자신이 사랑받고 있음을 아는 사람은 더 이상 죽도록 남을 미워하지 않는다. 생명의 왕을 섬기는 사람은 더 이상 사망의 종이 아니다. 집으로 돌아와 아버지의 기쁨을 본 사람 그리하여 천사들의 노래를 들으며 기뻐하는 사람은 더 이상 세상의 전쟁도 무섭지 않다.

세상을 이기신 분을 아는 사람은 이미 모든 망령의 손에서 벗어났다. "땅끝까지" 다스리시는 손을 믿는 사람은 자신의 초라하고 죄 많은 삶마저도 사망과 무덤의 음침한 골짜기를 지나 무사히 종말의 날과 아버지의 보좌에 이를 것을 안다. 그분이 친히 모든 눈물을 닦아 주시니 그곳에는 다시 사망이나 애통이나 곡하는 것이 없고 오직 "너희 주인의 기쁨에 참여하여라!"는 구속받은 무리의 노랫소리만 들린다.

우리는 주 예수 그리스도께서 우리를 위해 예비하신 최후의 귀향을 내다보며 살아야 한다. 삶에 닥쳐오는 모든 고통과 기쁨도 최후 귀향의 관점에서 그날을 위한 도움과 준비로 보아야 한다.

그러면 알다시피 모든 폭풍은 우리를 그 안식처로 떠밀 뿐이며, 음침한 골짜기를 지나는 가장 캄캄한 길도 아버지 집의 문으로 이어질 뿐이다. 그래서 우리는 어떤 폭풍도 이겨낼 수 있다. 영원히 거하시는 그분이 우리를 붙들고 계시기 때문이다. 아무것도 우리를 알파와 오메가이신 그분의 손에서 빼앗을 수 없다.

산상수훈에 대한 우리의 묵상을 그런 그분을 찬송하면서 마치도록 하자.

예수 그리스도는 나를 떠받치시는 반석이고 나를 절대로 놓지 않으시는 손이다. 그분은 끝없이 거하시는 영원이고 세상의 모든 불화를 손에 붙들고 계신 평안이다.

아픈 자녀의 손을 잡고 있는 아버지처럼 말이다.

예수님께서 이 말씀을 마치시매 무리들이 그의 가르치심에 놀라니 이는 그 가르치시는 것이 권위 있는 자와 같고 그들의 서기관들과 같지 아니함일러라.